HEYNE<

Franziska Böhler
Jarka Kubsova

I'M A NURSE

Warum ich meinen Beruf
als Krankenschwester liebe –
trotz allem

WILHELM HEYNE VERLAG
MÜNCHEN

Sollte diese Publikation Links auf Webseiten Dritter enthalten, so übernehmen wir für deren Inhalte keine Haftung, da wir uns diese nicht zu eigen machen, sondern lediglich auf deren Stand zum Zeitpunkt der Erstveröffentlichung verweisen.

Im Interesse der Lesbarkeit haben wir auf geschlechtsbezogene Formulierungen verzichtet. Selbstverständlich sind immer Frauen und Männer gemeint, auch wenn explizit nur eines der Geschlechter angesprochen wird.

Zur Wahrung der Anonymität einiger Personen, die zum Buch beigetragen haben, wurden deren Namen sowie nähere Umstände geändert.

Verlagsgruppe Random House FSC® N001967

4. Auflage
Originalausgabe 09/2020

Copyright © 2020 by Wilhelm Heyne Verlag, München,
in der Verlagsgruppe Random House GmbH,
Neumarkter Straße 28, 81673 München
Redaktion: Angelika Lieke
Umschlaggestaltung: Eisele Grafik-Design, München
Umschlagfoto: © privat; Bearbeitung von Roland Krieger
Satz: Satzwerk Huber, Germering
Druck: GGP Media GmbH, Pößneck
Printed in Germany
ISBN: 978-3-453-60560-2

www.heyne.de

*Für dich, Papa
Du fehlst mir*

Inhalt

Vorwort 11

Erfahrungen, die für immer nachhallen 19
Personalschlüssel – Rechnungen, die nicht mehr
    aufgehen... 29
Die nächste Eskalationsstufe ist längst erreicht........ 31
Berichte aus einem kranken Gesundheitssystem 37

Geburt & Kindheit 43

Zur Welt kommen – eine einzigartige Geschichte.. 43
Wenn die Kreißsaaltür geschlossen bleibt 49
Weniger Hebammen, mehr traumatische Geschichten
    aus dem Kreißsaal – wie das eine mit dem anderen
    zusammenhängt................................. 61
Welche Rolle spielt Geld? 72
Eine einfache Formel, die vieles ändern könnte 81

**Kranke Kinder – warum ausgerechnet für die
    Kleinsten am wenigsten Geld da ist** **85**
Das Problem mit der generalistischen
    Pflegeausbildung................................ 109

Mitten im Leben 115

Plötzlich Patient 115
Auch Angehörige brauchen uns 119
Mehr Beruf, weniger Berufung wagen 132
Das klinische Auge – eine ganz spezielle
   Fähigkeit.. 134
Eine finstere Nacht 144
Wenn nichts mehr bleibt, außer sich zu beklagen...... 160
Eine ganz besondere Ausbildung..................... 163
Sind Pflegekräfte aus dem Ausland die Rettung?....... 170
Worauf wir stolz sein sollten 176

Alter & Sterben 181

Worüber wir dringend sprechen müssen 181
Moralische Verletzung – woran wir wirklich
   leiden... 187
Selbstbestimmt leben – selbstbestimmt behandelt
   werden 194
Altenpflege – die übersehenen Seiten 196
Auf dem Weg in die Deprofessionalisierung 201
Pflegende Angehörige – die heimliche Stütze des
   Gesundheitssystems 209
Sterbebegleitung – eine große Herausforderung 217
Palliativversorgung – die besonderen Bedürfnisse
   am Lebensende 226

Warum ich diesen Job trotz allem liebe –
  ein Plädoyer 241
Danksagung 249
Anhang... 251

Vorwort

Ich bin Krankenschwester.

An den ganz schlimmen Tagen schließe ich mich auf dem Stationsklo ein und sitze auf dem heruntergeklappten Deckel. Ich muss gar nicht, ich habe ohnehin seit Stunden nichts gegessen oder getrunken. Ich sitze nur da und starre auf meine weißen Stationsschuhe, an denen Spuren der letzten Stunden kleben: Urin, Kot, Desinfektionsmittel, Blut. Das Stationsklo hat kein Fenster, mit dem Licht springt automatisch eine Lüftung an. Mit dem Rauschen in den Ohren sitze ich da und denke an Rehe, die im Dunkeln bewegungsunfähig auf der Straße stehen und in den Lichtkegel eines Autos starren, das ihnen entgegenrast. Ich denke an sie, weil ich mich genauso fühle.

An den ganz schlimmen Tagen erstarre ich manchmal. Nur für einen Moment. Nur einmal kurz anhalten, am liebsten die ganze Welt, sich sortieren und dann wieder rausgehen. Versuchen, es irgendwie hinzubekommen. Diese Flut an Arbeit zu bewältigen. Dieses Zuviel an Arbeit und Zuwenig an helfenden Händen. Ich öffne Tür um Tür auf diesem endlosen Flur, hinter jeder ein anderer Mensch, eine andere Krankheit, ein anderes Bedürfnis. Und jedem versuche ich dann wenigstens ein bisschen zu helfen, das Nötigste zu schaffen, das Bestmögliche zu geben. Irgendwie. Priorisieren und den Kummer aushalten.

Den Kummer darüber, dass man die verängstigte ältere Frau allein in ihrem Zimmer lässt. Sie ruft nach ihrem längst verstorbenen Mann. Immer wieder. Sie ist desorientiert und verwirrt. Ich verlasse das Zimmer, weil ich weitermuss, aber das Bild bleibt – und auch das enge Herz –, und ich eile zu dem Mann, dessen leere Schmerzmittelpumpe schon seit zehn Minuten nervtötend piepst. Ich priorisiere, was eigentlich nicht zu priorisieren ist: Wer kann länger warten? Frau H., die sich nicht ohne Hilfe im Bett aufrichten kann und deren Mittagessen auf dem Nachtschrank längst kalt geworden ist, oder Herr M., dessen Kreislauf sich stetig verschlechtert? Hält Frau K. die Schmerzen noch etwas länger aus, während ich Herrn L. für einen dringenden Transport in die Diagnostik vorbereite und die Kollegin zwei Zimmer weiter um Hilfe ruft?

An den ganz schlimmen Tagen, wenn die Erstarrung sich gelöst hat, hetze ich nur noch. Ich scherze nicht, ich tröste nicht. An den schlimmen Tagen bin ich mein eigener Verräter. Denn dann bin ich nicht mehr die, die ich mal sein wollte. Dann bin ich eines der gestressten, abgehetzten Wesen, zu dem uns die Bedingungen im Krankenhaus so oft machen – immer auf dem Sprung, immer ein »Ich komme gleich« rufend. Dann bin ich kalt im Außen und frustriert im Inneren, dann funktioniere ich noch, aber ich fühle nicht mehr. Dann kann ich mich schon fast nicht mehr erinnern, wie sehr ich diesen Job mal wollte. Oder warum überhaupt.

Aber wann es war, das weiß ich noch.

Als ich das erste Mal ein Krankenhaus betrat, war ich kaum zehn Jahre alt. Bei meinem Großvater wurde eine Hüftprothese gewechselt, und wie es zu dieser Zeit noch üblich war, lag er vom Bauchnabel abwärts bis zu den Knien in schweren Gipsverbänden. Es sah zum Fürchten aus, aber es ging ihm den Umständen entsprechend gut. Das, was mein Leben nachhaltig beeinflussen sollte, ereignete sich allerdings bei seinem Zimmernachbarn. Der ältere Mann war bettlägerig, offensichtlich dement und wurde über diverse künstliche Zugänge versorgt. Nach allem, was ich heute weiß, wurde ihm Kochsalzlösung per Venenkatheter zugeführt, über einen sogenannten Perfusor – eine Spritzenpumpe – erhielt er Medikamente, sein Urin wurde mittels Blasenkatheter in einem Beutel aufgefangen. Heute würde ich es nicht als große Sache betrachten, eher als postoperative Standardversorgung. Damals aber erschien mir dieser blasse, hilflose Mensch von einem großen, rätselhaften Kabelgewirr umgeben. Völlig anders erging es dagegen der Krankenschwester, die irgendwann das Zimmer betrat. Souverän, zügig und doch ruhig machte sie sich daran, den Patienten zu versorgen.

Sie drehte eine Infusion ab, richtete eine neue und hängte sie an, sie zog ein Medikament auf und verabreichte es über die Spritzenpumpe, sie kontrollierte und bediente sorgfältig alle Zugänge und den Zustand des Patienten. Ihre Handgriffe gingen geschmeidig ineinander über, sie war konzentriert, dem unruhigen Mann im Bett dennoch die ganze Zeit beruhigend zugewandt. Ihre Art zu arbeiten war das Anmutigste und Beeindruckendste, was ich bis dahin gesehen hatte.

»Woher kannst du das alles? Woher weißt du, wo all die Kabel hingehören?«, musste ich sie einfach fragen.

»Das habe ich eben gelernt«, sagte sie.

So gesehen war das ein guter Tag in meinem Leben, denn seit jener Zeit musste ich mir nie mehr Gedanken darüber machen, was ich später einmal werden wollte. Seit jenem Nachmittag wusste ich es: Wenn man das lernen konnte, was diese Frau tat, dann wollte ich genau das.

Auch in den folgenden Jahren änderte sich nichts an diesem Entschluss. Ich fragte mich selten, ob und warum ich Krankenschwester werden wollte, viel öfter fragte ich mich: Weshalb wollten so viele andere das eigentlich nicht? Denn das Weltbild, das ich als etwa 16-Jährige hatte, basierte auf einer einfachen Gleichung: Wenn jene, die in der Lage dazu sind, denjenigen helfen, die auf Hilfe angewiesen sind, dann wäre diese Welt doch viel mehr im Lot. Wenn man außerdem schon so viel Zeit seines Lebens einer Arbeit widmen sollte, dann musste es meiner Meinung nach Arbeit sein, die wirklich sinnvoll war. Der Beruf der Krankenschwester schien mir dafür die beste aller Möglichkeiten zu sein. Ich war voller Ideale, wollte Dinge lernen, die mir faszinierend erschienen, ich wollte Gutes tun, wollte Verantwortung übernehmen, einen Beitrag leisten, damit es anderen Menschen besser geht. Im Nachhinein würde ich sagen, entstand da in mir bereits eine sehr frühe Version davon, wie ich heute auf diesen Beruf blicke. Es ist in meinen Augen eben nicht nur ein Beruf, sondern darüber hinaus auch Ausdruck einer Haltung, einer Persönlichkeitsstruktur, die Werte wie Solidarität, Verantwortungsbewusstsein, Mitgefühl und Fürsorge priorisiert und, ja, auch lebt. So konkret habe ich das damals natürlich noch nicht gesehen, zu der Zeit wollte ich einfach nur, dass es endlich losgeht.

Ich war 17 Jahre alt, als ich die Ausbildung beginnen konnte, in der Krankenpflegeschule traf ich auf knapp 30 andere junge Menschen, die eine ähnliche Einstellung hatten. Doch bevor wir Pflegeschüler das erste Mal auf die Stationen losgelassen wurden, kam der erste große Block an Theorie: Anatomie, Physiologie, Krankheitslehre, Hygiene. Wir übten an Puppen die Lagerung und das Waschen bettlägeriger Menschen. Es war komisch, und manchmal waren wir etwas albern dabei. Wir lernten den Blutdruck zu messen, einen Puls zu palpieren, Blutzuckerwerte abzunehmen und einzuschätzen. Nach ein paar Wochen hatten wir theoretisch erste Grundlagen über die häufigsten schwerwiegenden Erkrankungen, ihre Ursachen und Folgen. Wir hatten gelernt, dass bewegungseingeschränkte Menschen sich wund liegen können, ihre Muskeln und Gelenke rasch versteifen, und wir lernten die Maßnahmen auswendig, mit denen wir solche Komplikationen vermeiden konnten.

Noch immer war ich davon überzeugt, einschätzen zu können, was auf mich zukommt. Ich rechnete mit kranken Menschen, ich rechnete damit, schweren Schicksalen zu begegnen, ich rechnete damit, dass ich in der Lage sein würde, Trost zu spenden. Ich rechnete mit viel Arbeit und mit Tagen, an denen ich erschöpft sein würde – aber nie hatte ich mit dem gerechnet, was dann wirklich kam.

Als wir Schüler nach den ersten Wochen auf Station wieder zusammensaßen, glichen wir stundenlang ab: unsere Vorstellung und die Realität, die Theorie und die Praxis. Wir listeten auf: die schwersten Fälle, die strengsten Stationsleitungen, die arrogantesten Ärzte. Wir hatten gelagert und gewaschen, und keiner von uns war mehr albern. Denn diesmal waren es keine Puppen, diesmal waren es echte Menschen. Sie hatten Schamgefühle oder Schmerzen, frisch operierte

Wunden oder neu ausgebrochene Krankheiten. Sie waren auf uns angewiesen, auf unsere Behutsamkeit, unsere Kompetenz und unser Taktgefühl. Die meisten von uns waren zu diesem Zeitpunkt kaum 20 Jahre alt, aber wer bis dahin noch nicht wirklich erwachsen war, wurde es spätestens jetzt.

Dennoch waren wir noch immer die Anfänger. Weil wir viele der großen, wichtigen Aufgaben als Schüler noch nicht erledigen durften, bekamen wir die kleinen, unliebsamen zugeteilt: die Botengänge, die Reinigung von beschmutzten Bettpfannen und Urinflaschen, das Beziehen von unzähligen zerwühlten Betten, die schnell wieder frisch sein mussten. Wir reichten Essen und Trinken an, und bei manchen bemerkten wir, dass sie das eigentlich gar nicht mehr wollten. Weil es aber für die Flüssigkeitsbilanz erforderlich war, taten wir es trotzdem. Wir lagerten Menschen, damit sie sich nicht wund lagen, und es entging uns nicht, dass sie dabei Schmerzen hatten, so behutsam wir auch vorgingen. Wir hatten die paradoxe Tatsache kennengelernt, dass die Dinge, die für einen Menschen langfristig hilfreich sind, kurzfristig schmerzvoll und unangenehm sein können – und dass man als Pflegender nicht immer derjenige ist, der anderen guttut, sondern gar nicht selten derjenige, der Schmerzvolles und Unangenehmes vollzieht. Das Verhindern von Komplikationen, das sich in der Theorie so logisch und leicht angehört hatte, war in der Praxis so oft widersinnig und schwer. Und kaum einer von uns hatte damals ein Rezept, richtig mit diesem Konflikt umzugehen.

Einige haderten mit dieser Rolle, manche schon bald mit ihren körperlichen und seelischen Limits. Manche von uns hatten den ersten Sterbenden gesehen, manche den ersten

Toten in ihrem Leben. Manche von uns waren für Menschen zuständig, die an einem Tag vollkommen davon überzeugt waren, noch viele Jahre auf dieser Welt vor sich zu haben, und am nächsten Tag erfuhren, dass es nur noch zählbare Tage waren. Wir hatten gelernt, dass Kranksein Menschen nicht nur traurig und verzweifelt macht, sondern auch wütend und verbittert. Und wir hatten gelernt, dass man sich auch dann nicht abwenden darf. Ganz besonders dann nicht. Wir hatten die Erfahrung gemacht, wie es ist, sich als Pflegender hilflos zu fühlen – und dass man es auf keinen Fall zeigen darf.

Und bald wurde uns außerdem klar, dass alles, was wir gesehen, gelernt und getan hatten, Teil einer Art Einweihung war. Wir gehörten jetzt zu einem Zirkel, wurden Teil eines Geheimbundes, dem man automatisch beitritt, wenn man in einem Krankenhaus arbeitet. In dieser Welt, wo auf engstem Raum alles gleichzeitig existiert: Glück und Unglück, Geburt und Tod, Krankheit und Heilung. In dieser Welt, in der sich keiner von uns als Bedürftiger wiederfinden möchte und man, wenn es doch irgendwann geschieht, nur hoffen kann, dort an Menschen zu geraten, auf die er sich verlassen kann: auf ihren Sachverstand und auf ihre Menschlichkeit.

Wir waren zwar noch Schüler, aber wir hatten schon nach kurzer Zeit einen gravierenden Wissensvorsprung all den Menschen gegenüber, die im Zusammenhang mit dem Pflegeberuf vor allem an die Beseitigung von Exkrementen denken. Fakt ist: Ja, das muss man dann und wann tun. Fakt ist aber auch: Es geht nicht in erster Linie darum, dass man in der Lage sein muss, mit Exkrementen umzugehen. Es geht darum, dass man das auf eine so besondere Weise tut, dass der Mensch, an dessen Bett man steht – den man wäscht, den man säubert, dem man so wahnsinnig nahe kommt, obwohl man ihn kaum kennt –, dass dieser Mensch sich nicht peinlich berührt fühlt, dass er sich aufgehoben fühlen kann. Dazu ist mehr als nur Fingerspitzengefühl erforderlich. Das ist beinahe eine Kunst, und die sollte man in diesem Beruf dringend beherrschen. Ich habe bis heute nicht verstanden, warum man ausgerechnet diesen Teil unserer Arbeit immer wieder so abwertet und belächelt. Natürlich geht es in diesem Beruf manchmal darum, einem Menschen das Leben zu retten. Aber sehr viel öfter geht es darum, seine Würde zu bewahren.

Was man sonst noch unbedingt beherrschen sollte: zu wissen, wann Humor und wann eher Einfühlungsvermögen gefragt ist, wann man seine weiche Seite zeigt und wann die toughe. Und man sollte in der Lage sein, zwischen alldem binnen Minuten zu wechseln. Man muss mit dem Chefarzt so sprechen können, dass er einen für voll nimmt, mit dem dementen Patienten aber so, dass er einem folgen kann, und mit der Kollegin so, dass keine Informationen verloren gehen. Und auch das gehört zum Job: all diese Wechselspiele auszuhalten und zu versuchen, selbst dann ein halbwegs zufriedener Mensch zu sein, wenn sich nach Feierabend hinter einem die Krankenhaustür schließt und man genau weiß, dass für manche Menschen drinnen die Hölle weitergeht.

Eine Krankenschwester zu sein war anders als gedacht, es war so viel krasser als gedacht. Aber es war nicht schlechter.

Ich sage übrigens bewusst Krankenschwester, in meiner Ausbildungszeit hieß das noch so. Heute wäre Gesundheits- und Krankenpflegerin korrekt. Aber auch das gilt nicht mehr lange. Die neuen Jahrgänge, die jetzt ausgebildet werden, sollen am Ende Pflegefachfrau und Pflegefachmann heißen. Ich glaube aber, auch das wird die Bezeichnung Krankenschwester und -pfleger nicht ausrotten, das hat bisher keine neue Begrifflichkeit geschafft, die man sich für uns ausgedacht hat. Ich nenne mich gerne Krankenschwester, die meisten meiner Kolleginnen tun es auch und die Patienten sowieso. Manche mögen die Bezeichnung allerdings nicht. Kritiker hören in dem Begriff etwas Devotes, Tradiertes mitschwingen. Ich höre etwas Solidarisches darin: Verschwesterung, mit Patienten und mit Kolleginnen: Ich bleibe dabei: Ich bin eine Krankenschwester.

Erfahrungen, die für immer nachhallen

Die Krankenhauswelt ist ein sorgfältig strukturierter Ort: Es gibt Stationen, auf denen Kinder zur Welt kommen, es gibt Stationen für Menschen mit erkrankten inneren Organen, es gibt welche für gebrochene und operierte Knochen. Es gibt Stationen für Kinder und für Alte, und es gibt Stationen für Krankheiten der Haut, der Nerven oder der Lunge. Und das Großartige an der Ausbildung zum Gesundheits- und Krankenpfleger ist: Man kann sich beinahe jede dieser Welten eine Zeit lang anschauen. Und am Ende darf man sich entscheiden, in welcher von diesen Welten es einem am besten gefällt, in welcher einem das Arbeiten am leichtesten fällt. Im Verlauf der Ausbildung stellt jeder irgendwann fest, dass er in einer der vielen Abteilungen besser zurechtkommt als in einer anderen: Manche von uns lieben es, Wunden zu versorgen (ja, wirklich!), und können sich nichts anderes außer der Chirurgie als Arbeitsort vorstellen. Andere finden Nervenkrankheiten spannend und gehen auf die Neurologie, wieder andere finden nichts vielfältiger und anspruchsvoller als die unterschiedlichsten Krankheitsbilder auf einer internistischen Station.

Die Welt, in der ich bleiben wollte, betrat ich im zweiten Ausbildungsjahr. Es war die anästhesiologische Intensivstation, und mein Einsatz dort begann mit einem Déjà-vu: Wieder starrte ich ehrfürchtig auf einen Menschen, der von einem Kabelgewirr umgeben war. Allerdings versorgte es diesmal keinen älteren Mann, sondern den schmalen, kleinen Körper eines achtjährigen Mädchens. Drei Tage vorher hatte sie mit Freunden eine Straße ihres Wohnviertels überquert. Sie plapperten und flachsten. Dann kam von rechts ein Auto. Es fuhr zu schnell.

Beim Zusammenprall brach ihr Schädelknochen, ein Gefäß riss und blutete ins Gehirn. Rippenbrüche, Schnitt- und Schürfwunden, der linke Arm war mehrfach gebrochen. Damit sie die enormen Schmerzen nicht spürte, hatte man sie in ein künstliches Koma versetzt. Über einen Tubus in der Luftröhre wurde sie beatmet, eine Sonde überwachte permanent ihren Hirndruck, der auf keinen Fall einen bestimmten Wert übersteigen durfte. Ein weiterer Monitor überwachte den Kreislauf des Mädchens. Zig Medikamente fluteten den kleinen Körper.

Der zuständige Pfleger war für die Dauer meines Einsatzes auf dieser Station mein Mentor. Ich schaute zu, wie er arbeitete. Routiniert quittierte er einen Alarm an der Beatmungsmaschine; für Kinder gelten andere Einstellungen für den Respirator, die man genau kennen muss. Regelmäßig muss Sekret aus der Lunge abgesaugt werden, aber bei einem solchen neurologischen Trauma muss das so behutsam geschehen, dass dadurch kein Husten ausgelöst wird, weil sich das sofort auf den Hirndruck auswirken würde. Ich war überwältigt von der Situation, und gleichzeitig dachte ich: »Ich will das auch können!«

Ich war fasziniert von den medizinischen Möglichkeiten, der Verantwortung und den kleinen Wundern, die hier geschahen. Und von der Kompetenz und dem Wissen, das man brauchte: Die Schwestern verabreichten Medikamente, sie deuteten Veränderungen im Krankheitsbild, sie bedienten die hoch technisierte Ausstattung ruhig und routiniert, und auf Notfälle reagierten sie blitzschnell und versiert. Mehrere davon erlebte ich binnen kurzer Zeit selbst auf der Station. Da war zum Beispiel ein Patient, den wir trotz akuter arterieller Blutung so stabilisieren konnten, dass er operiert werden konnte und überlebte. Oder der Mann mit akutem Herzinfarkt, den wir zurück ins Leben holten; nach einer halben Stunde Reanimation hatte er wieder einen eigenständigen Puls.

Das konzentriert angespannte Arbeiten faszinierte mich, die Verständigung über kurze, in den Raum gerufene Kommandos. Vier, fünf Leute injizieren, pumpen, intubieren, beatmen, reichen Instrumente an, Medikamente, Infusionen, Kanülen, lauschen auf Überwachungsgeräte, warten auf Reaktionen, die sie provozieren: ein Schlag des Herzens, ein Seufzer der Lunge, ein Blutdruck, der den Namen auch verdient. Ein Signal, ein Zeichen, dass wir das Richtige tun, dass noch Hoffnung besteht.

Ich war auch dabei, als wir diese Hoffnung aufgeben mussten. Manche Fälle vergisst man nicht, die bleiben für immer im Gedächtnis. Der Mann war 47 Jahre alt, ursprünglich mit einem Standardeingriff – einer Gallenoperation – zur Überwachung auf unserer Station. Dann erlitt er plötzlich eine Lungenembolie, ein Blutgerinnsel hatte seine Lungenarterie verstopft, der Verlauf war fulminant. Er bekam sofort eine Lyse, damit versucht man das Gerinnsel mit blutverdünnenden Medikamenten aufzulösen. Die schreckliche Nebenwirkung: Das Blut wird so dünn, dass es aus jeder Öffnung läuft.

Ich stehe in der Tür des Zimmers, habe tausend Fragen, bin total aufgeregt, alle sind angespannt, der Notfallwagen wird geholt. Mich packt Angst, aber ich bin auch neugierig, ich will lernen. Ich sehe genau hin, die Alarme piepsen, Kommandos fliegen durch den Raum. »Supra!«, »Nabic!«, »Wer kann Blutkonserven besorgen?«. Vier Augenpaare richten sich auf mich, die ich noch immer verschüchtert im Türrahmen stehe. »Die Schülerin!« Mir rutscht das Herz in die Hose. Ich weiß, wo das Labor ist, wie man Blutkonserven besorgt. Ich weiß das, aber am liebsten würde ich weglaufen, ich habe Angst, etwas falsch zu machen. Aber die anderen sind gnadenlos: »Vier Konserven, sechsmal Plasma! Zügig!« Ich renne los, ich sprinte die Treppenstufen nach oben und bin so adrenalingepeitscht, dass mir die Beine wegknicken. Sechs Minuten später bin ich mit den Konserven zurück und übergebe sie den Kollegen. Das Zimmer sieht aus wie ein Schlachtfeld. Noch immer Herzdruckmassage, noch immer kein tragender Rhythmus, noch immer kein Leben in dem Menschen, der da in dem blutigen Bett liegt.

Irgendwann geben die Kollegen auf. Es fühlt sich an, als wären Stunden vergangen. Sie sind blass, sie sind verschwitzt, und sie sind gezeichnet, man kann es nicht anders sagen. Sie haben gekämpft, sie haben verloren – und beides sieht man ihnen an. Die Alarme tönen noch, jemand schaltet sie ab, ein anderer öffnet das Fenster, damit die Seele hinausfliegen kann. Ich sehe das zum ersten Mal, ich begreife es, aber ahne noch nicht, wie oft ich das in meinem Leben selbst noch machen werde. Einer nach dem anderen verlässt das Zimmer, bald widmen sich alle wieder den anderen Patienten.

Ich bin 17, ich bin neu, ich bin unerfahren, für mich fühlt es sich falsch an. Hier ist gerade ein Mensch gestorben! Wie können die einfach so zum Tagesgeschäft übergehen?

Damals fand ich das makaber, heute mache ich es genauso. Weil es nicht anders geht, weil die anderen Patienten ja noch da sind, weil sie uns brauchen, egal was nebenan passiert. Weil wir genau das manchmal tun müssen: den einen Menschen zugewandt aufmuntern, obwohl wir uns noch kurz vorher in einem anderen Raum von einem Toten abgewandt haben. Heute weiß ich, dass das nicht bedeutet, dass es einem gleichgültig ist. Das bedeutet es ganz sicher nicht.

Uns Pflegekräfte kümmert das: Verluste berühren uns, schwere Schicksale berühren uns, sie machen uns traurig, sie verfolgen uns, sie mischen sich in unsere freien Abende und in unsere Träume. Man muss lernen, sich zu distanzieren. Aber nicht zu sehr, sonst wird man zynisch. Eine schwierige Angelegenheit, eine Gratwanderung. Es gibt einen Unterschied zwischen Abgrenzung und Abgestumpftheit. Man darf die guten Dinge nicht aus den Augen verlieren, manchmal muss man sich regelrecht an sie klammern, und manchmal ist es wichtig, auch dann an sie zu glauben, wenn sie unmöglich erscheinen.

Das kleine Mädchen, das den Autounfall überlebte, hatte eine schlechte Prognose: Alles deutete darauf hin, dass sie geistig schwer beeinträchtigt bleiben würde. Den Eltern wurde gesagt, sie sollten sich auf einen lebenslangen Pflegefall einstellen. Ein paar Monate später erschienen sie wieder auf der Station. Mit Blumen, mit Kuchen – und mit einem völlig gesunden Kind an der Hand, das man gerade aus der neurologischen Frühreha entlassen hatte. Ja, zwischen all dem Mist geschehen manchmal völlig ungewöhnliche Dinge. Es gibt keinen Alltag, keine exakt vorhersehbaren Ergebnisse. Ständig passiert etwas Unerwartetes. Und manchmal passieren eben auch Wunder.

Dafür, für diese Wunder, taten wir das. Das war die Antwort, wenn wir uns schon im ersten Lehrjahr an manchen Tagen fragten, warum wir uns so was eigentlich antun. Dafür nahmen wir hin, dass uns der Rücken schon in unseren Zwanzigern wehtat, dass wir nicht auf die Party gehen konnten oder zum Geburtstag der besten Freundin, weil wir Wochenenddienst hatten, mal wieder. Man hatte Dienst, wenn der Film im Kino schon angefangen hatte, wenn andere noch im Bett lagen oder am Ostersonntag, in der Silvesternacht oder am Neujahrsmorgen. Oder man hatte frei, war aber nach zehn Diensten am Stück so erschlagen, dass man auch an den freien Tagen zu nichts mehr taugte.

Für die guten Tage, die guten Momente, die Erfolgserlebnisse nahm man hin, dass man Sterbende vor Augen hatte, während andere an Shopping dachten oder beim Kaffeetrinken sorglos über das letzte Date plapperten. Für die guten Tage nahm man das sogar gerne hin. Für die Tage, an denen man das Krankenhaus wie ein Sieger verlässt. Mit der Gewissheit, etwas beigetragen zu haben. Das muss gar nicht immer so etwas Großartiges sein, nicht immer gleich ein Wunder. Oft reicht es schon, wenn man einen Anteil hatte: am Heilungsprozess, an etwas Zuversicht oder Freude, aber vor allem auch an richtig guter Medizin und gewissenhafter, präziser, gefahrenabwendender Pflege.

Ein guter Tag ist, wenn man es schafft, alle Patienten bestmöglich zu versorgen. Man legt frische Verbände an und sieht Fortschritte, man verabreicht Medikamente, kontrolliert Parameter, bemerkt Auffälligkeiten und reagiert rechtzeitig und richtig. Man sorgt für optimale Hygiene und dafür, dass ein Patient mit sauberem Körper, mit gestillten Bedürfnissen in einem frisch bezogenen Bett liegen und genesen kann, dass er schmerzfrei ist, dass er ausreichend Flüssigkeit und Nahrung hat, dass bei alldem sein Wille und seine Selbstbestimmung respektiert wurden. Man macht einen Scherz mit denen, die es brauchen können, und hält die Hand von jenen, die es nötig haben. Man verlässt Zimmer um Zimmer mit der Sicherheit, für denjenigen, der darin liegt, für den Moment das Beste getan zu haben. Es bleibt genug Zeit, um die Dokumentation zu schaffen, neue Medikamente zu bestellen, sich mit Kollegen und Ärzten auszutauschen und die Fragen von Angehörigen zu beantworten. Die guten Tage sind getaktet und arbeitsreich, aber auch übersichtlich und kontrollierbar.

An den schlechten Tagen aber bricht alles zusammen.

An den schlechten Tagen müsste ich bei mehreren Patienten gleichzeitig sein – und bei allen ist es dringend.

Einer liegt in einem Bett voller Kot, ein anderer bekommt schlecht Luft, bei einem weiteren muss der Kreislauf stabilisiert werden. Einer hat unermessliche Schmerzen, einer schimpft, weil ihm Milch im Kaffee fehlt, einer versucht im Delirium über das Bettgitter zu klettern, einer muss schon seit Stunden dringend gelagert werden, damit er sich nicht wund liegt. Die Ärzte brauchen jemanden, der zur Visite mitgeht, wichtige Medikamente sind aufgebraucht und nicht nachbestellt, ein Patient muss zur Untersuchung gebracht werden, und danach noch einer. Eine Kollegin meldet sich für den Spätdienst krank, es wird der dritte Dienst in absoluter Unterbesetzung hintereinander sein, 16 Betten müssten bezogen werden, für 16 Patienten auf der Station muss die Dokumentation geschrieben werden. Verbände müssen gewechselt, Medikamente verabreicht, Schmerzen gelindert und ängstliche Patienten beruhigt werden.

Die Krankenhauswelt ist nie berechenbar. Aus chronischen Fällen können plötzlich akute werden, Zustände können sich innerhalb kürzester Zeit verschlechtern. Es gibt Zwischenfälle und Komplikationen. Ein Herz kann stehen bleiben, ein Blutgefäß verstopfen, jemand kann stürzen oder das Bewusstsein verlieren. Mehrere neue Patienten kommen zur Aufnahme. Und manchmal passiert all das gleichzeitig.

Auf jeder Station im Krankenhaus gibt es – wie im richtigen Leben – gute Tage und schlechte. Es gibt Dienste, die sind stressiger als andere. Es gibt Zeiten, an denen man mit der Arbeit kaum hinterherkommt. Das hatte ich schon als Schülerin erlebt, und ich erlebte es als Examinierte. Ein paar schlechte Tage gab es zwischendurch immer mal. Aber mit der Zeit kamen sie in immer kürzeren Abständen, und irgendwann wurden sie zum Normalzustand. Das ist nicht über Nacht passiert, es hat sich eingeschlichen. Das war kein Tsunami und kein Erdbeben. Es waren sanfte Einschläge, die sich allmählich steigerten und näher kamen: Da wurde die eine Stelle nicht neu besetzt und eine andere wurde gestrichen. Da wurden Stationen zusammengelegt oder die Betten aufgestockt, aber nicht das Personal. Die Stimmung wurde gehetzter, gereizter, gefühlt war man nur noch am Rennen und kam doch nie hinterher.

Es wurde jetzt von Kostendruck gesprochen, von Privatisierung und von Fallpauschalen; von DRGs, den Diagnosis Related Groups, medizinische Fallgruppen, nach denen jetzt abgerechnet wurde, und nicht mehr nach Liegedauer. Zum ersten Mal hörte ich – bezogen auf Menschen – Sätze wie: »Der rechnet sich nicht«. Ich erfuhr, dass bestimmte Patientengruppen nach DRG-Logik lukrativer waren als andere. Eine gestürzte Seniorin mit Rippenprellung zum Beispiel war jetzt nicht länger eine hilfsbedürftige Person, sie war ein Verlustgeschäft: lange Liegedauer, kaum medizinische Eingriffe erforderlich. So was rechnet sich eben nicht. Hätte sie sich den Hüftknochen gebrochen, der gegen ein künstliches Gelenk hätte getauscht werden müssen, wäre sie gleich sehr viel einträglicher. Dank dieser sogenannten Fallpauschalen trugen Patienten plötzlich unsichtbare Preisschilder. Je aufwendiger das Krankheitsbild, desto mehr kann man abrechnen. Krankenhäuser waren jetzt Unternehmen und Patienten Waren.

Das anzuprangern bedeutet nicht, unbedingt an Altem festhalten zu wollen. Viele kommunale Häuser wurden oft schlecht bis katastrophal geführt, aber das neue wirtschaftliche und profitorientierte Denken wirkte auf die Bedingungen und das Arbeitsklima wie Gift. Keines, das einen sofort ausknockt, sondern eher ein schleichendes. Wenn man Gift langsam und in niedriger Dosis verabreicht, gewöhnt das Opfer sich daran. Der kranke, vergiftete Zustand wird irgendwann Normalität.

Für uns wurde es Normalität, dass wir seltener Pause machen konnten, manchmal gar nicht. Es wurde normal, im 30-Minuten-Takt »Ich bin gleich bei Ihnen« zu sagen und dabei ganz genau zu wissen, dass es sehr viel länger dauern würde. Es wurde normal, dass es keine langjährigen, eingespielten Teams mehr gab wie früher, sondern dass Personal aus Leiharbeitsfirmen dazukam, immer wieder neue, unbekannte Gesichter, weil mit dem ausgedünnten hauseigenen Personal die Spitzenzeiten nicht mehr zu bewältigen waren. Es wurde auch normal, dass täglich geplante Operationen verschoben werden, dass Patienten zwei Tage in Folge acht Stunden nüchtern bleiben müssen, um dann zu hören, dass es leider wieder nichts wird mit der OP. Dass Patienten 30 Minuten und länger auf ein Schmerzmittel warten müssen, weil alle zu beschäftigt sind. Dass Patienten im Flur liegen, sich krümmen und verzweifelt sind.

Es kam mir irgendwann sogar so vor, als wäre es inzwischen normal, dass so viele Kollegen bitterer wurden, kurz angebunden, zynisch. Dabei passierte es, weil die Balance nicht mehr stimmte. Weil so viele von uns sich nicht einfach nur abgrenzen und an die guten Tage klammern konnten, sondern weil wir abstumpften, weil wir uns alle ständig verrieten, unsere Ideale, unsere Mindestanforderungen für gute

Medizin und Pflege. Weil die guten Tage fehlten und kaum einer noch glaubte, dass es sie jemals wieder geben würde.

Personalschlüssel – Rechnungen, die nicht mehr aufgehen

Manchmal braucht man einen Weckruf, manchmal muss eine Situation erst eskalieren, bis man merkt, wie unerträglich sie eigentlich schon lange ist. Für mich war das der Tag, an dem Antje heulte. Ich war jetzt examiniert und arbeitete genau da, wo ich hinwollte: auf einer anästhesiologischen Intensivstation. Jedem hätte ich zugetraut, dass er mal zusammenbricht, aber nicht ihr: Schwester Antje, seit 61 Jahren auf der Welt, seit 40 Jahren im Dienst, Intensivstation, Vollzeit. Antje war tough und unglaublich erfahren. So eine wie sie hat schon alles gesehen, die hat schon alles erlebt, die wird mit allem fertig. Das dachte ich zumindest, das dachte jeder über Antje. Und dann steht diese Frau an einem Nachmittag plötzlich da und heult. Nicht nur so ein bisschen, sondern so richtig, mitten auf dem Stationsflur. Und zwei andere Kolleginnen heulen mit. So muss sich wohl ein Dammbruch anfühlen. Zu viel Last, zu viel Druck – dann springt selbst eine Betonmauer einfach auf. Und die Flut rollt.

Es gibt Rechnungen in der Krankenhauswelt, die gehen auf. Zum Beispiel die, dass auf einer Intensivstation eine Schwester gleichzeitig für zwei Patienten zuständig sein kann. Das hört sich vielleicht nach einem guten Schlüssel an, aber wir sprechen von Polytraumata, Menschen mit schwersten Krankheitsbildern, Dutzenden Zugängen, aufwendigsten medizinischen Apparaturen, immer an der Schwelle zum Tod. Wenn kein Notfall dazwischenkommt, ist das eine super Besetzung. Mit Notfall – einem Ereignis, mit dem man auf Intensiv jederzeit rechnen muss – wird es eng. Mit einem dritten beatmeten Patienten pro Schwester wird es ein Kraftakt, und mit einem zusätzlichen Notfall wird es lebensbedrohlich.

Ich kann nicht mehr genau sagen, wann es losging, aber Schichten in Unterbesetzung waren keine Ausnahmen mehr, sie waren irgendwann etwas, womit man ständig rechnen musste. Es gab Dienste, da ging keiner mehr normalen Schrittes über die Station, wir rannten, manchmal stundenlang: einmal kurz zu einem Schwerstkranken, dann kurz zum anderen, um bei jedem Patienten wenigstens die Minimalversorgung zu gewährleisten.

Es ging längst nicht mehr um das, was ich ursprünglich bei diesem Beruf im Sinn hatte: Menschen professionell zu versorgen, Gefahren von ihnen abzuwenden, beste Prophylaxe zu betreiben, da zu sein, sie durch existenzielle Sorgen zu begleiten. An den ganz schlimmen Tagen konnten wir froh sein, wenn wir nur ein Minimum davon erreichen konnten. Wir traten Feuer aus – so nennen wir das, nur unter uns natürlich. Oder auch Damage Control. Aber irgendwann, an diesem einen Nachmittag, ging nicht einmal mehr das. Wir schafften es einfach nicht mehr, es gab dermaßen viel zu tun, dass keiner mehr wusste, wo er zuerst anfangen sollte. Also standen drei Schwestern da und heulten.

Es war eine Kapitulationserklärung. Es war etwas, was auf keinen Fall passieren sollte. Kapitulationserklärungen gibt es im Krieg. Aber wir befinden uns nicht im Krieg, wir sprechen hier von etwas, das das Gegenteil davon sein sollte:

ein Krankenhaus, ein Ort der Rettung, der Sicherheit und Zuwendung. Ein Ort, an dem Kranke Hilfe erfahren, an dem sie genesen und ausruhen können – jederzeit und uneingeschränkt. Ein Ort, an dem sie ein Recht auf Beistand und medizinische Versorgung haben. Das hier ist Humanität und Solidarität. Zumindest war das irgendwann mal so gedacht.

Die nächste Eskalationsstufe ist längst erreicht

Seit Jahren nehmen wir hin, dass aus Krankenhäusern Unternehmen geworden sind, wir nehmen hin, dass ein Berufsstand zermalmt und ausgehöhlt wird. Pflegenotstand ist so normal geworden, dass jeder mit dem Begriff etwas anfangen kann. Die meisten Menschen wohl nur abstrakt, viele aber auch sehr unmittelbar durch eigene bittere Erfahrung.

Binnen weniger Jahre hat sich die Wahrnehmung des Berufs der Krankenschwester radikal verändert. Längst assoziieren viele den Beruf nicht mehr nur mit Beistand, Versorgung und Pflege, Prophylaxe und Medizin. Sondern mit Überlastung, Unterbesetzung und Unterbezahlung. Mal im Ernst: Wer will einen solchen Beruf noch ausüben? Welchen Berufseinsteiger will man mit solchen Erwartungen begeistern? Wir nehmen das hin, wie wir vieles andere, ebenso Katastrophale hinnehmen, schießen unser Leistungsverweigerungsrecht in den Wind, machen weiter, für die Patienten, für die Kollegen. Denn irgendwie hielt die Betonmauer ja meistens noch. Aber die Dammbrüche und Kapitulationserklärungen häufen sich. Situationen, die eine Schwester Antje zum Heulen bringen, waren keine Ausnahmen mehr. Und auch kein Geheimnis.

Nur interessiert hat es eben kaum jemanden. Zumindest nicht, bis Corona kam. Eine Pandemie fegte heran und schuf plötzlich auch vermeintlich einen Wendepunkt: Menschen standen abends am Balkon und klatschten. Für uns. Ich fand das so schön, mich hat das so ergriffen. Ich habe wirklich gedacht, jetzt werden wir mal gesehen, jetzt nehmen die Menschen endlich wahr, was wir machen, was uns fehlt. Dass unsere Arbeit wichtig ist. Plötzlich war es sogar mehr als wichtig, es war »systemrelevant«. Es hat sich unglaublich gut angefühlt.

Während ich dieses Buch schreibe, bestimmt Corona noch in großen Teilen unser Leben. Mit der Anerkennung war es allerdings ebenso schnell, wie es eingesetzt hatte, auch wieder vorbei. Das Klatschen in den Straßen war noch nicht verhallt, da ging es uns hintenrum schon wieder an den Kragen: Personaluntergrenzen, gesetzliche Vorgaben darüber, dass eine Pflegekraft nur eine bestimmte Anzahl von Patienten betreuen darf, das war eine gerade erst neue – wenn auch lückenhafte – Errungenschaft: ausgesetzt. Wege für Zwölf-Stunden-Schichten: offen. In der Diskussion: Zwangsrekrutierung von Personal, das aus guten Gründen der Pflege den Rücken gekehrt hatte. Und dazwischen die vielleicht besonders infamen Beschlüsse: ausgehebelte Quarantänemaßnahmen für das Pflegepersonal. Einerseits waren wir so nah dran an den Infizierten, andererseits oft so dermaßen schlecht geschützt. Ein vermeidbarer Fehler, wie man schon bald wusste, wenn man rechtzeitig für ausreichend Schutzmaterial gesorgt hätte. Ein vermeidbarer Fehler, den wir mit der Gesundheit oder sogar unserem Leben bezahlen sollten.

Wir waren schlecht geschützt, konnten uns also leicht anstecken, aber selbst in dem Fall sollten wir bloß nicht allzu lange fernbleiben. Die Quarantänezeit für Krankenpflegepersonal deutlich zu verkürzen war aus Sicht des Robert-Koch-Instituts akzeptabel. Man wusste halt nur allzu gut, dass das System kollabiert, wenn nur ein paar von uns ausfallen.

Bei der Arbeit waren wir also weiter gerne gesehen, woanders eher nicht. Manche Arbeitgeber sprachen die Anweisung aus, von anderen Wegen als denen in die Klinik und zurück abzusehen. Arbeiten ja, einkaufen lieber nicht. Und wo es nicht der Arbeitgeber empfahl, taten es manche Mitbürger. Ich selbst bin aufgefordert worden, eine Drogerie zu verlassen, nachdem mich jemand aus einem *SPIEGEL*-Beitrag erkannt hatte, in dem ich mich als Krankenschwester zu den Arbeitsbedingungen während der Pandemie geäußert habe. Und ich weiß, dass ich nicht die Einzige bin, der so etwas passiert ist.

Wir waren Helden und Menschen zweiter Klasse gleichzeitig, das muss man erst mal hinkriegen. Während Konzerne unbürokratisch mit Millionen gerettet wurden, durften wir zugucken, wie man einen einmaligen Sonderbonus für uns erst wochenlang diskutierte und dann kleinlich ausrechnete, wer ihn nun wirklich verdient hatte und wer nicht. Das war mehr als nur zynisch, es hat richtig wehgetan. Diese Diskussion hat uns noch einmal deutlich gezeigt, welchen Wert man uns beimisst, unserer Arbeit, aber auch den Kranken in unserer Gesellschaft, den Menschen, die Hilfe brauchen, die auf uns angewiesen sind.

Die meisten von uns sind natürlich trotzdem weiter in die Krankenhäuser und Pflegeheime gegangen. Es ist sogar ein neuer Geist entstanden in dieser Zeit in machen Einrichtungen, Zusammenhalt, eine Art Aufbruch. Mitten im Trümmerhaufen haben wir noch die letzten Kräfte mobilisiert, haben angepackt und waren entschlossen, diese Krise zu stemmen. Vermutlich ging das, weil Krise für uns halt auch Normalzustand ist. Die Corona-Pandemie hat uns eigentlich gar nicht wirklich in eine Ausnahmesituation gebracht, wir haben schon vorher bis zum Hals in einer gesteckt.

Wir hatten auch vor Corona längst die nächste Eskalationsstufe erreicht, flächendeckend: Schwerstkranke Menschen werden an Krankenhaustüren abgewiesen, Frauen gebären ihre Kinder unfreiwillig allein, auf Stationsfluren. Menschen krümmen sich stundenlang in Schmerzen, mitten in einem Krankenhaus. Menschen leiden – und ja – Menschen sterben. Das geht schon so lange so, dass es messbar ist. Mit der Arbeitslast von Pflegepersonal steigt die Mortalität, also die Sterberate, der Patienten. Große Beobachtungsstudien belegen, dass Abteilungen mit besserer Pflegepersonalausstattung eine geringere Mortalität aufweisen. Es ist dort außerdem weniger wahrscheinlich, nach einer erlittenen Komplikation zu versterben. Andere Studien kommen zu dem Ergebnis, dass mit steigendender Patientenzahl pro Pflegekraft die Sterblichkeit zunimmt.[1] Im Klartext: Es wird eher gestorben, wenn man qualifiziertes Personal einspart oder keines hat. Es sterben Erwachsene, und es sterben Kinder.

Sie sterben durch Fehler, die aufgrund von Überlastung, Stress und Müdigkeit eher gemacht werden. Da wird eine Infusionslösung verwechselt, weil es schnell gehen muss. Ein Parameter wird falsch eingeschätzt, weil man nicht gut genug über die Grunderkrankung informiert ist, denn die Übergabe fand mal wieder zwischen Tür und Angel statt. Vielleicht verwechselt jemand ähnlich klingende Medikamente mit völlig verschiedener Wirkung und bringt damit seinen Patienten um. Oder jemand erkennt den Zusammenhang zwischen niedrigem Blutdruck und hoher Herzfrequenz nach einer Operation nicht und versucht, den Patienten zu beruhigen. Und findet ihn später bewusstlos auf. Hat der Patient bloß kalte Füße oder einen Gefäßverschluss, schnarcht er bloß, oder hat er einen Stridor? Wäre mehr Zeit zum Waschen gewesen, dann wäre sicher auch der bretthharte Bauch der Patientin aufgefallen, und die Bauchfellentzündung wäre noch rechtzeitig behandelt worden. Ist der Arzt, der schon seit 24 Stunden im Dienst ist, mit der Blutkonserve gerade wirklich in das richtige Zimmer gelaufen, zur richtigen Patientin?

Man muss gut ausgebildet sein in diesem Beruf, man muss wach sein und aufmerksam. Jeder Handgriff, der in Hektik, Stress und Überlastung ausgeführt wird, kann Folgen haben. Aber auch jeder Handgriff, der unterbleibt. Man kann viele Menschen gesund pflegen, das geht wirklich. Wenn man sich kümmert, sie mobilisiert, die Gelenke geschmeidig hält, die Haut widerstandsfähig und durchblutet, für eine gute Belüftung der Lunge sorgt, wenn man zu Optimismus und zu Hoffnung ermuntert. Es macht einen riesigen Unterschied, ob ein Patient bloß oberflächlich versorgt oder ob er gut und professionell gepflegt wird. Es macht manchmal den Unterschied zwischen Leben und Tod. Bei langen Liegezeiten verflacht die Atmung, und in der Lunge steigt das Infektionsrisiko, die Haut bekommt Druckstellen, aus denen bald Wunden werden, manchmal tellergroß. Die Thrombosegefahr steigt und dadurch das Risiko für eine Lungenembolie, Sehnen und Bänder verkürzen sich, der Lebenswille schwindet. Manchmal leiden Menschen nicht nur schwer an einer Grunderkrankung, sondern werden noch kränker durch erworbene Komplikationen. Komplikationen, die auf Unterversorgung und unzureichende Pflege zurückgehen. So was passiert in Heimen und Kliniken, wenn dort Arbeitsbedingungen herrschen, die eine adäquate Pflege nicht mehr zulassen.

Was dann außerdem auf der Strecke bleibt, ist die Menschlichkeit. Die eigentlich immer als Allererstes: die Einfühlsamkeit, das Scherzen, die aufmunternden Worte, die erklärenden und informierenden Sätze. So viele Menschen fühlen sich in einem Krankenhaus alleingelassen, verängstigt, vergessen, übergangen und ausgeliefert. Die Zeit für etwas mehr Menschlichkeit fehlt den Patienten, aber sie fehlt auch uns, den Pflegekräften.

So unendlich viele von uns werfen hin. Es gibt Statistiken, die sagen, dass jeder Zweite diesen Beruf aufgibt. Mit meiner Erfahrung deckt sich das: Aus meinem Jahrgang an der Krankenpflegeschule ist heute kaum mehr die Hälfte noch im Beruf. So viele wollten diesen Job so sehr, so viele halten den Stress und die Bedingungen aber einfach nicht aus. So viele, die es mit ihrem Gewissen nicht vereinbaren können, so zu arbeiten, wie sie es oft müssen. So viele, die diesen Beruf nicht mehr so ausüben können, wie sie ihn ausüben möchten und müssten. So viele, die sich wie ich an den ganz schlimmen Tagen schon nicht mehr erinnern können, wie sehr sie das alles mal wollten. Oder warum.

Berichte aus einem kranken Gesundheitssystem

An einem Wochenende im Februar 2017 habe ich nach Schichtende mein Smartphone in die Hand genommen und auf der Social Media App Instagram ein Foto von mir hochgeladen. Ich trug darauf meine Dienstkleidung und schrieb unter das Foto einen Eintrag darüber, wie mein Tag auf Station gewesen war. Ich schrieb einfach drauflos: über die tagelange Unterbesetzung, die Unzufriedenheit, den Frust, die Gefahren, die sich daraus für die Patienten ergeben, meinen Kummer über all das und meine Wut. Noch beim Schreiben dachte ich, dass das die falsche Plattform dafür ist. Instagram ist eigentlich ein Sammelbecken für die schönen Dinge: für Urlaubsbilder und Shoppingerrungenschaften, für Innendekorationen oder ein vermeintlich heiles Familienleben. Instagram bietet Zerstreuung und Ablenkung. und genau dafür nutzte ich es auch dann und wann.

Ich hatte keine besonderen Erwartungen, was meinen Eintrag anging, ich wollte einfach etwas loswerden. Aber schon kurz nach der Veröffentlichung hatte ich Dutzende Nachrichten und Kommentare in meinem Postfach. Sie kamen von Kollegen, von Betroffenen von Angehörigen, die ihre eigenen Erfahrungen mit mir teilen wollten.

Nachricht einer Followerin

Meine Mutter hat Darmkrebs. Da eine Metastase durch den Darm gewachsen ist, wurde sie gestern operiert. Es ist nichts mehr zu machen. Sie liegt auf der Intensivstation, ich bin bei ihr. Insgesamt habe ich 20 Krankenzimmer auf dieser Station gezählt. Was heute passiert ist, möchte ich dir erzählen. An diesem Nachmittag waren sechs Schwestern im Dienst. Ob alle Zimmer belegt sind, weiß ich nicht. Astrid kommt herein. Sie sagt: »Hallo, ich kontrolliere die Geräte.« Und dann geht sie wieder auf Zuruf einer Kollegin. Gegenüber schreit eine ältere Dame: »WOLFGANG!« »WOLFGANG!« Ich merke, wie der Ton der Schwester schärfer wird.

Mama hat Schmerzen, ich sehe es. Ich suche Astrid.

Draußen Hektik.

Ich sehe Pflegepersonal über die Flure laufen, weiß nicht, wen ich ansprechen soll. Ich klingele also. Nach fünf Minuten kann ich bei einer Schwester um Schmerzmittel bitten.

Es ist 15 Uhr, als ein greller Alarm über die Flure schallt. »Zimmer 3! Sofort! Und Arzt!«

Draußen wird es laut.

Und dazwischen: »WOLFGANG!!«

Meine Mutter ist unruhig, sie krümmt sich. Ich verlasse das Zimmer, um Astrid zu suchen, und sehe, wie die alte Frau versucht, sich aus dem Bett zu hieven, weil niemand kommt.

Ich weiß mir nicht zu helfen und schreie laut »Hilfe!!«.

Astrid kommt, mit hochrotem Kopf, im Laufschritt.

An diesem Nachmittag wird es einen weiteren schrillen Alarm geben. Eine Schwester wird mehrmals wütend werden, weil Wolfgangs Ehefrau einfach nicht aufhört, sich alle Kabel und Verbände vom Körper zu reißen. Der Stationsarzt wird es erst um 20:00 völlig gestresst zu uns schaffen, um uns zu sagen, dass Mama Morphium bekommen kann, wenn ich damit einverstanden bin. Ich bin es.

Astrid wird sich entschuldigen am Ende ihres Dienstes. Dafür, dass sie so wenig Zeit hatte. Wie ihre Kollegin gestern. Und die vorgestern.

Als ich nach Hause gehe, gehen sechs abgehetzte Schwestern mit mir raus.

Die Nachrichten sagen, dass Millionen an eine Beratungsfirma geflossen sind, um eine Maut zu realisieren, die nie kommen wird. Im Gesundheitswesen fragt man sich derweil, wie man bessere Bedingungen für Pflegekräfte finanzieren soll. Ist das nicht skurril?

Ich frage mich seit Mamas Erkrankung fassungslos, was hier eigentlich passiert.

Heute Morgen ist sie gestorben.

Nachricht einer Followerin

Interdisziplinäre Abteilung mit 30 Planbetten. Besetzung: zwei examinierte Schwestern und ein Praktikant. Wir teilen die Station in zwei Bereiche, jeder versorgt 15 Patienten, zwei Drittel davon hilfe- bis schwerhilfebedürftig, vier Isolationszimmer, ein Patient im Palliativzimmer, sterbend.

Der Vormittag: Äußerst arbeitsintensiv, Zeit zum Frühstücken hatten wir nicht. Jeder verschwindet in seine Zimmer und macht das Nötigste am Patienten. Die Kollegin meldet sich gegen 12 Uhr bei mir ab, sie geht jetzt ins Isolationszimmer, wo sie Herrn B. noch komplett versorgen muss. Sie ist seit 7 Uhr nicht bei ihm gewesen. Der Patient wird per PEG (eine Magensonde) ernährt, er ist bewegungsunfähig, er kann weder sprechen noch schlucken. Er kann nicht klingeln oder sich irgendwie selbst helfen. Angehörige hat er nicht. Ich laufe los und messe 15 Blutzucker, ich spritze Insulin, setze pflegebedürftige Patienten zum Essen aufrecht. Der Praktikant hilft mir, wir laufen Klingeln ab. Ich schaue nach dem Patienten im Palliativzimmer, sauge seine Lunge ab. Es ist 13 Uhr, und die Visite muss abgearbeitet werden, Infusionen angehängt, Pflege dokumentiert werden. Der Spätdienst kommt. Um 13:30 Uhr startet die Übergabe mit halb fertiger Dokumentation. Ich bin mit meiner Übergabe fertig und suche die Kollegin. Ich finde sie bewusstlos auf dem Boden im Isolationszimmer vor.

Was war passiert? Sie hat nicht gefrühstückt und zu wenig getrunken. Sie hatte Zeitdruck, wollte nur eben noch Herrn B. versorgen. Sie war eingehüllt in einem Schutzkittel aus Plastik, sie trug einen Mundschutz und Handschuhe. Ihr ist schlecht geworden, ihr wurde schwarz vor Augen, und sie fiel. Sie hat sich dabei den Kopf aufgeschlagen, der Patient konnte nicht klingeln. Und ich, ihre Kollegin, hatte auf der Station so viel zu tun, dass mir nicht auffiel, dass sie fehlt.

Die Pflegedienstleitung und der Chefarzt wurden gezwungen, 15 von 30 Betten sofort zu sperren, weil kein Personal aufzutreiben ist. Die 15 von 30 Betten wurden im Haus verteilt. Auf teilweise fachfremde Stationen.

Ich hatte bis dahin vor allem mit Kollegen über unsere Arbeitsbedingungen gesprochen. Wir reden ständig darüber, wir verstehen uns, jeder hat die gleichen Probleme, jeder kennt die Situation, unsere Gespräche drehen sich seit Langem im Kreis. Durch Social Media wurde dieser Kreis plötzlich furchtbar groß: Ich begann, regelmäßiger über den Pflegenotstand zu schreiben – und die Resonanz war enorm. Die Nachrichten, die mich seitdem erreichen, kommen aus ganz Deutschland. In jedem Winkel des Landes kämpfen die Menschen mit den gleichen Problemen. Es ist, als ob man ein Puzzle zusammensetzt. Immer noch kommen neue Teile hinzu, und das Bild, das sich abzeichnet, ist erschreckend. All die Auswirkungen des Pflegenotstands, die ich regelmäßig erlebt habe, sind keine Einzelfälle, sie sind ein riesiges, flächendeckendes Problem.

Es ist ein Problem, das uns alle betrifft. Ich weiß, das klingt furchtbar abgedroschen. Ich weiß aber auch, dass es zu unseren Verdrängungsmechanismen gehört, es einfach so abzutun, weil wir das alle nicht gerne hören möchten, solange alles halbwegs läuft. Aber ich weiß auch, dass dieses »Mich-betrifft-das-ja-gar-nicht« brüchig ist, dass sich das morgen schon ändern kann, dass jeder von uns dieses System verdammt noch mal braucht. Unsere Kinder werden in diesem System geboren, es prägt, unter welchen Umständen wir Mutter und Vater werden und wie gut man sich um unsere Kinder kümmert, wenn sie krank, vielleicht sogar schwer krank werden. Wir brauchen dieses System vielleicht nicht heute, aber womöglich schon morgen, weil wir mit dem Auto von der Straße abkommen oder einen Knoten ertasten. Und wenn wir Glück haben und dieses System nicht schon mitten im Leben brauchen, dann aber sicher mal am Ende davon. Deswegen sollten wir ganz genau hingucken, in jeden dieser Bereiche – auch wenn es vielleicht wehtut.

Und deswegen versuche ich hier, so gut es geht, in jeden dieser Bereiche zumindest ein wenig hineinzuleuchten – von der Geburtsstation bis zum Hospiz, vom Geborenwerden bis zum Sterben. Ich versuche, all die unterschiedlichen Probleme zu zeigen, die am Ende oft doch die gleichen sind. Und ich versuche zu vermitteln, dass sie uns wirklich alle angehen und dass uns dieses Thema kümmern sollte.

Es gibt Zahlen, die all diese Probleme ausdrücken. Die meisten werden kurz zur Kenntnis genommen und dann wieder vergessen.

Die Zahlen kennt man. Hier kommen die Geschichten dazu.

Geburt & Kindheit

Zur Welt kommen – eine einzigartige Geschichte

Fangen wir ganz von vorne an. Fangen wir genau da an, wo das ganze zerbrechliche Dasein seinen Lauf nimmt. Fangen wir mit dem Anfang eines neuen Lebens an, mit der allerersten Geschichte, die es über jeden von uns zu erzählen gibt.

Wir alle haben sie, unsere eigene, ganz spezielle Geschichte darüber, wie wir geboren wurden. Wir sind schwer auf diese Welt gekommen oder leicht, wir lagen schon Wochen vorher in der richtigen Position oder zum Leidwesen unserer Mutter genau andersherum. Unser Gesicht war nach unten, Richtung Boden gerichtet, wie es bei den meisten Babys der Fall ist, oder wir blickten nach oben, und man nannte uns Sternengucker. Wir sind das erste Kind unserer Mutter oder ihr drittes. Wir sind in den ersten Morgenstunden zur Welt gekommen, als es noch dunkel war und alle anderen noch schliefen, oder stellten das Leben unserer Eltern mitten am Tag auf den Kopf und von da an für den Rest ihres Lebens. Wir kamen zu früh oder zu spät, ungewollt oder brennend ersehnt.

Die erste Geschichte über uns ist oft geprägt von Schmerz und Angst, von Erschöpfung und Kontrollverlust, und gleichzeitig ist sie in den meisten Fällen auch immer eine Geschichte der Freude, des Glücks und der Überwältigung.

»Wie bin ich auf die Welt gekommen, Mama?«, will mein großer Sohn manchmal wissen. Und dann erzähle ich ihm von dieser Nacht. Ich erzähle ihm von der riesigen Vorfreude, die ich auf ihn hatte, und von der unglaublichen Freude, als er endlich da war, und dass sein Papa, der bei uns war, die gleiche Freude gefühlt hat.

Ich erzähle ihm nicht von dem Schmerz, der mich nach einer künstlichen Weheneinleitung überwältigt hatte und der nicht eine einzige Pause machte. Wehenpause ist ein Wort, das in dieser Geschichte nicht existiert. Ich erzähle meinem Sohn nicht von diesen kurzen hektischen Minuten, als seine Herztöne plötzlich absackten, und auch nicht von dem Handgriff, den der Arzt unvermittelt anwandte, um ihn schneller auf die Welt zu befördern. Ich erzähle meinem Sohn nicht, dass ich eine Weile zu schwach und zu erschöpft war, um ihn zu halten.

Ich erzähle ihm aber, dass eine Hebamme da war, die auf ihn aufgepasst hat und die auf mich achtgab, denn so war es auch, und darüber bin ich sehr froh. Ich erzähle ihm, dass ich die Augen nicht von ihm nehmen konnte und dass er das schönste und niedlichste Baby war, das ich bis dahin gesehen hatte.

Und wenn seine Schwester bald so groß ist, dass auch sie anfängt, mich zu fragen, dann werde ich auch ihr eine Geschichte erzählen, ihre Geschichte. Eine Geschichte, die eine ganz andere ist als die über ihren Bruder. So wie jede dieser Geschichten eine andere ist. Keiner von uns kommt auf die gleiche Art auf diese Welt, nicht einmal, wenn es durch dieselbe Mutter geschieht. Unsere Geschichten sind so verschieden wie wir selbst. Nur die eine Sache haben die meisten dann aber eben doch gemeinsam: Wenn es Geschichten aus Deutschland sind, dann beginnen sie im Krankenhaus.

Mehr als 98 Prozent aller Kinder werden hierzulande in Kliniken geboren. Und deshalb sind diese ersten Geschichten darüber, wie jemand zur Welt kommt, immer auch Geschichten über das Krankenhaus. Es sind immer auch Geschichten darüber, wer dort arbeitet und unter welchen Bedingungen. Die meisten enden noch immer mit einem Happy End, mit diesem schier unfassbaren Wunder und Glück, einen wenn auch winzig kleinen, so doch kompletten Menschen im Arm zu halten. Jemanden, den es bis dahin auf dieser Welt noch nicht gegeben hatte. Jemanden, den man nicht aufhören kann anzustarren, weil das so unfassbar schön ist. Aber weil die Bedingungen in den Kliniken und Krankenhäusern sich in den vergangenen Jahren verändert haben, weil sie schlechter und schwieriger geworden sind, tauchen immer öfter auch andere Geschichten auf, traurige Geschichten. Geschichten, die nicht gerne erzählt werden, Geschichten voller Komplikationen und Zwischenfälle. Geschichten, in denen aus natürlichen Verläufen medizinische Eingriffe wurden und schlimme Erinnerungen.

Liebe Franzi,

mein Sohn ist 2014 geboren, meine Tochter 2016. In derselben Klinik, sogar im selben Kreißsaal.

Bei der ersten Entbindung war ich schon drei Tage vor dem eigentlichen Geburtsstart im Krankenhaus, weil ich

Wehen hatte, die aber nirgends hinführten. Ich wollte so lange wie möglich versuchen, die Geburt ohne jegliche Medikamente in Gang zu bekommen, und das wurde auch völlig beachtet. Ich wurde regelmäßig überwacht (Wehenschreiber und Vitalwerte), aber es wurde nicht eingegriffen. Ich bin also viel spazieren gegangen, und nach drei Tagen ging es von allein los. Die Hebamme war vom Blasensprung an immer in meiner Nähe, kümmerte sich um mich, und ich hatte eine wunderschöne und entspannte Geburt.

Mein zweiter Entbindungstermin war bereits zehn Tage überschritten, als ich ins Krankenhaus ging, um eine Einleitung zu bekommen. Ich sollte um 6 Uhr auf der Entbindungsstation sein, saß dann aber noch eine Stunde auf dem Flur, weil niemand da war, um mich aufzunehmen. Dann kam ich in den Kreißsaal und bekam eine Viertel Tablette und kam an den Wehenschreiber. Eine Stunde lang sah ich niemanden. Dann rauschte die Hebamme rein, warf einen kurzen Blick auf die Werte und schickte mich auf mein Zimmer. Sie würde halbstündig nach mir schauen. Im Endeffekt kam niemand. Ich klingelte nach der Schwester, die mir erklärte, sie sei dafür nicht zuständig, sie betreue nur Gynäkologie-Patientinnen. Sie würde die Hebamme informieren. Weiterhin tauchte niemand auf. Eine Stunde später traf mein Mann ein. Ich hatte starke Wehen, und er brachte mich zum Kreißsaal. Es stellte sich heraus, dass ich die komplette Eröffnungsphase allein zugebracht hatte und die endgültige Geburt nur noch Minuten dauern würde, der Kopf unserer Tochter war schon fast durchs Becken durch. Die Hebamme rauschte herein, mit einer Krankenpflegeschülerin an der Hand. Ich habe exakt zwei

Mal gepresst, und die Kleine war da. Danach wurde alles schnell versorgt, die Kleine eingewickelt, mir auf die Brust gelegt, und zack waren beide, Schülerin und Hebamme, wieder weg. Erst nach über einer Stunde tauchten sie wieder auf. Es stellte sich heraus, dass in der Zeit noch drei weitere Geburten parallel liefen und die Hebamme allein war. Sie hatte schlicht keine Möglichkeit, sich ausreichend mit den Frauen zu beschäftigen. Ich möchte mir nicht vorstellen, wie das für eine Frau ist, die noch keine Geburt hinter sich hatte und nicht weiß, was passiert. Kurz danach wurde die Entbindungsstation für mehrere Wochen geschlossen, weil das wenige Personal, vermutlich wegen völliger Überlastung, weggebrochen war.

Jennifer

In Deutschland passiert gerade etwas ganz Wunderbares: Es werden wieder mehr Babys geboren. Und gleichzeitig passiert etwas ganz Furchtbares: Es gibt immer weniger Hebammen, Ärzte und Schwestern, die all diese neuen Babys ins Leben begleiten und ihren Müttern und Vätern zur Seite stehen. Man muss das sogar so deutlich sagen: In Deutschland passiert wirklich Absurdes. Während die Zahl der Geburten seit Jahren steigt, werden die Krankenhäuser mit Entbindungsplätzen und Kreißsälen immer weniger. Seit dem Jahr 1991 ist ihre Anzahl um 43 Prozent gesunken, seit 2007 um rund 22 Prozent. Im Jahr 1991 gab es in Deutschland 1186 Krankenhäuser mit Entbindungsstationen, im Jahr 2007 zählte man 865, und 2017 waren es nur noch 672 Kliniken.[2]

Geschlossen wurden vor allem kleinere ländliche Kliniken. Vermutlich, weil sie nicht ausreichend ausgelastet waren, denkt man schnell. Aber eine entsprechende Untersuchung kam zu einem anderen Ergebnis. In den meisten Fällen war diesen Schließungen kein Geburtenrückgang vorausgegangen. In rund zehn Prozent der Fälle verzeichneten die Kliniken vor der Schließung sogar steigende Geburtenzahlen.[3] In manchen Regionen führt das heute dazu, dass viele Frauen Anfahrtszeiten in eine Geburtsklinik von 40 Minuten und mehr in Kauf nehmen müssen – was unter Wehen wirklich kein Vergnügen ist. Entbindungen im Rettungswagen oder mithilfe von Rettungsdienstmitarbeitern, das sind Geschichten, die die Medien nicht nur deshalb gerne erzählen, weil sie so spektakulär klingen. Laut der Elterninitiative Motherhood e. V. nehmen solche Vorkommnisse durch die länger werdenden Anfahrtswege tatsächlich zu. Auch wenn diese Geschichten manchmal lustig klingen, sie sind es in der Regel ganz und gar nicht. Weder für eine Frau, die unter starken Schmerzen rücklings angeschnallt in einem Krankenwagen liegen muss, noch für die Mitarbeiter des Rettungsdienstes, die schließlich keine ausgebildeten Entbindungshelfer sind.

Glück also für die Schwangere, die das Krankenhaus heil erreicht. Oder? Ja, wenn sie nicht gerade in einem überfüllten und personell unterbesetzten Haus landet. Aber die Chancen dafür stehen nicht gerade gut. »Ich und meine Kolleginnen, die Hebammen und Krankenschwestern, spüren den Personalnotstand schon lange sehr deutlich«, sagt Konstantin Wagner, Gynäkologe an einer größeren Klinik der Maximalversorgung. »Wir betreuen definitiv immer mehr Geburten. Das liegt zum einen daran, dass die Geburtenraten steigen, zum anderem aber auch daran, dass die kleineren Krankenhäuser im nächsten Umfeld, in kleineren Städten und Kreisen geschlossen wurden, sodass wir die Geburten, die früher auf die kleineren Häuser aufgeteilt wurden, jetzt zusätzlich dazukommen – allerdings mit dem gleichen Personalschlüssel, den wir auch schon vor zehn Jahren hatten. In den Jahren zwischen 2005 und 2010 hatten wir rund 1500 Geburten im Jahr. Heute sind es doppelt so viele.«

Wenn die Kreißsaaltür geschlossen bleibt

Manchmal sind Entbindungsstationen und Kreißsäle in Deutschland derart rappelvoll an Entbindungen oder derart unterbesetzt an Personal, dass sie sich vorübergehend von der Versorgung abmelden müssen. Für Frauen, die sich genau zu diesem Zeitpunkt mit Wehen oder sonstigen Anzeichen einer bevorstehenden Geburt auf den Weg in ihre Wunschklinik machen, bedeutet es, dass sie dort nicht aufgenommen werden können. Laut einer Studie musste jede dritte Geburtsklinik im Jahr 2018 mindestens einmal eine Schwangere mit Wehen aufgrund von Personal- und Raummangel abweisen.

Abmeldungen von Krankenhäusern, die Sperrung von Betten, ist so eine Sache. Auf der Station, auf der ich arbeite, müssen wir genau das auch immer wieder machen. Denn Medizin ist nicht planbar, nicht berechenbar, Intensivmedizin schon gar nicht, und auch Babys, die reif sind, auf die Welt zu kommen, sprechen sich untereinander nicht gut ab. Manchmal wollen zu viele gleichzeitig geboren werden. Jede

Hebamme kennt die berühmten Vollmondnächte, in denen es auf der Entbindungsstation zugeht wie im Bienenstock. In jedem Krankenhaus, auf jeder Station – egal ob in der Altenpflege, bei Neugeborenen oder auf einer Intensivstation – gibt es Arbeitsspitzen, Zeiten mit einer unheimlichen Verdichtung der Arbeitslast. Manchmal hat man eine Woche lang rein zufällig mehrere Polytraumata, einfach sehr aufwendige Patienten mit großen Wunden, vielen Drainagen, zeitintensiven Verbandswechseln, vielen Fahrten in den OP oder in die Diagnostik. Genauso, wie Hebammen manchmal mehrere normal verlaufende Geburten gleichzeitig haben und dann auf einmal mehrere lange und komplizierte. Manchmal sind Patienten zunächst unauffällig, entwickeln sich aber plötzlich zu einem Notfall, oder ein Notfall kommt noch dazu.

Medizin ist nie wie ein ruhiges Meer. Medizin ist eher wie Ebbe und Flut, und manchmal ist sie wie eine Springflut. Jeder, der in diesem Bereich arbeitet, weiß das und kann in der Regel auch damit umgehen. Überlastungssituationen können auftreten und sind auch schon früher vorgekommen, selbst wenn man normal und gut besetzt ist. Ich kenne das, wir hatten das früher auch schon oft. Aber wir konnten es früher besser auffangen als jetzt. Wenn ein Kollege krank war, wurde herumtelefoniert, um jemanden zu finden, der einspringen kann. Es sind auch mal zwei Kollegen gleichzeitig krank gewesen, auch das ist vorgekommen, und auch das haben wir kompensiert.

Heute gibt es immer noch Ebbe und Flut, und es gibt immer noch Springfluten, gefühlt gibt es inzwischen vor allem Letztere, aber im Vergleich zu früher können wir sie immer seltener auffangen. Einfach, weil wir insgesamt zu wenige sind. Weil aus der Ausnahmeunterbesetzung Dauerunterbesetzungen geworden sind. Eigentlich fehlt immer jemand, weil Stellen nicht besetzt sind oder weil jemand krank ist. Weil Kollegen heute einfach länger und öfter krank sind. Warum sind sie das wohl? Weil wir in diesem Beruf unsere Knochen und Seelen schinden und weil man krank wird, wenn das überhandnimmt.

In Pflege- und Medizinberufen ist die Zahl der Krankheitstage aufgrund von Erkrankungen der Psyche und des Bewegungsapparates inzwischen mitunter am höchsten. Mittlerweile guckt man in den meisten Fällen nicht einmal mehr, wer einspringen kann, weil ohnehin keiner mehr zur Verfügung steht. Das Herumtelefonieren kann man sich auch sparen. Das Einzige, was dann noch bleibt, ist die Bettensperrung.

Wir melden also die freien Betten von der Versorgung ab, um die Patienten zu schützen, die noch da sind. Um deren Versorgung zu gewährleisten, um eine bestimmte Qualität der Versorgung nicht zu unterschreiten. Denn bestimmte Krankheitszustände kann man nur mit einer Mindestzahl an Personal versorgen. Mit weniger Personal gefährdet man Leben. Im Grunde sind Abmeldungen also eine Sicherstellung der Gesundheit und des Lebens derer, die da sind, für weitere reicht die Kapazität nicht mehr.

Etwas Ähnliches passiert in Kreißsälen. Man kann den Ärzten und den Hebammen, zwei, drei, manchmal noch vier Geburten aufdrücken. Dann laufen sie schon am Limit, was regelmäßig passiert, aber wenn dann noch eine Schwangere dazukommt, dann weiß jeder, der bei Verstand ist, dass sie das absolut nicht auffangen können. Dann zieht man die Reißleine und sperrt.

So stehen in Deutschland landauf, landab Betten leer, die dringend benötigt werden, aufgrund des Personalmangels aber nicht belegt werden können. Dann muss einer wie Mark Renner* sehen, wo die Patienten bleiben. Renner ist Anästhesist und Notarzt, seit mehr als zehn Jahren fährt er Noteinsätze. Er wird zu Unfällen, Herzinfarkten, gebrochenen Knochen, Schlaganfällen oder Stürzen gerufen. Er und seine Kollegen machen die Erstversorgung vor Ort, stabilisieren den Patienten so weit, dass er transportiert werden kann für die weitere Behandlung. Dann gibt Renner in ein digitales Programm für Krankenhauszuweisungen ein, was der Patient braucht, zum Beispiel: Innere Medizin, Intensivplatz, beatmet. Und an sehr vielen Tagen sagt das System: Sorry, keine Betten frei. »Gesperrte Betten zeigt mir das System rot an«, sagt Renner. »Und es gibt mittlerweile viele Tage im Jahr, an denen im gesamten Kreis, in dem ich unterwegs bin, sämtliche Bereiche auf Rot stehen.« Oder es gibt die absurde Situation, dass jemand mitten in einer größeren Stadt zusammenbricht, aber 30 bis 40 Kilometer aus der Stadt herausgefahren werden muss, in eine ländliche Klinik, weil sie die einzige ist, die noch Kapazitäten hat.

Auch ich beobachte, was Mark Renner beobachtet und was vermutlich jeder in der Branche bestätigen wird: Die Abmeldungen der Krankenhäuser, die Sperrung von Betten und Kreißsälen steigen. Eine offizielle, flächendeckende Erhebung

---

* Name geändert

gibt es bisher nur für den Bereich Intensiv aus dem Jahr 2018. Sie hat gezeigt, dass auf 76 Prozent aller Intensivstationen Betten gesperrt werden, in 22 Prozent der Fälle täglich.[4] Man muss dazu sagen – und es ist sogar sehr wichtig, dass jeder das weiß: Auf der Straße bleibt deswegen niemand liegen. Jedes Krankenhaus hat einen sogenannten Versorgungsauftrag. Das heißt, dass es einen Notfall auch dann aufnehmen muss, wenn es dafür eigentlich keine Kapazitäten hat, wenn es offiziell auf Rot steht. »Dieser Mensch wird versorgt, und er wird sicher auch adäquat versorgt«, sagt Renner. »Aber man muss davon ausgehen, dass in diesem Moment, wenn der Notfall versorgt wird, woanders Ressourcen abgezogen werden, die dort vermutlich auch gerade dringend gebraucht werden, nur in diesem Augenblick nicht so sehr akut wie bei dem Notfall.«

So gesehen hat ein Mensch in einer Notfallsituation sogar noch etwas mehr Glück als eine Frau in den Wehen. Denn der Notfall muss versorgt werden, aber für eine Frau ohne Komplikationen, mit Kind zum Termin gilt das nicht. Weil sie kein Notfall ist. Sie ist eine Frau, die Schmerzen hat, die sicher Sorgen hat, die noch wahrscheinlicher Betreuung und Begleitung braucht und ein sicheres medizinisches Umfeld. Aber sie muss dann im Zweifel in diesem Zustand so lange warten, bis klar ist, wo sie unterkommen kann, und dann den Weg dorthin auf sich nehmen.

Es sind keine guten Geschichten, die unter solchen Bedingungen entstehen. Und es sind längst nicht nur Geschichten über Frauen und Väter und deren Kinder. Auch von der anderen Seite des Bettes gibt es Geschichten zu erzählen. Und auch die klingen immer öfter gar nicht gut.

Hallo!

Meine Geschichte stammt aus einer Klinik für Geburtshilfe mit Anschluss an ein Level-1-Zentrum (ca. 2200 Geburten im Jahr). Seit Monaten arbeiten wir (mittlerweile vorgeplant) unterbesetzt. Laut Stellenplan sind es acht Stellen, die mittlerweile offen sind. Mein Überstundenkonto zeigt 969 Stunden an.

Anbei meine Geschichte von einem Frühdienst aus dem Kreißsaal:

Sonntagmorgen, 5:40 Uhr auf dem Weg in den Kreißsaal, der zehnte Dienst in Folge steht an. Ich hoffe auf einen etwas ruhigeren Dienst, da ich die Klinik am gestrigen Abend erst um 21:30 Uhr verlassen konnte. Bereits im Eingangsbereich kommen mir zwei Frauen mit Wehen entgegen, die ich am gestrigen Abend aufgenommen hatte. Ich hoffe auf einen Kaffee, bevor der Dienst beginnt, denn auch heute arbeiten wir wieder unterbesetzt. Wir sind zwei Hebammen für den kompletten Kreißsaal und den Ambulanzbereich. Mit einem mulmigen Gefühl auf dem Weg zur Umkleidekabine wage ich einen Blick auf die Kreißsaal-Tafel. Alle fünf Kreißsäle sowie beide Wehenzimmer sind belegt. Zusätzlich stehen im Bereich des Flures zwei weitere Namen. Kopfschüttelnd ziehe ich mich schnell um.

Eine 1:1-Betreuung ist heutzutage vergleichbar mit einem Lottogewinn. Der Gedanke macht mich traurig und wütend zugleich. Eine Kollegin des Nachtdienstes kommt in die Umkleidekabine und fragt, ob ich zügig eine Geburt übernehmen könnte, da sie nach ihrem Zehnstundendienst die liegen gebliebene Dokumentation nachholen müsse. Ich höre ein lautes Aufschreien aus dem Kreißsaal. Mit ein paar Eckdaten eile ich nun in Kreißsaal 1 und versuche mir von dem Chaos draußen nichts anmerken zu lassen. Mit einem Blick auf die zentrale CTG-Überwachung aller Kreißenden leite ich die Frau zum Pressen an.

Parallel gehen mir mehrere Gedanken im Kopf herum. Die Herztöne des Kindes sind zu niedrig. Ich versuche Ruhe und Souveränität zu vermitteln. Zusammen mit den Ärzten entscheiden wir uns aufgrund des auffälligen CTGs für eine Saugglockengeburt. In der Regel sind bei einer vaginaloperativen Entbindung immer zwei Hebammen anwesend. Heute ist dies nicht möglich. Mit einem Ohr höre ich im Hintergrund mehrfach das Klingeln der Kreißsaal-Tür. Mich plagt ein schlechtes Gewissen meiner Kollegin gegenüber. Mutter und Kind sind wohlauf. Kurzes Durchatmen, weiter geht es zur Morgenübergabe, parallel warte ich auf die Plazentageburt und mache mir eine kurze Notiz: Blutzuckerkontrolle Kind KRS 1! Gemeinsam mit meiner Kollegin teilen wir uns nun sieben Gebärende und zwei Patientinnen zur stationären Aufnahme auf.

Ich habe die soeben frisch entbundene Patientin aus Kreißsaal 1 sowie Kreißsaal 4, eine wehende Zwillingsmutter, Wehenzimmer 2 eine werdende Mutter mit Zustand nach Kaiserschnitt und Blasensprung sowie eine Frau mit beginnender Wehentätigkeit übernommen. Ich versuche mir einen Überblick zu verschaffen. KRS 1: Plazenta +

Blutzuckerkontrolle Kind, KRS 4: Frühgeborene Zwillinge, mit einer Muttermundöffnung von 5 cm, Wehenzimmer 2: Zweitgebärende Patientin mit Blasensprung unter Antibiotikatherapie + anstehender Geburtseinleitung; noch spazieren: eine Erstgebärende in der frühen Eröffnungsphase. Ich überlege verzweifelt, wo ich die Erstgebärende unterbekomme.

Ich hoffe, sie in KRS 1 planen zu können. Dort ist im Übrigen die Plazenta immer noch nicht da. Ich checke schnell alles durch, bis sich die Familie aus Wehenzimmer 2 meldet. Erschrocken steht der Ehemann vor mir, seine Frau musste sich mehrfach übergeben und hat krampfartige Schmerzen. Beruhigend erkläre ich ihm, dass die Wehentätigkeit eingesetzt hat und er sich keine Sorgen machen müsse. Mit einer Nierenschale in der einen und dem Telefon in der anderen Hand organisiere ich auf dem Weg in den Schmutzraum ein Bett auf Station. Auf dem Weg, um die Klingel aus KRS 1 zu beantworten, informiere ich den Kreißsaal-Arzt über den Stand aus Wehenzimmer 2. Dort entfällt somit die Geburtseinleitung, jedoch braucht auch sie kurz über lang einen Kreißsaal. KRS 1 meldet sich. Das Kind möchte gestillt werden. Ich betrete lächelnd den Raum, sage an der Tür: »Ich bin in fünf Minuten für Sie da.« Nachdem ich kurz nach der Zwillingsmutter geschaut habe, versorge ich Kreißsaal 1 zu Ende. Nun ist es schon 8:30 Uhr, bisher wurde nur ein Kind geboren, jedoch wurde noch nichts dokumentiert. Ich eile in KRS 1, um nach Mutter und Kind zu schauen, und hoffe, dass der Blutzuckertest gut ausfällt. Die erste Dame der Kreißsaal-Ambulanz steht jetzt auch schon vor der Tür. Im gleichen

Tempo geht nun auch der restliche Dienst zu Ende. Fünf gesunde Kinder wurden geboren. Fix und fertig nehme ich mein vorbereitetes Frühstück aus dem Kühlschrank wieder mit nach Hause. Am Abend kreisen immer noch Gedanken im Kopf herum … Habe ich an alles gedacht? Habe ich alles notiert? Waren die werdenden Familien zufrieden? Ich hoffe, nichts übersehen zu haben. Ich finde es erschreckend, in welche Richtung sich die Geburtshilfe bewegt! Der Tag der Geburt sollte ein unvergessliches Ereignis und nicht Fließbandarbeit sein!

Linda

Sind das jetzt Einzelfälle? Bedauerliche Ausnahmesituationen, die halt einfach mal vorkommen? Nein, es sind Geschichten hinter den Zahlen. Und die Zahlen lauten so: Mehr als die Hälfte (55 Prozent) der befragten angestellten Hebammen gibt an, dass sich die Anzahl der zu betreuenden Frauen in den letzten drei Jahren stark erhöht habe.[5] Die Arbeitsbelastung empfindet die Mehrheit als hoch: Mehr als die Hälfte (57 Prozent) der Hebammen berichten, dass sie ihre Kolleginnen häufig aufgrund von Personalengpässen vertreten müssen. Die überwiegende Mehrzahl (89 Prozent) kann nur selten oder hin und wieder vorgeschriebene Ruhepausen einhalten. Mehr als die Hälfte (55 Prozent) gab an, dass sie im Jahr 2018 im Schichtdienst mit einer überdurchschnittlich hohen Anzahl an Frauen – also einem Dienst, in dem »viel los ist«, was regelmäßig vorkommt – vier Frauen gleichzeitig im Kreißsaal betreut haben, und 12 Prozent drei Frauen.[6]

Von Pflegenotstand hört man viel, aber der Hebammennotstand ist mindestens genauso dramatisch. Allein in den Kliniken fehlen derzeit 2000 Hebammen. Das heißt, dass 2000 Stellen offen sind und nicht besetzt werden können. Es ist in dem Fall noch nicht einmal so, dass man das Geld nicht für diese Stellen ausgeben will. Eigentlich ist es schlimmer. Der Grund ist nämlich, dass sich niemand auf diese Stellen bewirbt. Schlicht, weil niemand mehr da ist, der sich bewerben könnte. Wie in der Pflege auch, ist der Markt nach Jahren mit extrem schlechten Bedingungen einfach leer gefegt.

»Ich liebe diesen Beruf, es ist der schönste Beruf, den ich mir vorstellen kann, aber unter den Bedingungen, die wir heute haben, will ich ihn nicht machen«, das sagt Kathrin Vorbrink, Hebamme seit 35 Jahren, davon 25 Jahre mit eigener Praxis. Sie hat diesen Beruf angefangen, als es noch keine CTGs gab und keinen Ultraschall, als man Handschuhe ausgewaschen hat, um sie ein zweites Mal zu verwenden. In den Siebzigern in der DDR war das so, es war normal, es ist nichts, was Vorbrink zurückmöchte. Aber manche Dinge sind heute auch schlimm, aber auf eine andere Weise. CTG, Ultraschall, Einmalhandschuhe, das ist heute selbstverständlich Standard. Aber Standard ist eben auch: Personalmangel, Druck, Hetze, keine Zeit für nichts und niemanden. Ein wunderschöner Beruf ist innerhalb von wenigen Jahren so zerrieben worden, dass kaum einer ihn noch machen möchte.

»Es ist die klassische Spirale«, sagt Kareen Dannhauer, Hebamme in Berlin und Autorin des Buches »Guter Hoffnung«. »Je enger der Personalplan, desto schlimmer wird es: Weil Einspringdienste und Überstunden überhandnehmen, man aus keinem Dienst pünktlich herauskommt, in dem man zudem vermutlich kaum eine Pause hatte, die diesen Namen verdient. Nicht zum Frühstück, nicht zu Mittag und manchmal nicht einmal zum Pinkeln. Dienste, in denen man sich den Hintern für zwei abarbeitet, und trotzdem fehlt es an allen Ecken und Enden. Dienste, in denen man hierhin und dahin springt, niemandem gerecht wird, im Akkord Babys auffängt, aber nicht wirklich Geburten begleitet. Das ist der totale Wahnsinn. Über Burn-out-Quoten, Krankschreibungs-Quoten müssen wir gar nicht erst reden. Das ist alles überall das Gleiche.«

Die Bezahlung macht die Situation nicht besser: »Um eine Familie zu ernähren, braucht man als Hebamme mindestens eine Vollzeitstelle, aber eine Vollzeitstelle unter den aktuellen Bedingungen ist kaum zu realisieren, das ist einfach nicht leistbar, mit kleineren Kindern sowieso nicht. Also macht man das nicht lange. Und die Frauen mit den Teilzeitstellen laufen weg, weil die sagen: Auf dem Papier ist das zwar Teilzeit, de facto aber Vollzeit. Weil man etwa ständig angerufen wird, morgens um halb sechs: Kannst du zum Frühdienst einspringen? Da muss sich niemand wundern, wenn Hebammen lieber Milch aufschäumen im Café nebenan, da hat man am Ende das gleiche Geld, bei geregelten Arbeitszeiten und weniger Stress und Verantwortung«, sagt Dannhauer.

Es ist das gleiche Problem wie bei Pflegern und Schwestern, wie bei Altenpflegern und Kinderkrankenschwestern, und es ist das gleiche Problem, das auch die Ärzte haben. Das gleiche Problem trifft die unterschiedlichen Gruppen auf seine Weise: »Es ist zu viel Arbeit, eine zu hohe Patientenfrequenz bei gleichzeitig zu wenig Ärzten«, sagt Konstantin Wagner, der Gynäkologe. »Das zu schaffen ist letztendlich nur durch kürzeren Patientenkontakt möglich. Ständig macht man alles schnell schnell, was natürlich das Risiko birgt, dass man etwas übersieht oder dass man einen Fehler macht. Entsprechende Angst hat eigentlich ständig jeder von uns, vor allem aber die jungen Kollegen.«

Dazu kommt ein besonderer Druck von oben: Ober- und Chefärzte haben ihre Zeitpläne, innerhalb derer bestimmte Dinge abgearbeitet werden sollen. »Niemand will derjenige sein, der das nicht schafft. Wenn man zur Übergabezeit, wenn alle endlich nach Hause wollen, gestehen muss, dass da noch Patienten in der Ambulanz warten, die man nicht geschafft hat. Das gibt dann Ärger von oben. Man hat also diesen Druck und gleichzeitig die ständige Angst, etwas zu übersehen. Das alles könnte kompensiert werden, wenn man mehr Personal hätte«, sagt Wagner.

Stattdessen würden alle bloß Überstunden anhäufen, die weder in Vergütung noch in Freizeit ausgeglichen werden. »Überstunden werden als selbstverständlich betrachtet, mittlerweile wehren sich viele Assistenzärzte an offizieller Stelle dagegen, bisher ohne Erfolg.« Sechs Jahre war Konstantin Wagner Arzt auf der Gynäkologie. »Jetzt habe ich die Flucht in die eigene Praxis eingeleitet. Auch wegen all dieser Probleme.«

Damit ist er nicht allein, mehr als die Hälfte der Hebammen denkt ans Aufhören. Und – wie bereits erwähnt – was mindestens genauso schlimm ist: Kaum jemand denkt noch daran, mit dieser Ausbildung anzufangen. »Wir haben starken Nachwuchsmangel. Und die Akademisierung wird das vermutlich nicht besser machen«, sagt Kathrin Vorbrink. Was sie damit meint: Anfang 2020 ist die Reform der Hebammenausbildung in Kraft getreten. Der Beruf ist jetzt akademisch. Das heißt, ausgebildet wird nun nicht mehr an einer Ausbildungsschule, sondern es wird studiert. Eine Aufwertung gewiss, aber eben auch eine Hürde. Statt drei Jahren dauert es jetzt vier bis zum Abschluss, und die Anforderungen an die Bewerberinnen steigen.

Weniger Hebammen, mehr traumatische Geschichten aus dem Kreißsaal – wie das eine mit dem anderen zusammenhängt

Geschlossene Krankenhaustüren, 2000 fehlende Hebammen, überlastete Mitarbeiter – das sind keine Zutaten für ein Happy End, für eine schöne erste Geschichte über das Ankommen in diesem Leben. Es sind Zutaten für unendlich viele plötzliche Twists in diesen Geschichten, für unerwartete Wendungen und Zwischenfälle. Es sind Zutaten, die eine ganz andere Art von Geschichten produzieren. Geschichten, die man jetzt öfter hört.

Sie sind dramatisch und bisweilen nur schwer zu ertragen. Es sind Geschichten, in denen nicht nur Schmerz und Angst eine Rolle spielen, sondern in denen es auch um Missachtung, um Erniedrigung und manchmal sogar um Misshandlung geht. Geschichten über Frauen, denen pampig begegnet wird (»Jetzt atmen Sie aber mal richtig, denken Sie mal an Ihr Kind!«), denen Schmerzen abgesprochen werden (»Das ist noch gar nichts, das wird noch schlimmer«), in deren Geburtsverlauf eingegriffen wird, ohne sie zu informieren (»Und dann wurde mir einfach der Muttermund gedehnt«).

Es häufen sich Geschichten von Frauen, die mit mehr als einer schlechten Erinnerung aus dem Kreißsaal herausgehen. Die nicht vergessen können, nicht verarbeiten können, traumatisiert sind von dem, was ihnen dort zugestoßen ist. Es häufen sich in allen möglichen Varianten Geschichten, die wie die folgende klingen:

> »… Wieder fasst die Hebamme ungefragt in meinen Schritt, der Gebärmutterhals sei nicht weiter geworden. Die Schmerzen beim Tasten sind heftig. Ich schreie laut auf. ›Himmel, jetzt heulen Sie nicht immer so rum!‹ Die Hebamme rollt die Augen. ›Sind Sie doch selbst schuld dran.‹
> Mein Mann ist Wasser holen, und ich fühle mich einsam und alleine. Ich spüre nur noch Feindseligkeit auf dieser Station. Die Hebamme verschwindet wieder. Die Wehen sind nun so stark, dass ich im Liegen nur noch schreien kann. Ich verliere jede Kontrolle. Die Schmerzen überrennen mich. Die Hebamme stürmt herein. ›So, jetzt langt es aber! Ich hänge Ihnen etwas an, dann geht das hier mal voran …‹«[7]

»Ja, solche Fälle gibt es immer mehr«, sagt Hebamme Kareen Dannhauer. »Das ist so. Auf der einen Seite sicher, weil die Frauen sich heute trauen, mehr darüber zu sprechen. Aber sicher auch deshalb, weil sie auch immer öfter diese Erfahrung machen. Und das ist absolut untragbar.« Bei dieser Aussage handelt es sich nicht um die subjektive Wahrnehmung einer Hebamme, laut Schätzungen erleben fast 50 Prozent der Gebärenden in Deutschland Drohungen oder physische Gewalt unter der Geburt.[8]

Also, was ist da los?, fragt man sich. Sind manche Hebammen und Geburtshelfer am Ende böse und sadistisch? Das könnte man beinahe meinen, wenn man solche Geschichten hört. Man könnte auch meinen, dass diese Geschichten für sich stehen, ein eigenes, finsteres Kapitel der Geburtshilfe sind. Oder aber man schaut ganz genau hin, ob das eine nicht vielleicht mit dem anderem zusammenhängt: Schnippischkeit mit Personalmangel, knappe oder nicht vorhandene Aufklärung über Eingriffe mit Zeitnot. Ruppiges Verhalten mit Überlastung. Einzelfälle, denen eine Struktur zugrunde liegt.

Um eins vorwegzunehmen: Es gibt natürlich auch Fehlverhalten. Es gibt immer jemanden, der einen richtig beschissenen Tag hat und unangemessen reagiert, sich im Ton vergreift, patzig wird und ruppig. Das gibt es bei Pflegekräften wie bei allen Menschen. Und ja, es gibt Menschen in der Pflege, auf den Entbindungsstationen, in den Arztkitteln, die sogar sehr viele beschissene Tage hintereinander haben. Das soll keine Entschuldigung sein. Natürlich darf man auch in schwierigen Situationen nicht pampig werden, nicht grob oder herablassend. Aber es passiert leider schon mal.

Mir passiert das auch. An manchen Tagen, wenn ich nicht mehr weiß, wohin zuerst, wenn ein demenzbedingt völlig verwirrter Patient zum vierten Mal innerhalb kurzer Zeit das gesamte Bett mit Kot vollschmiert, während ich zwei andere schwer kranke Menschen daneben versuche am Leben zu halten. Dann vergesse ich vielleicht kurz, dass da ein kranker, hilfloser Mann vor mir liegt, der nicht weiß, dass er im Krankenhaus ist oder was er gerade tut, der selbst gerade Schreckliches durchmacht. Dann fühle ich einen Kloß aufsteigen, und ich weiß, dass das Wut ist. Wut, die nicht rausdarf. Aber es ist Wut, die ungeheuer schwer runterzuwürgen ist. Und dass das Kraft kostet, Kraft, die ich in dem Moment vielleicht gar nicht mehr habe. Und später fühle ich mich richtig beschissen deswegen.

Ich denke, jeder tut das, der sich mal im Ton vergreift, der nicht so umsichtig, nicht so zugewandt, nicht so empathisch ist, wie er sein möchte. Denn das behaupte ich auch: dass der überwiegende Teil von uns das wirklich möchte, dass es unsere ursprüngliche Motivation war, diesen Beruf zu ergreifen. Wir wollten gut zu Menschen sein, ihnen helfen und beistehen, wenn es ihnen schlecht geht.

Und es ist wichtig, sich klarzumachen, dass nicht wir das sind, die sich einfach in abgestumpfte Pflegezombies verwandelt haben, sondern dass es sehr oft die Strukturen und Bedingungen sind, die uns die Empathie rauben. Ich bin überzeugt, die Sache würde anders laufen, wenn die Last geringer wäre. Und damit meine ich noch nicht mal unbedingt weniger Dienste. Ich kann damit umgehen, nachts zu arbeiten, in wechselnden Schichten, an Feiertagen und an Wochenenden. Das geht alles. Was wirklich sehr helfen würde, das wäre weniger Last in jedem einzelnen Dienst. Wenn wir in solchen Diensten die Zeit und die Gelegenheiten bekommen würden, das zu tun, was unsere eigentlichen Aufgaben als Pflegende sind. Wenn wir am Abend öfter zufrieden mit uns wären, satt von diesem Gefühl sein könnten, dass wir unser Bestes gegeben haben.

Ich sehe es bei mir, und ich weiß, dass es anderen in diesem Beruf genauso geht, dass uns mürbe macht, wenn wir dieses Gefühl nicht haben. Dass uns das verändert. Dass es uns abstumpfen lässt. Dass wir am Ende, im schlimmsten Falle, so werden, wie wir niemals werden wollten.

»Bitte werden Sie keine Pflegemaschinen«, das waren die Worte von Schwester Rosemarie bei unserer Examensfeier. »Wenn Sie merken, dass Sie Pflegemaschinen werden, dann ist das nicht mehr Ihr Job, dann lassen Sie Ihre Arbeit Arbeit sein, und suchen Sie sich etwas anderes.« Bei unserer Examensfeier waren wir alles andere als das. Wir waren das Gegenteil davon: Wir waren euphorisch, wir waren heiß auf diesen Beruf. Endlich so richtig selbstständig arbeiten, Verantwortung übernehmen. Endlich die Intensiv rocken, so habe ich mir das damals vorgestellt, und ich erinnere mich an eine Kollegin aus der Ausbildung, eine Freundin zu der Zeit, die genauso drauf war und in einem anderen Krankenhaus auf einer anderen Intensivstation anfing.

Wir haben uns aus den Augen verloren, diese Freundin und ich. Letztendlich hatte es acht Jahre gedauert, bis wir uns wiedergesehen haben. Dazwischen muss viel passiert sein, denn ich habe sie kaum wiedererkannt. Es gibt einen Verlauf, was diese Fieberkurve nach der Ausbildung angeht: Das bleibt nicht so hoch, die Euphorie legt sich im Laufe der Jahre. Ich denke, das ist normal. Aber bei ihr war mehr passiert, bei ihr war mehr verloren gegangen als nur die Euphorie, von ihr war jede Freude gewichen. Als wir uns wiedertrafen, hatte sie gerade einen Versetzungsantrag gestellt in die

Endoskopie, in die Diagnostik. Sie erzählte mir, wie sich die Arbeit inzwischen für sie anfühlt: leer, bedeutungslos. Dass sie sich vorkommt wie am Fließband, Schichten abhandelt, Patienten abhandelt, Dienst nach Vorschrift macht, mit niemandem mehr ein individuelles Verhältnis herstellen kann, den Job einfach nur jeden Tag hinter sich bringen will. »Ich bin zu dieser Maschine geworden, vor der uns Schwester Rosemarie damals gewarnt hat«, sagte sie zu mir.

Ich habe viel darüber nachgedacht. Ich möchte nicht glauben, dass sie das »einfach so« geworden ist, ich glaube nicht, dass einer von uns einfach so dazu wird. Ich glaube vielmehr, dass die Strukturen uns in vielen Fällen dazu machen. Was macht den Unterschied zwischen Mensch und Maschine? Dass das Menschliche fehlt. Das Menschliche ist der Kern von dem, was wir gerne tun in diesem Beruf. Und es ist ausgerechnet das Menschliche, was ständig auf der Strecke bleibt: Zeit, Kommunikation und tatsächlich oft auch Empathie. Ohne das ist unser Beruf entkernt, und das ist es, was viele von uns dann schmerzhaft spüren.

»Das Erste, was unter Stress hinten runterfällt, ist das Einfühlungsvermögen«, sagt auch Kareen Dannhauer. Unter massivem Stress – das wird jeder von sich selbst kennen – ist es manchmal kaum möglich, einfühlsam zu sein. Das sind zwei Dinge, die einfach nicht gut miteinander vereinbar sind: Das Stresshormon Cortisol killt die Empathie. »Ständig drei, vier oder mehr Geburten gleichzeitig zu betreuen ist vollkommen unmenschlich, auch für Hebammen. Also verlässt man entweder die Klinik, oder man schafft sich ein so dickes Fell an, dass man diese Bedingungen im Kreißsaal irgendwie aushalten kann. Nur ist man mit diesem dicken Fell oft auch einfach nicht mehr sonderlich empathisch«, sagt Dannhauer.

Ich möchte es noch einmal betonen: Das ist nicht okay. Medizinisches Personal sollte empathisch bleiben, und sicher gibt jeder sein Bestes, damit er das schafft. Genervtheit, Schnippischkeit und Rohheit sind ein Problem. Es ist ein Problem, das aus der enormen Schlagzahl und Frequenz an Patienten entsteht. Davon bin ich überzeugt.

Fatal ist das auch deshalb, weil Einfühlungsvermögen eigentlich eines der wesentlichen Werkzeuge ist, bei uns Pflegekräften und auf noch eine ganz andere Weise bei den Kolleginnen, den Hebammen. Die Frau kennenlernen, sich auf sie einlassen, ein Gefühl für ihren ganz individuellen Geburtsvorgang bekommen waren und sind für Hebammen ganz essenzielle Qualitäten. »Eine Geburt ist Individualität pur, und jeder erfahrene Geburtshelfer weiß das auch«, sagt Kareen Dannhauer. »Man kommt in den Kreißsaal und hat gleich eine Art von ›Gefühl‹ für die geburtshilfliche Situation und für die ganz eigene Art der Frau, sich ihr zu stellen und damit klarzukommen. Das ist nichts, was vom Himmel fällt, diese Intuition stützt sich auf langjährige Erfahrung in diesem Beruf und ist ein ganz wichtiges Tool in unserer Arbeit.« Aber dafür braucht eine Hebamme die Möglichkeit, nah bei der Frau zu sein, länger bei ihr zu sein, um ein Gespür für sie zu entwickeln dafür, was genau diese eine Frau gerade braucht und ob sich alles in die richtige Richtung entwickelt.

»Bei manchen Frauen hat man einfach ein bestimmtes Gefühl, das kann man wissenschaftlich oder nach Lehrbuch gar nicht erklären«, sagt Kathrin Vorbrink, »aber ich weiß dann einfach: Diese Frau will ich lieber besser im Blick haben. Oft erweist sich das im Nachhinein dann als richtig, weil die Nabelschnur um den Hals gewickelt war oder sonst eine Komplikation vorlag, die man gar nicht vorhersehen konnte. Neben Fakten und Wissen gibt es eben noch etwas, das bringt dir kein Lehrbuch bei. Ich kann gar nicht genau sagen, was es ist, aber es ist etwas, worauf man sich verlassen kann, worauf ich mich verlasse.«

Raum für Intuition, Zeit für individuelle Bedürfnisse, genau das fällt bei Hektik, Stress und hoher Arbeitslast weg. Oder wird – und das schon lange – durch eine technisch-zergliederte Medizin verdrängt. »Gespür und Intuition sind in der modernen Medizin eher unmoderne Qualitäten. Hebammenesoterik, die da keinen Platz mehr hat. Stattdessen geht es immer öfter um evidenzbasiertes Handeln, vor allem um Handeln überhaupt. Dass eine Geburt ein normaler physiologischer Vorgang ist, will man uns ja schon lange eher ausreden«, sagt Dannhauer. »Unter Zeit- und Personalmangel hat diese Tendenz zugenommen. Ein Beispiel: Bei einer Frau, die man gut im Blick hat, reicht es eigentlich, wenn man halbstündlich auskultiert, also die Herztöne des Babys abhört. Heute werden die Frauen standardmäßig gleich mal an den Wehenschreiber gehängt, über Stunden. Kindliche Herztöne und Wehentätigkeit werden kontinuierlich auf einen zentralen Monitor in das Dienstzimmer übertragen, wo zumindest immer jemand ist und man die Schwangeren nicht völlig im Blindflug hat.«

Die Politikwissenschaftlerin Tina Jung von der Uni Gießen, die zu dem Thema Ökonomisierung und Geburt forscht, schreibt in ihrem Aufsatz »Die Gute Geburt« dazu: »Es muss davon ausgegangen werden, dass in vielen Geburtskliniken eine Betreuung der Gebärenden durch angestellte Hebammen und/oder geburtsmedizinisches Personal nur noch punktuell, am Einsatz von Technik und Überwachung orientiert, stattfindet.« Statt Beziehung und Interaktion zwischen Gebärenden und Hebamme sei Distanz und Technik getreten, versinnbildlicht durch zentrale fetale Überwachungseinheiten auf den Stationen. »Dadurch wird es ermöglicht, mit wenig Personal mehrere Gebärende gleichzeitig zu überwachen.«

So ergibt sich die etwas schizophrene Situation, dass eine Geburt auf der einen Seite als ein so gefährlicher medizinischer Vorgang betrachtet wird, dass er in die Klinik gehört. Auf der anderen Seite halten ebenjene Kliniken kaum Ressourcen bereit, die Geburten angemessen zu begleiten. Was Frauen dann oft erfahren:

> »Die Schwester schaute bloß von der Tür aus rein, warf einen Blick auf das CTG und rief mir zu: ›Ist doch alles gut.‹«

Anstelle von Beziehung und Empathie rücken Technik und Apparaturen. Dazwischen geht aber oft etwas ganz Wesentliches verloren: Beziehungsarbeit, Einfühlung, Verständnis – alles Elemente einer guten Geburtsbegleitung. Es geht die Möglichkeit verloren, den Geburtsverlauf in seiner Gesamtheit zu beobachten, statt nur einzelne Signale am Monitor, die Möglichkeit, die Frau beim Atmen anzuleiten, ihr zu helfen, die richtige Position zu finden – und ja – ihr Mut und Kraft zu geben.

»Eine Geburt ist so krass, so emotional«, sagt Dannhauer. »Ein existenzielles Erlebnis, während dessen die Frauen oft buchstäblich in den Abgrund schauen. Es kann so toll sein, aber auch so überwältigend, dass es durchaus vorkommt, dass Frauen etwa das Gefühl haben, sie müssten sterben. Und deswegen ist es so immens wichtig, dass jemand an ihrer Seite ist, der alles sicher im Blick hat und ihr versichern kann: Ja, das fühlt sich so an, aber in Wahrheit bekommst du ein Baby, und du machst das wirklich wunderbar, und alles ist richtig so. In diesen Momenten dürfen Frauen nicht allein sein!«

Im Kreißsaal geht es eben auch manchmal darum, Kontrolle abzugeben, etwas geschehen zu lassen, etwas zuzulassen, das heißt sehr oft auch: abzuwarten und auch mal nichts tun im klassischen handelnden Sinne. In der Natur heutiger Medizin liegt aber etwas ganz anderes. Belohnt wird eher das Machen, die Aktion, das Eingreifen, etwas unter Kontrolle zu bekommen. Für alle anderen Bereiche ist das auch richtig. Im Operationssaal oder dort, wo ich arbeite, auf der Intensivstation, ist es genau richtig, etwas unter Kontrolle haben zu wollen.

Dass es in den Krankenhäusern zunehmend schwerfällt, sich auch aus natürlichen Geburtsverläufen herauszuhalten, kann man an den drastisch gestiegenen Interventionsraten ablesen. Bei 94 Prozent aller Geburten werden medizinische Eingriffe vorgenommen. 22 Prozent werden eingeleitet. 37 Prozent der Babys in Deutschland kommen mithilfe eines operativen Eingriffes wie Saugglocke, Zange oder Kaiserschnitt zur Welt. Vor 20 Jahren, als etwa gleich viele Kinder geboren wurden wie derzeit, waren es 25 Prozent.[9]

Können Frauen heute denn weniger gut gebären? Ist Geburt heute etwas, das mehr medizinische Assistenz und verstärktes Eingreifen braucht? Nein, sagen die Hebammen. Aber Geburtshilfe entwickelt sich zu einem Bereich, in dem dennoch mehr und mehr eingegriffen wird. Manchmal geht das schon mit so harmlos erscheinenden Kleinigkeiten wie dem Legen eines Zugangs los. »Das wird einfach mal gemacht, Routine, falls man ihn braucht. Prophylaktisch sagt man dann, vielleicht noch mit dem Allround-Totschlagargument »zur Sicherheit« – was in dem Fall nichts anderes bedeutet als: einfach so«, sagt Kareen Dannhauer. Einfach so sollte das ihrer Ansicht nach aber nicht geschehen. Zahlen belegen, dass das Argument »Je mehr Interventionen, umso besser das Outcome« eben nicht stimmt. Oft ist sogar das Gegenteil der Fall. Es sollte eigentlich nur dann passieren, wenn es eine Indikation dafür gibt, zum Beispiel, weil über den Zugang ein Wehenmittel, ein Schmerzmittel oder ein Wehenhemmer verabreicht werden soll. Denn auch wenn sie oft als notwendige Lappalie dargestellt werden: Dauer-CTG (Wehenschreiber) und Kanüle schränken die Bewegungsfreiheit der Frau deutlich ein. Am besten scheint es für viele Geburtskliniken heute zu sein, wenn die Frauen im Bett liegen, den Arm mit dem Zugang raushalten, am Bauch das CTG, sodass die Hebamme nur noch kurz von der Tür aus auf das Gerät gucken muss.

Häufig reicht das aber schon, um den Prozess anzuschieben, der als Interventionskaskade bezeichnet wird und beschreibt, dass es häufig nicht nur bei diesem ersten initialen Eingriff bleibt. Langes Liegen am Wehenschreiber kann die Schmerzen intensivieren, Schmerzmittel wiederum können die Wehen hemmen, dagegen werden dann Wehenmittel verabreicht (»Der Zugang liegt ja schon«), die wiederum den Geburtsverlauf verkomplizieren und dann nicht selten in operativen Eingriffen durch Saugglocke oder eben einem Kaiserschnitt münden können.

Experten gehen davon aus, dass ein Zusammenhang mit den Personalengpässen in vielen Geburtskliniken besteht: Je weniger Zeit für die einzelne Frau bleibt, umso größer die Wahrscheinlichkeit, dass es zu Komplikationen und Eingriffen kommt. Und je mehr Eingriffe es gibt, desto deutlicher steigt die Gefahr für Interventionen, die als gewaltsam erlebt werden.

Welche Rolle spielt Geld?

Spielt Geld eine Rolle? Häufig, sehr häufig sogar wird die Vermutung geäußert, dass viele Eingriffe vor allem deshalb gemacht werden, weil das Krankenhaus dafür mehr abrechnen kann als für eine natürliche Geburt. »Das ist etwas, womit wir immer wieder konfrontiert werden«, sagt der Gynäkologe Konstantin Wagner. »Aber Hand aufs Herz: Mein Gefühl und meine Beobachtung ist das ganz und gar nicht.« Auch Hebamme Kathrin Vorbrink teilt diesen Eindruck nicht. Aber beide teilen eine andere Beobachtung, die ihrer Meinung nach wesentlich ursächlicher für viele Eingriffe ist. Hinter vorgehaltener Hand wird die Ursache auch als »Schissermedizin« bezeichnet. Aus Angst vor Regress- und Haftpflichtforderungen, aber auch einfach aus Angst, einen Fehler zu machen, macht man eher etwas, als dass man es nicht macht. Lieber auf Nummer sicher gehen, lieber einen Eingriff durchführen als riskieren, dass etwas schiefgeht. Auch aufgrund der engen Personalbesetzung müssen junge Ärzte heute sehr früh allein Geburten leiten. »Die haben dann einfach noch nicht das breite Kreuz eines Oberarztes, der schon mal einfach danebensteht und sich das anguckt, die verfallen eher mal in Aktionismus, um nichts falsch zu machen. Dann wird da schnell mal der Dammschnitt gesetzt, damit das Kind schneller auf der Welt ist, obwohl es nur noch ein paar Wehen gebraucht hätte, dann wäre das auch so passiert. Das sind dann aber weniger ökonomische Gründe, sondern eher Unsicherheiten.«

Am Ende rechnen sich aber auch die. Denn was auch immer der Grund für eine Intervention war: Für das Krankenhaus lohnt sie sich. Die Wissenschaftlerin Tina Jung schreibt dazu: »Insgesamt wird finanziell belohnt, wenn eine Klinik in die Geburt eingreift.« Und Tatsache ist: Mit einer normalen Geburt lässt sich kaum Geld verdienen. Im derzeitigen Abrechnungssystem bekommt ein Krankenhaus die geringste Summe für die komplikationslose vaginale Geburt eines gesunden Kindes.

Dass es heute vor allem auf Risikogeburten spezialisierte Häuser sind, die noch bestehen, ist auch dem aktuellen DRG-Abrechnungssystem nach Fallpauschalen geschuldet. Denn Eingriffe sind etwas, was das DRG-System großzügig vergütet. Das früher hochgeschätzte »aggressive Abwarten«, mit dem man immer wieder Eingriffe vermeiden konnte, wird heute bestraft: Wird die vorgeschriebene kurze Verweildauer überschritten, droht eine Entgeltkürzung. Nicht belohnt wird von diesem System dagegen grundsätzlich alles Nichttechnische, Nichtdokumentierbare, Nichtinvasive. Nicht abrechenbar ist Zeit, ist Menschlichkeit, ist körperlich-beziehungsorientierte Arbeit, ist Trost, ist Zuspruch, ist Kommunikation und Zuwendung. In der Abrechnungslogik nicht honoriert wird alles, was medizinische und pflegende Berufe ganz in ihrem Wesen ausmacht. Ist es dann eigentlich ein Wunder, wenn diese Eigenschaften fehlen? Wenn ihr Fehlen am meisten beklagt wird?

Neben dem Kaiserschnitt kommt seit rund zehn Jahren ein bestimmter Eingriff extrem häufig vor: die künstliche Einleitung der Geburt. Das kann in seltenen Fällen zum Beispiel durch Sprengung der Fruchtblase oder eine Art Dehnungsballon geschehen. Noch öfter aber passiert es mittels wehenfördernder Medikamente. In der Regel wird heute routinemäßig eingeleitet, wenn seit dem errechneten Geburtstermin zehn Tage verstrichen sind.

Häufig passiert das den Leitlinien und Standards des Hauses entsprechend, selbst wenn die Schwangerschaft noch stabil ist. Das heißt, auch wenn es Mutter und Kind noch gut geht. Dabei gibt es eigentlich eindeutige Indikationen für die künstliche Einleitung einer Geburt. Das ist zum Beispiel, wenn die Fruchtwassermenge deutlich reduziert ist, die Plazenta das Kind nicht mehr gut versorgt oder nach einem Blasensprung innerhalb eines bestimmten Zeitraums keine Wehen einsetzen. Hebammen beobachten aber, dass sehr oft nach Plan eingeleitet wird und nicht nach Indikation – und erst recht nicht nach Gefühl. Kathrin Vorbrink lässt das als Hebamme nicht ohne Weiteres zu: »Ich will das verstehen, ich will den genauen Grund dafür kennen, warum jetzt eingeleitet werden soll, und allzu oft kann mir ein wirklicher Grund dann nicht genannt werden. Standards sind wichtig, aber eben auch, dass man jede Frau ganz individuell gut im Blick hat, ohne sie zu verunsichern.«

Der Grund, warum Einleitungen nicht mal eben so im Vorbeigehen gemacht werden sollten: Auch Einleitungen münden häufig in sogenannten Interventionskaskaden. Allzu oft ziehen sie weitere Eingriffe nach sich. In Studien der unabhängigen Cochrane Collaboration wurde gezeigt, dass beispielsweise die Wahrscheinlichkeit für einen Kaiserschnitt oder die Gabe einer Teilnarkose, der PDA, nach einer Einleitung rapide ansteigt. Ein häufiges Szenario zum Beispiel ist, dass das Wehenmittel nach einiger Wartezeit plötzlich sehr heftig anschlägt. Genauso ist es mir damals bei meiner ersten Geburt ergangen.

Seit dem errechneten Geburtstermin waren fünf Tage verstrichen, und ich hatte weder Wehen noch sonst irgendwie das Gefühl, dass mein Sohn sich bald auf den Weg machen würde. Aber ganz ehrlich: Ich habe es mir gewünscht. Nach zehn Monaten schwanger sein, schlaflosen Nächten und einem derart schmerzenden Iliosakralgelenk (Verbindung zwischen Wirbelsäule und Becken), dass ich zuletzt nur noch mit Gehstützen laufen konnte, hatte ich nichts dagegen, wenn es bald losgehen würde. Als mir mein Gynäkologe eine Einweisung zur Einleitung in die Klinik ausstellte, habe ich es deshalb auch nicht weiter hinterfragt.

Am sechsten Tag nach dem errechneten Termin bekam ich im Krankenhaus also eine Einleitung mittels Tabletten. Ich wurde ans CTG gehängt, aber den ganzen Tag über tat sich rein gar nichts, sodass ich gegen Abend beschloss, mich einfach hinzulegen, um dringend benötigten Schlaf nachzuholen. Kaum war ich eingeschlafen, knallte es. Es knallte wirklich. Ich hatte bis dahin nicht gedacht, dass eine Fruchtblase derart geräuschvoll platzen kann. Und was ich auch nicht wusste: dass Wehen sich dermaßen schlagartig einstellen können. Denn genau das passierte, kolikartige Schmerzen prasselten auf mich ein. Von null auf hundert, völlig aus dem Nichts. Ich konnte kaum stehen, geschweige denn laufen. Es war wie eine Flut an Schmerzen, die mich überrollte und mir keine einzige Pause gönnte. Die Wehen manifestierten sich zu einem scharfen, fast unerträglichen Dauerschmerz, der mich in die Knie zwang. Es gibt ein Wort dafür, und das könnte treffender nicht sein: Wehensturm. Im Nachhinein, auch im Gespräch mit anderen Müttern, habe ich erfahren, dass es unter Einleitung öfter zu derart spitzen, anhaltenden Wehen kommen kann. Zumindest berichteten viele »Eingeleitete« von ähnlichen Erfahrungen. Was dabei noch auffällt: Auch sie hatte man vorher nicht informiert.

Bei mir war ebenfalls plötzlich ein weiterer Eingriff notwendig. Kaum 45 Minuten nach dem Blasensprung hatte ich bereits Presswehen. Von jetzt auf gleich. Es ging alles viel zu schnell. Vermutlich auch für mein Kind, zeitweise wurden die Herztöne schlechter. Ich hörte, dass der anwesende Arzt mit dem Oberarzt sprach, dann die knappe Ankündigung, dass es jetzt kurz unangenehm werden würde. Ich wusste, was kommt ... Ein heftiger Druck auf meinen Bauch. Dann der Schmerz von oben. Der Arzt hatte den sogenannten Kristellergriff angewandt. Das ist ein Manöver, bei dem synchron mit den Wehen von außen Druck auf die Gebärmutter ausgeübt wird. Diese Methode ist umstritten, viele Frauen tragen schlimme Erinnerungen oder sogar Verletzungen davon, dennoch wird sie oft angewandt.

Natürlich müssen Geburtshelfer unter der Geburt auch mal zu unpopulären Maßnahmen greifen. Manchmal muss es einfach schnell gehen, und es bleibt keine Zeit für lange Gespräche, vielleicht nicht einmal für Aufklärung oder das vorherige Einverständnis der werdenden Mutter. Aber man darf niemals unterschätzen, wie viel Macht und Einfluss es hat, jemanden darüber zu informieren, was gerade geschieht und warum, sei es noch so kurz und knapp.

Ansprache und Information, das sind die ersten Dinge, die man uns in der Ausbildung beibringt. Niemals etwas am Patienten ausführen, worüber man ihn nicht informiert hat. »Frau H., ich wasche jetzt Ihr Gesicht«, »Frau H., jetzt wasche ich Ihre Arme«, »Herr T., ich ziehe jetzt die Drainage, es kann sein, dass Sie ein kurzes Stechen fühlen«, »Herr M., ich drehe Sie jetzt auf die Seite«, »Ich fahre jetzt das Kopfteil etwas hoch«. Vielleicht hört sich das banal an, aber das ist es nicht. Ansprache und Information des Patienten ist ein Heiligtum in der Pflege, sollte es zumindest sein. Ich habe das so verinnerlicht, dass ich selbst beatmete und komatöse Patienten anspreche. So hat man es mich gelehrt: immer zu kommunizieren, egal in welchem Bewusstseinszustand der Patient ist. Und wir leiten Angehörige dazu an: Haltet Körperkontakt, haltet die Hand, sprecht mit ihnen.

Man kann durch die praktische Prüfung fallen, wenn man auch nur einmal vergisst, den Patienten darüber zu informieren, dass man jetzt seinen linken Arm waschen wird. Jemanden darüber aufklären, dass man im Begriff ist, sein Gesicht zu waschen, das ist Pflege und das ist auch Respekt.

Jemandem einfach mit einem Waschlappen über das Gesicht zu fahren, das ist Übergriffigkeit. Gleiche Maßnahme, völlig andere Wirkung.

Informieren und Aufklären ist immer relevant, ganz besonders aber in der Geburtshilfe, wo man bei Frauen, die sich in einer Extremsituation unter heftigsten Schmerzen befinden, an den intimsten Stellen Hand anlegt.

> »… Aber da ging es auch schon los. Die Hebamme sagte mir: ›Ich muss Sie kurz untersuchen.‹
>
> Sie tastete, und dann, ohne jede Vorwarnung, durchfuhr mich ein schneidender Schmerz, der buchstäblich durch Mark und Bein ging. Damit hatte ich überhaupt nicht gerechnet – ich stöhnte laut, und mein Körper bäumte sich auf. Es war mir peinlich, aber ich konnte mich selbst nicht daran hindern. Während ich mich zitternd aufrichtete, Adrenalin bis in die Haarspitzen, erklärte mir die Hebamme, dass sie meinen Gebärmutterhals über den Muttermund geschoben hatte. Ich weiß nur noch, wie ich da halb benommen auf der Liege saß und stumm dachte: ›WIESO HAT SIE MIR DAS NICHT VORHER ERKLÄRT?‹ Ist es nicht selbstverständlich, einer Frau zu erklären, wozu ein Handgriff notwendig ist, und sie darauf hinzuweisen, dass das kurz wehtun wird – BEVOR man ihn ausführt?«[10]

Oder in einem anderen Fall:

> »Ein tiefer Schnitt in meine Scheide – ohne zu fragen, ohne mir etwas zu sagen. Laut Klinik ist das bei Saugglockengeburten normal. Auch, dass sie die Frauen darüber nicht informieren.«[11]

Unter der Geburt geht es außerdem noch um mehr, als Frauen die Kontrolle nicht zu rauben, sie zu respektieren und schlicht menschlich zu behandeln. »Ein Kristeller-Manöver braucht immer eine Indikation, so wie jede Intervention unter der Geburt eine Indikation braucht, die kleinen und die großen«, sagt Kareen Dannhauer. »Und sie braucht auch Aufklärung und Einwilligung, nicht wegen der guten Sitten, sondern aus streng juristischen Gründen. Kristellern ohne Einwilligung erfüllt ansonsten den Tatbestand der Körperverletzung.«

Sensitivität fängt mit der richtigen Ansprache an, sagt Dannhauer. »Manchmal sind es ganz feine Unterschiede in der Wortwahl, die aber unheimlich viel ausmachen«, bestätigt auch ihre Kollegin Kathrin Vorbrink. »Es macht einen großen Unterschied, ob einer sagt: ›Das Kind ist zu groß, mal sehen, ob das passt‹, oder ob man in der gleichen Situation sagt: ›Wir warten jetzt mal ab, ob das Baby gleich noch etwas tiefer rutscht.‹ Wenn eine Frau denkt, das Baby sei zu groß oder steckt irgendwo fest, wird sie selbst lieber einen Kaiserschnitt haben wollen, obwohl sich auch ein großes Kind auf normale Weise auf den Weg machen könnte.«

Manchmal ist Vorbrink stundenlang damit beschäftigt, eine nur durch die Wortwahl derart verängstigte Frau wieder zurück in eine normale Geburt zu holen. »Das ist so mühsam, und es ist so unnötig. Manche sind sich über die Wirkung der Wortwahl gar nicht bewusst, dabei sind es manchmal nur wenige Worte, die einen massiven Einfluss auf einen Geburtsverlauf haben können.«

Oft wird den Frauen außerdem subtil die Verantwortung dafür zugeschoben, wenn etwas schiefgeht. »Jetzt reißen

Sie sich mal mehr zusammen, denken Sie mal an Ihr Kind!«, »Jetzt machen Sie mal etwas besser mit, Sie wollen doch nicht, dass Ihr Kind Schaden nimmt«, »Wenn Sie die Einleitung jetzt nicht möchten, dann unterschreiben Sie hier, dass das Risiko auf Ihre Kappe geht.« Das ist eine starke Belastung für eine Frau und kann noch lange nachwirken. Schlechte Erfahrungen wirken nach, erlittene Schmerzen, geraubte Selbstbestimmung, verletzende Worte.

Frauen mit negativem Geburtserlebnis haben tendenziell Stillprobleme, ein geringeres emotionales Wohlbefinden im Wochenbett sowie eine erhöhte Wahrscheinlichkeit für das Auftreten postpartaler Depressionen, sagt die Psychologin Lisa Hoffmann, die zusammen mit Prof. Dr. Rainer Banse an der Uni Bonn eine Längsschnittstudie zum Thema *Mindset, Partnerschaft und Geburt* durchgeführt hat. Wie die Frau – und übrigens auch der Mann – die Geburt erlebt, hat großen Einfluss darauf, wie es ihr und dem Kind im Wochenbett geht. Welchen Start diese Menschen in ihr neues Leben als Familie haben.

Studien zu diesem Themenbereich gibt es ansonsten nicht viele. Wie es Mutter und Vater nach der Geburt psychisch geht, hat bisher keine signifikante Rolle gespielt: »Überspitzt kann man sagen, dass in der Geburtshilfe zählt: Mutter lebt, Kind lebt – dann ist doch alles super. Und natürlich ist die Sicherheit das Wichtigste, aber es sollten eben auch längerfristige psychische Auswirkungen miteinbezogen werden«, sagt Lisa Hoffmann.

Eine Geburt als gut empfunden zu haben bedeutet übrigens nicht, dass diese Geburt interventionsfrei verlaufen sein muss. »Wir haben vor allem bei Erstgebärenden viele

Interventionen gesehen. Ich gehe aber davon aus, dass, wenn sich die Frau insgesamt gesehen fühlt, respektiert und eingebunden wird, es das Erlebnis nicht unbedingt trübt, selbst wenn eingegriffen wurde. Unsere Studie konnte zeigen, dass eine 1:1-Betreuung zu einem positiveren Geburtserleben führte, auch wenn die Frauen nicht natürlich geboren haben und ein medizinisches Risiko vor der Geburt hatten.«
Im Umkehrschluss kann man sagen, dass eine Geburt am ehesten dann als traumatisch oder belastend bewertet wird, wenn die Frau die Entscheidungen, die getroffen werden, nicht nachvollziehen kann, wenn sie nicht informiert und in den Entscheidungsprozess einbezogen wird.

Das hat etwas mit Kontrolle zu tun. Einem Trauma liegt meistens ein Kontrollverlust zugrunde. Sich hilflos und ausgeliefert zu fühlen ist ein Zustand, der unsere Seele nachhaltig erschüttern kann.

Eine einfache Formel, die vieles ändern könnte

Es gibt eine Zutat, die die Chance für einen guten Ausgang der Geschichte, wie jemand auf diese Welt kommt, extrem erhöht. Auch dazu gibt es eine Zahl, die einfachste Formel der Welt. Lisa Hoffmann hat sie schon erwähnt: Sie lautet eins zu eins. Eine Frau, eine Hebamme. Das ist das Ideal. Und eigentlich ist es sogar viel mehr als das, es ist eine Empfehlung von Fachgesellschaften und Inhalt einer Leitlinie der Deutschen Gesellschaft für perinatale Medizin. Eine 1:1-Betreuung ist keine Hebammenromantik, keine reine Wunschvorstellung überlasteter Geburtshelfer. Sondern es ist ein Grad der

Zuwendung und Versorgung, dem Forschungsarbeiten bescheinigen, sich positiv auf den Geburtsverlauf auszuwirken.

Auch die Ergebnisse der Längsschnittstudie von Lisa Hoffmann weisen darauf hin: Frauen mit einer 1:1-Betreuung durch eine freiberuflich arbeitende Hebamme (zu Hause, im Geburtshaus oder in der Klinik) hatten eher eine natürliche Geburt, also eine Geburt ohne PDA, wehenverstärkende Mittel oder Dammschnitt sowie keine vaginal assistierte Geburt oder einen Kaiserschnitt. Selbst die WHO bestätigt den positiven Effekt einer kontinuierlichen Begleitung für Mutter und Kind. Eine zugewandte und die individuellen Bedürfnisse der Gebärenden berücksichtigende Begleitung führt zum Beispiel zu weniger Einsatz von Schmerzmitteln und zufriedeneren Müttern.

Hebamme Kathrin Vorbrink braucht für diese Erkenntnis keine Studie: »Ich habe den Eindruck, dass die Geburten bei uns in der Regel schneller und komplikationsloser verlaufen, weil ich die Frau kenne und sie mich und sie dadurch eventuell mehr Sicherheit spürt.« Vorbrink ist eine sogenannte Beleghebamme. Sie arbeitet nicht angestellt in der Klinik, sondern trifft dort erst ein, wenn eine »ihrer« Frauen entbindet. Bei diesem – leider sehr seltenen – Modell ist die 1:1-Betreuung Standard. »Dafür, dass unsere Geburten häufig so viel unkomplizierter vonstattengehen, hat man uns das Geld gekürzt«, sagt Kathrin Vorbrink. Beleghebammen rechnen direkt mit den Krankenkassen ab, für eine reine Entbindung bekommen sie ca. 195 Euro.

Diese Hebammen betreuen kaum 20 Prozent aller Geburten in Deutschland, eine Beleghebamme zu finden, ist daher sehr großes Glück. Richtiggehend gesprengt wurde das

Beleghebammen-Modell vor ein paar Jahren, als der Beitrag zur Haftpflichtversicherung, die jede freiberuflich tätige Hebamme abschließen muss, drastisch erhöht wurde. Im Jahr 1981 betrug er noch 8 DM. Im Jahr 2019 knapp 10.000 Euro. Die Krankenkassen bezuschussen den Betrag inzwischen nahezu vollständig. Aber man muss die Beitragssätze zunächst vorstrecken und ein kompliziertes Bewilligungsverfahren abschließen. Alles in allem ist die Zahl der Beleghebammen heute so niedrig wie nie zuvor. Die letzte Bastion einer 1:1-Betreuung. Im Klinikalltag ist dieser Personalschlüssel in der Geburtshilfe schon seit Jahren ein ferner Wunschtraum.

Auch künftig werden mehr als 98 Prozent der ersten Geschichten, die es über jeden neuen Menschen hier zu erzählen gibt, im Krankenhaus beginnen. Eigentlich sollten es schöne Geschichten sein. Und ich denke, in der Mehrheit sind sie es auch. In der Mehrheit erleben Frauen trotz der Umstände eine wunderschöne und sichere Geburt. Auch das darf man hier nicht unterschlagen, dass auch das zum Glück noch immer an der Tagesordnung ist. Und ich hoffe, dass das so bleibt; dass es vielleicht sogar noch mehr wird. Ich hoffe, dass die Mehrheit der Frauen sich in einer derart existenziellen Situation wie einer Geburt, diesem intensiven und prägendem Ereignis, fallen lassen kann und auf ein System vertrauen kann, das ihr die beste Unterstützung bietet, die sie bekommen kann. Ich hoffe, dass es irgendwann der Standard wird, den Kliniken allen Frauen bieten können.

Es ist schwer, so viele Einblicke in den Klinikalltag zu haben und dennoch keine Angst zu verbreiten und Mut zu machen. Die Hebammen kennen dieses Dilemma nur zu gut, sie müssen diesen Spagat ständig schaffen. Frauen Zuversicht und Vertrauen mitgeben und gleichzeitig dafür sorgen, dass sie nicht allzu unvorbereitet in die Realität deutscher Geburtskliniken stolpern. Keine Angst schüren, aber auch nichts beschönigen. Man sollte wohl am besten gleichzeitig zuversichtlich und optimistisch, aber auch informiert und vorbereitet sein.

Uns allen sollte das Thema wichtig sein, und wir sollten dafür eintreten. Das Wissen über die Zustände ist gut, aber Solidarität wäre noch besser. Sich gemeinsam für gute, für richtig gute Geburten starkmachen. Dafür, dass eine 1:1-Betreuung Standard wird und nicht von Glück und Zufall abhängt, weil man möglicherweise den einen seltenen Augenblick erwischt hat, in dem gerade nicht so viel los war auf Station. Weil es das ist, was wir von einer guten, verantwortungsvollen Geburtshilfe verlangen sollten.

Es gibt den Elternverein Motherhood, es gibt den Hebammenverband, es gibt Petitionen und Demonstrationen. Da kann man sich anschließen. Und zwar nicht nur, wenn einem eine Geburt kurz bevorsteht oder gerade hinter einem liegt, sondern auch noch später. Aber rechtzeitig, bevor diese erste Geschichte über den neugeborenen Menschen in den Hintergrund rückt. Denn das passiert. Weil so das Leben ist, weil neue Geschichten hinzukommen.

Kranke Kinder –
warum ausgerechnet für die Kleinsten am wenigsten Geld da ist

»Im November 2011 erhielt ich die Diagnose Blutkrebs, ich war 13 Jahre alt. Ich war in den Tagen zuvor sehr müde und erschöpft, aber bin davon ausgegangen, dass es am Schulstress lag, da gerade eine Menge Kurse dazugekommen waren. Seltsam wurde es allerdings, als ich eines Morgens mit einer großen farblosen Beule über meinem rechten Auge aufwachte, die auch nach Tagen nicht verschwand. Mein Augenarzt überwies mich dringend und ohne Verzögerung in das nächste Uniklinikum. Nach vielen Untersuchungen über mehrere Tage wurde meinen Eltern und mir dann am 17. November spätabends mitgeteilt, dass ich unter einer akuten myeloischen Leukämie leide. Für meine Familie und mich stürzte die Welt ein. Wir lagen uns in den Armen, ich habe panisch geweint, mein Vater ist verzweifelt auf einem Stuhl zusammengebrochen, und meine Mutter hat mich einfach nur ganz fest an sich gedrückt. Es war alles ein einziges Gefühlschaos, Verzweiflung, Angst und vor allem eine abgrundtiefe Traurigkeit.

In der darauffolgenden Woche begann eine mehrmonatige Intensivtherapie, eine starke Chemotherapie in fünf Blöcken. Vor und nach jedem Block erfolgte eine Knochenmarks- und Lumbalpunktion. Anschließend wurde ich noch am Kopf und rund um den Bereich der Augenhöhle bestrahlt, da sich an meinem Sehnerv und der Tränendrüse

Tumorzellen angesammelt hatten, was die Schwellung über meinem Auge erklärte. Daraufhin erfolgte eine Erhaltungstherapie über ein Jahr, in der ich jeden Tag Chemotherapeutika als Tabletten schlucken musste oder unter die Haut gespritzt bekam.

Meine Zeit in der Kinderklinik hat mich sehr geprägt. Ich habe einen großen Teil meiner Jugend dort verbracht, und es vergeht kein Tag, an dem ich nicht an diese Zeit zurückdenke. Die Kindermedizin in Deutschland ist exzellent, und es besteht eine hohe Qualität in der Versorgung von Kindern und Jugendlichen. Erst wenn man dort längere Zeit als Patient verbringen musste, erkennt man die Missstände hinter dieser scheinbar perfekten Fassade.

Nicht mehr zu übersehen ist insbesondere der akute finanzielle Notstand, vor allem an den universitären Kinderkliniken. Auf den Stationen sammeln sich kleine Patienten mit sehr schweren oder seltenen Erkrankungen, deren Behandlungskosten von den Krankenkassen durch die geltenden Fallpauschalen oftmals nur in Teilen erstattet werden und so von den Kliniken mitgetragen werden müssen. Natürlich ist das auch für die betroffenen Familien eine sehr schwierige Situation. Durch Spendenaktionen und verschiedene Initiativen versuchen sie auf ihr Schicksal aufmerksam zu machen, doch leider ist diese Tatsache immer noch einem Großteil der Bevölkerung nicht bekannt.

Durch die entstandenen Verluste sind die Kliniken gezwungen, Personalstellen abzubauen, wodurch sich folglich auch die Behandlung und Versorgung kranker Kinder verschlechtert. Die Stationen sind absolut überlastet, und dadurch wird alles nur noch schlimmer. Vor allem die

Krankenpfleger, die schon seit vielen Jahren im Beruf und so wertvoll sind mit all ihrer Erfahrung, lassen sich irgendwann versetzen, weil sie einfach sagen: Ich schaffe das nicht mehr. Dabei wäre es so wichtig, dass sie ihren Wissensschatz an die jüngeren Krankenpfleger weitergeben.

In vielen onkologischen Kinderstationen ist festgelegt, dass ein Pfleger maximal für drei Kinder gleichzeitig zuständig sein sollte. Eigentlich eine sinnvolle Regelung, nur in der Realität sieht es oftmals anders aus. Es gibt Ausfälle beim Personal und viele nicht besetzte Stellen. Pfleger müssen dann komplett übermüdet doch noch kurzfristig die nächste Schicht übernehmen, der Betreuungsschlüssel kann nicht eingehalten werden, und es muss auch ganz klar entschieden werden, welches Kind aufgrund seiner gesundheitlichen Umstände mehr Pflege und Versorgung benötigt sowie bei welchen Kindern man nur ab und zu mal vorbeischauen kann. Besonders schwierig wird es, wenn es in einem Dienst vielen Kindern gleichzeitig schlecht geht. Eine Pflegekraft kann nur an einem Ort sein, nur ein Kind versorgen, nur einem Kind eine Brechschale unter den Kopf halten, nur ein Kind beruhigen.

Ohne meine Mutter wäre es in solchen Situationen gar nicht gegangen. An solchen schlimmen Tagen will man auch auf keinen Fall allein gelassen werden. Man ist dringend auf Hilfe angewiesen und verzweifelt, wenn diese nicht kommt. Wenn die Eltern nicht anpacken würden und die Pflege der Kinder nicht in weiten Teilen komplett übernehmen würden, wüsste ich nicht, wie es auf den Stationen funktionieren sollte. Kinderkliniken sind ganz klar auf die aktive Mitarbeit der Eltern angewiesen. Doch nicht alle Eltern können sich einfach so lange Urlaub nehmen, bis das Kind wieder gesund ist. Bei einigen Kindern dauert eine Krebstherapie auch mehrere Jahre, und da bleibt einem oft nichts anderes übrig, als die Arbeit auf unbestimmte Zeit aufzugeben. Für viele Eltern ist die Krankheit ihres Kindes zudem auch eine enorme psychische Belastung, mit der viele nur sehr schwer zurechtkommen. Darüber wird auch nur selten gesprochen, finde ich.

An einem Abend habe ich einmal sehr geweint, weil ich schreckliches Heimweh hatte. Meine Mutter konnte an diesem Abend leider nicht wie sonst immer bei mir übernachten. Eine Krankenschwester ist zu mir gekommen und versuchte mich zu trösten, aber nach wenigen Minuten musste sie schon weiter, weil wieder ein Alarm losgegangen ist. Aus jedem Zimmer piept und lärmt es, sobald eine Infusion durchgelaufen ist oder irgendetwas nicht stimmt. Die Pfleger schaffen es oftmals nur, von Zimmer zu Zimmer zu rennen, und sind schon voll damit ausgelastet, die Medikamente zu verteilen, um den Therapieplan einzuhalten.

Was leider auch eine große Herausforderung ist, das sind die wirklich winzig kleinen Patientenzimmer, in die im Regelfall zwei Kinder mit je einem Elternteil untergebracht sind. Auch das Bad wird von den Kindern geteilt. Alles ist so eng, und es bleibt gar kein Raum für Privatsphäre. Da für die Eltern nicht mal der Platz für ein eigenes kleines Bett reicht, gibt es in vielen Kliniken klappbare Pritschen, die sich die Eltern abends nach der letzten Medikamentengabe aufschlagen können. Natürlich haben meine Eltern mir immer gesagt, dass sie das wirklich gerne für mich tun und es kein Problem ist, aber mir haben sie immer furchtbar leidgetan.

Bei mir ging alles zum Glück relativ zügig und komplikationslos, und ich konnte meine Therapie in der geplanten Zeit beenden. Aber es gibt auch Kinder, bei denen alles viel länger dauert. Sie leiden an Spätfolgen und allerlei Nebenwirkungen der Chemotherapie. Was unter den Sparmaßnahmen leider auch verloren geht, ist die intensive psychoonkologische Betreuung, auch nach Abschluss der Intensivtherapie. Viele Eltern und Patienten entwickeln während und teilweise auch noch viele Monate nach der Krebserkrankung eine Fatigue, einen umfassenden Erschöpfungszustand, der den Einstieg in das soziale Leben und den Alltag sehr erschweren kann.

So schlimm einiges war, so viele menschliche, intensive Momente habe ich auf der anderen Seite erlebt, so viel Erfüllendes. Meine Sternstunden und die erfahrungsreichste Zeit in meinem bisherigen Leben hatte ich in der Klinik. Ich habe nach Abschluss der Therapie mein Abitur geschafft, ein freiwilliges soziales Jahr absolviert und studiere inzwischen selbst Medizin. Nebenher bin ich als Mentorin auf einer kinderonkologischen Station tätig und versuche mit meinem Team derzeit, betroffene Patienten in einer schweren Erkrankungssituation zu unterstützen und zu ermuntern. Auch aus der Sicht einer Mentorin kann ich nur nochmals bestätigen: Es handelt sich hier nicht um ein paar Einzelfälle, sondern um eine große Anzahl von schwer kranken Kindern, die zunehmend größer wird.«

Pia Sailer, 22 Jahre alt, mit 13 Jahren an Krebs erkrankt

Mal angenommen, man müsste das jemandem erklären. Jemandem, der nicht von dieser Welt ist und dem man ein bisschen was darüber erzählt, wie das so läuft in unserer Gesellschaft und in diesem Gesundheitssystem. Dann müsste man ihm sagen, dass er sich unsere Krankenhäuser am besten wie Fabriken vorstellen soll, wie Unternehmen, die Geld erwirtschaften müssen, um bestehen zu können. Dass es dort natürlich darum geht, dass die Menschen behandelt und gesund werden, allerdings nicht nur aus Solidarität, aus Daseinsvorsorge, aus reinem Humanismus, sondern auch, weil es sich lohnen soll, damit auch Profit dabei herausspringt. Und manches lohnt sich halt mehr, anderes weniger. Kinder zum Beispiel lohnen sich eher weniger. Man müsste diesem Fremden dann sagen: Weißt du, nach dieser Logik, so, wie wir die medizinische Versorgung von Kindern verstehen, sind sie ein Verlustgeschäft. So ehrlich müsste man sein und einräumen, dass in diesem System die Kleinsten, die Verletzlichsten, die Wehrlosesten unserer Gesellschaft nicht unsere größte Rückendeckung bekommen, sondern die geringste.

Was der wohl dazu sagen würde, dieser Fremde? Wie würde er über uns und unsere Werte urteilen? Was er wohl über uns denken würde, wenn er uns so zuhören würde? Oder wenn er Professor Christoph Klein, dem Direktor des Dr.-von-Haunerschen-Kinderspitals in München, zuhören würde, der sagt: »Unser Gesundheitswesen richtet sich immer mehr an der Logik industrieller Produktionsprozesse aus und belohnt personalarme und technikintensive Maßnahmen. Es geht um Prinzipien der Effizienz- und Profitabilitätssteigerung.«

Natürlich weiß jeder – ob er nun eigene Kinder hat oder nicht – ganz intuitiv, dass so was nicht funktionieren kann. Weil Kinder keine Waren sind. Natürlich ist kein Mensch eine Ware, aber vielleicht lassen sich vor allem Kinder am wenigsten wie eine Ware behandeln. Weil sie impulsiv sind, unverstellt emotional. Sie lassen sich nicht takten, nicht funktionalisieren.

Und natürlich weiß Christoph Klein das auch, denn die wirtschaftliche Logik geht in seiner Klinik nicht auf. Sie geht in keiner Kinderklinik auf. Und deswegen ist Klein Teil einer ganz besonderen Allianz, sie heißt »Kranke Kinder haben Rechte«. Ihr gehören die Direktoren aller universitären Kinderkliniken in Deutschland an, das sind insgesamt 37. Sie haben sich zusammengetan, weil sie sehr viel von dem, was diese Logik in ihren Häusern anrichtet, nicht mehr hinnehmen wollen. Man muss dazu sagen, dass so etwas recht ungewöhnlich ist für Klinikdirektoren. Natürlich kann man nichts pauschalisieren, aber die meisten Klinikdirektoren sind eher keine Widerstandskämpfer. Wenn Chefärzte sich zusammentun, um sich gegen ein System aufzulehnen, muss also schon richtig etwas im Argen liegen.

Klein und Kollegen lehnen sich dagegen auf, Bittsteller und Almosenempfänger zu sein. Aber wieso sind sie das eigentlich? Um diese Frage beantworten zu können, landet man wieder bei den Fallpauschalen, bei dem DRG-System. Denn nichts hat die Krankenhauslandschaft in Deutschland so gravierend verändert wie dieses Abrechnungssystem, das im Jahr 2003 eingeführt wurde. Das ist nun schon so lange her, dass kaum einer noch weiß, wie es vorher war. Ich war damals noch in der Ausbildung. Die Umstellung wirkte nicht von heute auf morgen, das alte System verschwand nicht einfach, das ging zunächst eher schleichend, und ich bekam noch etwas vom Geist der alten Krankenhauswelt mit.

Vor den DRGs wurde mit den Krankenkassen nicht nach Fall abgerechnet, sondern nach Liegedauer. Das war der eine Weg der Finanzierung. Der andere war über die Länder. In der Regel bekam ein Krankenhaus zusätzlich Geld vom Land, und zwar in Form eines Jahresbudgets, womit ein Teil der Finanzierung schon einmal gesichert war. In den 70er-Jahren finanzierten die Länder noch rund 20 Prozent der gesamten Krankenhausausgaben. Heute sind es weniger als vier Prozent, Tendenz sinkend. Länder sind ja bekanntlich immer klamm, freuen sich somit über jeden Posten, den sie einsparen können, und ich denke, kein Bundesland war wirklich traurig, dass es die Krankenhäuser sich selbst oder privaten Trägern überlassen konnte. Manche verhökerten ihre Anteile an private Betreiber zum Spottpreis. Es gab eine Zeit in Deutschland, da wechselten Landeskrankenhäuser an Helios, Vivantes oder Asklepios in einer Geschwindigkeit, als müsste lästige Saisonware zum Rabattpreis das Lager verlassen.

Dazu muss man sagen: Eine wirtschaftlichere Ausrichtung von Krankenhäusern muss nicht per se etwas Schlechtes sein. Es war auch nicht alles perfekt mit Liegezeitenabrechnung und Länderbeteiligung. In manchen Häusern wurde recht locker mit dem Geld umgegangen. Das war der Nachteil. Der Vorteil war, dass insgesamt einfach mehr Fülle herrschte. Zuallererst war natürlich mehr Personal vorhanden, vor allem aber blieb das Personal lange. Früher war es keine Seltenheit, dass man auf einer Station alt wurde, dass man dort 20, 30 Jahre lang arbeitete. Es gab Teams, die gewachsen und aufeinander eingestellt waren, in denen man fachlich und menschlich aufgehoben war. Man konnte sich darauf verlassen, dass der andere richtig gut in seinem Bereich eingearbeitet ist, während sich heute ständig wechselndes Personal die Klinke in die Hand gibt, weil Zeitarbeit in der Pflege dermaßen boomt. Das ist nicht abwertend gemeint und erst recht nicht gegen die Kompetenz dieser Kollegen gerichtet. Denn über die verfügen sie zweifelsohne. Aber jede Station ist anders aufgebaut, hat andere Routinen, andere Räume, andere Ordnungssysteme für Formulare, Medikamente, Infusionen, Instrumente. Im Notfall etwa ist es wirklich ungünstig, wenn jemand etwa ein bestimmtes Medikament länger suchen muss. Reanimationen sind so etwas wie orchestrierte Handarbeit. Eine Hand muss wissen, was die andere tut; das ist eingespielte Teamarbeit, mit manchen Kollegen sogar mehr als das, es ist geradezu Harmonie.

Und ja, man konnte tatsächlich auch mal Pause machen in diesen Zeiten. Dieses Klischee von der ständig Kaffee saufenden Krankenschwester, das gerne immer mal wieder hervorgeholt wird, stammt wahrscheinlich aus diesen alten Zeiten. Aber ich habe keine Lust mehr, mich für eine Pause zu schämen oder zu rechtfertigen. In jeder Medienagentur, jeder Behörde, Betriebskantine oder Innenstadtfressmeile sitzen täglich Büroangestellte über ausgedehnten Mittagspausen. Ich habe trotzdem noch nie von dem Klischee gehört, dass beispielsweise Werber doch die sind, die den ganzen Tag Kaffee trinken, dass man deswegen mit dem Finger auf sie zeigt, dass überhaupt jemand sich bei einer anderen Berufsgruppe als meiner darüber aufregt, dass man mal Pause macht. Warum sollen sich Menschen, die Minimum acht Stunden herumrennen – und wir reden da in manchen Schichten wirklich von einigen Kilometern –, Schwerstkranke versorgen, sie drehen, lagern, aufsetzen, hinlegen, dafür schämen, wenn sie sich davon mal kurz ausruhen? Sich kurz hinsetzen, vom selbst geschmierten Brot abbeißen, einen Kaffee trinken, sich ein paar Minuten mit den Kollegen austauschen: Das ist auch nötig, das tut auch mal gut, das ist etwas, was jeder unter #Selbstfürsorge abfeiern lässt, wenn er mal zwei Stunden länger im Büro verbracht hat. Einmal durchatmen, Kräfte sammeln und weiter geht's. *Save yourself, before you save others.* Das ist kein Kalenderspruch, das ist ein Überlebensprinzip. Aber das nur am Rande.

Als die Zeit der Liegedauerabrechnung und Beteiligung der Länder vorbei war, trat etwas völlig anderes an deren Stelle. Krankenhäuser mussten ihren Fortbestand nun beinahe allein sichern, und das durch ein komplett andersartiges Abrechnungssystem. Geld gab es jetzt nicht mehr pro Tag, beziehungsweise für die Zeit, die der Patient tatsächlich in der Klinik verbracht hatte, sondern es gab einen Festbetrag pro Krankheit, unabhängig von den tatsächlichen Liegezeiten. Man muss keiner der vielen Controller oder Manager sein, die von dem Zeitpunkt an in die Klinikverwaltungen eingezogen sind, um zu wissen, was ein Krankenhaus unter den Umständen tun muss, um wirtschaftlich zu arbeiten.

Es muss auf einer Seite Kosten senken und auf der anderen Seite Einnahmen hochfahren. Dazu haben die Kliniken nahezu die gleiche zweigleisige Strategie entwickelt: runter mit den Personalkosten und rauf mit der Patientenzahl, die im Fallpauschalen-System eine besonders hohe Gewinnmarge verspricht. Das ist der Grund, warum heute zum Beispiel Herzzentren oder orthopädische Kliniken in rekordverdächtiger Zahl operieren und wirtschaftlich so gut dastehen, während Kinderkliniken ums Überleben kämpfen. Letztere können nämlich weder bei der Pflege sparen, noch können sie die Zahl der Operationen erhöhen. An sie hat man bei diesem System offensichtlich gar nicht gedacht. Die Fallpauschalen haben das Krankenhauswesen von Grund auf umgekrempelt. In jeden Winkel wurde der ökonomische Imperativ getragen, wo er jetzt überall sein hässliches Antlitz zeigt. Aber vielleicht in keinem anderen Bereich so hässlich wie auf den Kinderstationen.

Seit die DRGs in den Krankenhäusern ihre Wucht entfaltet haben, ist es so, als hätte jemand den gesamten Krankenhausbetrieb auf Fast-forward gestellt: Betten füllen, Betten leeren für die nächsten, weniger Personal, mehr Arbeit. Alles läuft schneller, geschäftiger, dichter ab. Ein erwachsener Patient hat dafür vielleicht sogar noch Verständnis und bemüht sich, dem Pflegepersonal keine zusätzliche Arbeit zu machen, auch wenn das alles wirklich nicht seine Sorge sein sollte. Aber ein Kind?

Für Kinder gelten die gleichen Fallpauschalen wie für Erwachsene. Dabei können sie sich schwer zusammenreißen, vor allem dann nicht, wenn sie krank sind. Alles Besondere, alles, was das kindliche Wesen ausmacht, ist in diesen Fallpauschalen nicht abgebildet: dass sie Symptome nicht eindeutig beschreiben können, dass sie Angst haben in fremder Umgebung, dass sie es nicht mal eben aushalten können, wenn sie Schmerzen haben, dass sie sich winden, wenn man sie behandeln möchte, dass sie sich wehren und laut weinen.

Also hält man so ein kleines Kind im Arm, tröstet man es, redet auf es ein, beruhigt außerdem auch noch die Eltern, die es selbst kaum ertragen, ihr Kind so verängstigt oder voller Schmerz zu erleben. Und schon sind 30 Minuten vergangen, vielleicht sogar mehr, bis man endlich eine Infusion legen oder ein Röntgenbild machen kann. Aber abrechnen kann man nur fünf Minuten, so lange, wie das Ganze bei einem Erwachsenen dauern würde. Einem Menschen, dem man sagt: »So, jetzt gibt es mal einen kleinen Piks, und jetzt bitte die Faust öffnen. Das war's.« Gleicher Eingriff, komplett anderer Aufwand. In der Sprache eines Controllers heißt das: Die Personalkosten in Kinderkliniken liegen rund 30 Prozent höher als in der Erwachsenenmedizin. Dieser Mehraufwand wird im jetzigen DRG-System auch nach den bislang erfolgten Anpassungen einiger DRG-Ziffern und trotz einer Reihe von kinderspezifischen DRGs immer noch nicht ausreichend abgedeckt.[12]

Vivien Kroner ist seit 13 Jahren Kinderkrankenschwester. Sie weiß, was in so einer Kinderseele los ist, die im Krankenhaus gelandet ist: »Für die Kinder ist das eigentlich immer ein Schock. Fremde Umgebung und überall nur Menschen, die einem wehtun wollen«, sagt sie. Man muss reden, trösten, die Eltern anleiten, und währenddessen tickt die Uhr. Sich Zeit zu nehmen ist nicht vorgesehen, nicht einmal für Kinder. Und so häufen Kinderstationen Verluste an, sie sind in den vergangenen Jahren förmlich ausgeblutet, wurden ausgehalten von den Häusern, an denen sie dranhängen. Denn die Kosten, die eine Kinderstation nicht selbst abdeckt, muss die Klinik aus anderen Bereichen quersubventionieren. Das heißt: Eine Kinderstation kann nur überleben, wenn die Klinik so gnädig ist, ihr etwas aus anderen Töpfen abzugeben. Anders ausgedrückt heißt das auch, Kinderstationen überleben vielfach von den Krumen, die übrig bleiben. Für viele reicht das aber nicht, sie müssen aufgeben.

Kinderstationen wurden in diesem System zum unbeliebten Anhängsel degradiert, und alle, die dort arbeiten, spüren das oft nur allzu deutlich. Seit Jahren ist ein deutlicher Rückgang der Zahl der Fachabteilungen und Betten für Kinderheilkunde trotz gleichbleibender beziehungsweise gestiegener Fallzahlen zu verzeichnen. Nahezu jede fünfte Kinderabteilung wurde seit 1991 geschlossen. Vier von zehn Betten in der stationären Kinder- und Jugendmedizin wurden abgebaut.[13] Allein in den vergangenen zehn Jahren mussten 16 Kindermedizinabteilungen aus finanziellen Gründen schließen.

»Die schlimmste und direkteste Auswirkung, die wir von diesem Missstand sehen, ist, dass hier in Deutschland auch in Städten wie München, Stuttgart oder hier in Berlin Kinder, die eigentlich auf eine Intensivstation gehören, dort keine Kapazitäten finden und deswegen auch versterben«, hat der Berliner Kinderarzt Alex Rosen in einem Interview der Sendung »Kontraste« gesagt. Und andere Ärzte sehen das genauso. Es wagt nur nicht jeder, es so offen auszusprechen wie er. Aber einer seiner Kollegen bestätigt: »Jeder von uns hat schon erlebt, dass Kinder gestorben sind, weil sie nicht versorgt werden konnten.« Weil sie nicht aufgenommen werden konnten oder lange transportiert werden mussten, in einem Zustand, in dem das eigentlich gar nicht passieren darf. Oder anderes Problem: Die Kinder müssen eine Ewigkeit auf dringende Operationen warten. Denn nach schweren

Operationen ist zunächst einmal eine Überwachung auf einer Intensivstation notwendig, aber wenn dort nicht genug Personal vorhanden ist, dann gibt es eben auch keine OP. Oder aber es werden Kinder, die eigentlich noch viel zu krank sind, auf Normalstationen verlegt, um auf der Intensivstation Platz zu machen. »Patientenbingo« wird das genannt, das Hin-und-her-Schieben und Verlegen von Patienten, die eigentlich noch nicht stabil genug sind, ist auf vielen Intensivstationen tägliche Routine.

Hallo Franzi,

ich möchte die Geschichte meiner Tochter erzählen. Sie ist 2018 mit einem schweren Herzfehler zur Welt gekommen. Als wir dachten, wir hätten das Herzproblem ganz gut im Griff, wurde sie immer gelber und gelber. Die zunehmende Verschleimung der Lunge belastete sie ebenfalls. So haben wir die ersten Wochen und Monate, bis auf wenige Tage zu Hause, nur in der Kinderklinik verbracht. Viele Operationen und viel Diagnostik später standen die finalen Diagnosen und Prognosen für meine Tochter fest.

Sie brauchte eine neue Leber. Am besten gestern. So dringlich war es. Davor musste aber noch der Aortenbogen rekonstruiert werden. Denn mit dem bestehenden Herzfehler hätte sie keine Chance auf eine Listung bei Eurotransplant gehabt. Ihr Zustand war allerdings so schlecht, dass man ihr ein paar Tage/Wochen geben wollte, bis man sich an das Herz traute. Die letzte große OP war nämlich noch keine vier Wochen her. Doch lange konnte man ihr nicht geben. Sie verschlechterte sich an einem Wochenende von Stunde zu Stunde. Sonntagabend, 23:00 Uhr, fiel die Entscheidung: Sie geht morgen früh um 7:00 Uhr als Allererste in den OP. Ein Bett auf der Intensiv war schon dafür reserviert. Grundsätzlich muss ich sagen, wir haben in all den früheren Aufenthalten im Krankenhaus immer das Glück gehabt, dass sofort ein Intensivbett frei war (bzw. frei gemacht wurde), wenn wir eins benötigten. So auch bei den anschließenden Aufenthalten in der Transplantationsklinik. Zwei Mal wurde sie dort lebertransplantiert, unzählige Male in den OP gebracht, lag wochenlang im Tiefschlaf. Das Bett auf der Intensiv war uns immer sicher. Auch als sich ihr Zustand das ein oder andere Mal so verschlechterte, dass sie von der Normalstation auf die Intensiv verlegt werden musste, ging das innerhalb von ein paar Minuten. Wir waren also ziemlich »Intensivverwöhnt«.

Bis zum Januar 2020. Wir waren eigentlich zur ersten Jahreskontrolle stationär in der Transplantationsklinik. Als sich dann rausstellte, dass eine Zwerchfellhernie schuld an der stark verschlechterten Lungensituation meiner Tochter war, stand eine erneute OP im Raum. Am Donnerstag die Diagnose, am Freitag sollte sie in den OP gehen. Dann kam eine Lebertransplantation bei einem anderen Kind morgens »dazwischen«. Natürlich hatten wir dafür Verständnis! Wie kennen die Situation nur zu gut. Mittags sollte meine Tochter dann in den OP.

Aber die OP wurde kurzfristig abgesagt. Offizielle Begründung: Der Chirurg möchte sie lieber Montagmorgen operieren, wenn er frisch und ausgeschlafen ist.

Inoffizieller Grund, den die Ärzte so nicht mit uns kommuniziert haben, aber von dem wir wissen, dass er der Wahrheit entspricht: Die Intensivstation hatte keinen Platz. Von den Schwestern wurde uns schon am Morgen gesagt, dass die Intensiv überlastet sei. Wie alle Stationen.

Meiner Tochter ging es ab dem Zeitpunkt der Diagnose schlagartig noch schlechter. Als hätte sie nur durchgehalten, bis wir endlich wissen, was mit ihr los ist. Sie fieberte hoch, brauchte Sauerstoff. Spielte nicht mehr, und auch Bücher anschauen war uninteressant. Sie lag schwitzend, blass und völlig abgeschlagen auf mir. Atmete immer wieder zu schnell, und ich hatte zum ersten Mal Angst, dass diese OP nicht rechtzeitig stattfinden kann – weil es kein Bett für danach gibt. Zum allerersten Mal mussten wir erleben, was es bedeutet, noch hilfloser zu sein, als man es mit einem schwer kranken Kind sowieso schon ist. Hilflos in einer Klinik zu sein, in der das Kind versorgt werden könnte, mit der OP, die es so dringend braucht. Würde es nur mehr Personal geben. Ich weinte viel an diesem Wochenende, ich hatte solche Angst um mein Kind.

Sie hat es noch bis Montagmorgen geschafft, ging um 8 Uhr in den OP. Aber in einem schlechteren Zustand. Logisch. Meine Tochter war völlig erschöpft von dem Fieber und der Atmung. Es verlief alles gut, durchatmen konnte ich aber erst wieder, als sie sicher auf der Intensiv lag.

Hannah

Dieser Notstand hat sich so rasant entwickelt, dass er in der öffentlichen Wahrnehmung noch nicht angekommen ist. »Das kann doch nicht sein, wir sind doch in Deutschland«, höre ich oft, wenn ich mit jemandem darüber rede, der mit dem Gesundheitssystem keine Berührung hat, oder wenn ich Geschichten darüber in meinem Blog veröffentliche. Wer keinen Kontakt zu Krankenhäusern hat, der hat wahrscheinlich ganz andere Bilder im Kopf: Bilder von Hochleistungsmedizin, bestens ausgestatteten Kinderstationen, medizinischer Exzellenz. Und das Fatale ist, diese Bilder sind noch nicht einmal falsch. Das existiert tatsächlich alles. Wir haben in Deutschland eine Kindermedizin, die unglaubliche Fortschritte gemacht hat, die hoch entwickelt und hochleistungsfähig ist. Das Perfide ist jedoch: Unter den derzeitigen Bedingungen bleibt sie vielfach ungenutzt.

Rut W. wird mit diesem Problem jeden Tag konfrontiert. Sie ist Kinderkrankenschwester auf Station 67 der Medizinischen Hochschule Hannover (MHH), der größten Kinderintensivstation Deutschlands. Rut W. arbeitet seit 25 Jahren dort und ist damit Zeugin einer enormen Entwicklung: »Wir können heute so viel mehr für die Kinder tun«, sagt sie. »Es gab Zeiten, da konnten wir Kinder mit einem bestimmten Herzfehler nur noch den Eltern auf die Brust legen und sterben lassen, weil man ansonsten nichts mehr für sie machen konnte. Heute kann man ihnen helfen. Früher hatten wir Kinder mit einer Meningokokken-Sepsis, viele sind daran gestorben, das waren zum Teil furchtbare Verläufe. Heute haben sie bei einer frühzeitigen Gabe eines bestimmten Medikaments eine deutlich bessere Prognose.«

Erkrankungen, die noch vor einigen Jahren häufig zum Tode führten, können inzwischen oft erfolgreich behandelt werden. Heute sind Dialysen selbst bei Früh- und Neugeborenen möglich, eine Erwachsenenleber kann geteilt und drei Kindern transplantiert werden, während sie früher während der Wartezeit auf eine neue Leber gestorben sind. Die Kindermedizin hat regelrechte Sprünge gemacht.[14]

Aber entsprechend steigen auch die Anforderungen an die anschließende Versorgung. Eine komplexe OP allein reicht nicht, es braucht auch viele Pfleger und Ärzte, die anschließend eine aufwendige und komplexe Pflege und medizinische Versorgung gewährleisten. Es braucht nicht nur hoch qualifizierte Ausstattung, sondern eben auch hoch qualifiziertes Personal, das damit umgehen kann.

Ja, Kindermedizin ist eigentlich eine große Erfolgsgeschichte. Wir können heute so viel mehr für Kinder tun. Theoretisch. Praktisch nicht. Theoretisch hat die Interdisziplinäre Kinderintensivstation der MHH 18 Betten. Praktisch sind davon an den meisten Tagen lediglich 12 bis 14 belegt. Nicht weil für die anderen keine Patienten da wären, sondern weil kein Personal da ist, das die Patienten versorgen könnte. Diese Betten sind gesperrt, gleiches Problem wie schon beschrieben. Für Kinder in der Nähe, die genau so einen Intensivplatz benötigen, bedeutet das: weiterfahren, längere Anfahrtswege überstehen. Und am Ende eventuell nicht da landen, wo sie eine fachgerechte Behandlung erhalten könnten. Es steigt die Zahl der Kinder, die in Erwachsenenabteilungen behandelt werden, und es steigt die Zahl der Kinder, die ambulant behandelt werden, obwohl sie eigentlich auf Station gehören. Das kann gefährlich werden, zum Beispiel, wenn unklare

Fieber- oder Schmerzzustände nicht mehr ausreichend engmaschig überwacht werden können.[15]

Wir rüsten auf, wir sind exzellent ‚und dann reißen wir das Aufgebaute derart ein, dass viel zu wenige in den Genuss dieser Exzellenz kommen. Es gibt Länder, die über keine so erstklassige Medizin für ihre Kinder verfügen, und das ist schlimm. Wir haben erstklassige Medizin für unsere Kinder und müssen den Zugang dazu beschränken – und das ist perfide. Wenn das Bundesgesundheitsministerium auf Anfragen bezüglich der Unterversorgung in der Kinderheilkunde behauptet, dass dieses Problem nicht existiert, dann ist das ein ziemlich erbärmliches politisches Manöver. Denn ja, es gibt genug Betten. Aber diese Betten stehen einfach nicht die ganze Zeit und jedem zur Verfügung.

Aktuell verschärft sich das Problem drastisch, per Gesetz der Bundesregierung. Und das ausgerechnet durch eine im Grunde gute Absicht. Das magische Wort lautet Personaluntergrenzen, klingt wie eine Entlastung und gilt seit 2019.

Hintergrund ist: Offensichtlich ist bis in die hintersten Ecken der Politik gedrungen, dass Personalmangel in Kliniken nicht deshalb ein Problem ist, weil die Krankenschwestern nicht mehr so viel Zeit zum Kaffeetrinken haben, sondern weil das gefährlich ist, lebensgefährlich. Weil es wissenschaftliche Untersuchungen gibt, die ganz klar zeigen, dass mehr Patienten sterben, wenn Pflegekräfte zu viele Menschen gleichzeitig betreuen müssen.

Nun hat die Bundesregierung für bestimmte Bereiche – etwa für die Intensiv oder die Kardiologie – beschlossen, dass so etwas nicht mehr sein darf, und das Patienten-/

Pflegekraftverhältnis ganz klar geregelt. Eine Pflegekraft darf demzufolge auf einer Intensivstation tagsüber maximal 2,5 Patienten betreuen, nachts 3,5 Patienten. Das Ganze wird vom Medizinischen Dienst der Krankenkassen (MDK) überprüft, und wenn ein Krankenhaus sich nicht an diese Regelung hält, muss es eine Strafzahlung leisten.

Rut W. und ihre Kolleginnen auf der Station 67 in Hannover zum Beispiel versorgen im Tagdienst maximal zwei schwer kranke Kinder. In Ausnahmesituationen können es auch mal mehr werden. Aber eigentlich hat die MHH da strenge Vorgaben, schon lange und freiwillig, um die Qualität der Versorgung zu sichern. Es gibt aber durchaus Häuser, die aufgrund des Pflegenotstands eher in einem Verhältnis von 1:5 oder 1:6 gearbeitet haben. Es ist natürlich gut, wenn es die Absicht gibt, solche Zustände zu beenden, weil sie die Behandlungsqualität der Patienten mindern und gleichzeitig die Burn-out-Quote des Personals erhöhen. Das wirklich gravierende Problem dabei ist allerdings: Für die meisten Kliniken ist es schlicht utopisch, mehr Personal zu finden, um die Forderungen umzusetzen. Weil es das Personal einfach nicht gibt. Zumal kein speziell ausgebildetes, das man auf solch spezialisierten Stationen aber benötigt.

Denn wenn sowohl die Komplexität der Krankheitsbilder als auch der entsprechenden Medizintechnik zunimmt, dann steigen dadurch natürlich auch die Anforderungen an das Pflegepersonal. »Ich höre so oft noch: Kinderkrankenschwester, ach wie süß. Den ganzen Tag mit Babys kuscheln und Windeln wechseln«, sagt Rut W. von der MHH: »Aber in Wahrheit haben wir hier Kinder mit so vielen Zugängen an so viel Apparatur, dass man das Kind vor lauter Technik kaum noch sieht.« Und all diese Technik und Apparaturen zu bedienen gehört nun mal auch zu ihren Aufgaben. »Wir tragen immer mehr Verantwortung für immer mehr Technik, zum Beispiel für Herz-Lungen-Maschinen oder Dialysegeräte«, sagt Rut. »Wir müssen erkennen, wenn die Maschine nicht richtig läuft, kleine Fehler erkennen und ad hoc reagieren. Erst bei größeren Problemen ziehen wir schnell zum Beispiel einen Kardiotechniker heran.« Bis jemand in ihrem Bereich eingearbeitet ist, dauert es mindestens ein halbes Jahr. »Heute haben wir auch öfter Kollegen von der Zeitarbeit hier, da muss es schon binnen weniger Wochen passieren, da die Einsatzzeit dieser Kollegen immer begrenzt ist.«

Es scheint bei der Kinderversorgung ein Nord-Süd-Gefälle zu geben. Besonders schlimm ist die Lage im Münchener Raum. Dort gibt es die meisten Bettensperrungen, Kinder-Notfälle werden bisweilen auf die Intensivstationen österreichischer Kliniken umgeleitet, weil in Bayern keine Kapazitäten mehr frei sind. Das ist kein Zufall. Vielmehr ist das so, weil die gesellschaftlichen Probleme bis in die Krankenhäuser durchschlagen: München ist ein teures Pflaster, und Pfleger bekommen so wenig Geld, dass sie sich das Leben dort nicht leisten können. Es gibt Kollegen, die Anfahrtszeiten aus dem Umland von 60 Minuten und mehr haben. Für einen Frühdienst sitzen die dann um 4:30 Uhr im Zug. Wer macht denn so etwas auf lange Sicht mit?

Was vorher schon ein Problem war, führt für manche Patienten jetzt geradewegs in die Katastrophe, weil aufgrund der Personaluntergrenzen noch weniger Kinder aufgenommen werden können. Es gibt Stationen, auf denen aktuell 20 Prozent der Betten quasi dauerhaft gesperrt sind. Ab 2021 wird das sogar noch schlimmer, dann wird das Verhältnis noch weiter verschärft. Tags: 1:2, nachts 1:3. Natürlich sind die Personaluntergrenzen im Grunde gut und richtig. Sie sind besser für die Patienten und auch besser für die Pflegekräfte. Und noch besser wäre es, es würde sie für alle Bereiche geben und nicht nur für bestimmte Fachabteilungen. Denn auch auf den sogenannten normalen Stationen leiden die Kollegen und leiden die Kinder. Stationen, die ebenfalls dringend gebraucht werden: wenn das Kind vom Sofa stürzt, wenn aus der Bronchitis eine Lungenentzündung wird, das Erbrechen nicht aufhört. Auch diese Stationen brauchen wir so dringend, und auch da sieht es leider nicht viel besser aus.

»Wir sind eine kleine Klinik in Süddeutschland auf dem Lande. Die Pädiatrie verteilt sich insgesamt auf zwei Stationen mit jeweils 15 Plätzen für Säuglinge und Kinder, und eine ganz kleine Kinderintensivstation gehört auch noch dazu. Wir sind Versorgungsgrad Level 2. Die Kinder, die zu uns kommen, haben einfach alles, was man so haben kann, das ist ein ganz breites Spektrum: Wir haben Frakturen, Infekte, Austrocknungen nach Magen-Darm-Erkrankung, Influenza, Diabetes, Lungenentzündung, Chirurgie. Viele der Kinder brauchen sehr viel Pflege und Aufwand, sind am zentralen Monitor angeschlossen.

Aktuell ist die Lage wieder sehr, sehr übel. Wir sind viel zu wenige Schwestern auf viel zu viele Patienten, es kommen die ganze Zeit einfach immer mehr Kinder. Wir haben Kinder, die Sauerstoff bekommen müssen und auf dem

Flur liegen, weil wir keinen Platz für sie haben – und noch schlimmer: kaum Zeit, sich um sie zu kümmern.

Für die richtige Versorgung, so wie es sein müsste und wie wir es uns wünschen, sind einfach keine Kapazitäten da. Das macht mich ständig so unzufrieden und auch so traurig, denn die Kinder bräuchten so viel mehr Zuwendung und Pflege. Wenn man es pro Schicht gerade mal ein, zwei Mal zu einem sehr kranken Kind ins Zimmer schafft, dann belastet mich das schon sehr. Und nicht nur mich. Die Stimmung im Team ist durch den Dauerstress oft wirklich schlecht. In den Übergaben sitzen da öfter welche von uns mit Tränen in den Augen oder sind einfach nur verzweifelt, weil sie gar nicht wissen, wie sie den Dienst bewältigen sollen, nur zu zweit. Wenn sich nur eine krankmeldet, dann bricht eben immer der ganze Dienstplan zusammen. Neulich ist erst wieder eine Kollegin aus dem Urlaub zurückgekommen, weil das sonst nicht gegangen wäre.

Ich habe ja selbst zwei kleine Kinder, zwei und vier Jahre alt, und hier klingelt gefühlt ständig schon um sieben Uhr morgens das Telefon: ›Kannst du kommen? Wir sind zu wenige!‹

Eigentlich habe ich im Frühdienst um zwei Feierabend, aber ich komme ganz oft eher halb vier raus. Bleiben könnte ich bis acht, so viel Arbeit gibt es. Letztes Jahr habe ich innerhalb von einem Dreivierteljahr 180 Überstunden angesammelt. Das wird eigentlich als selbstverständlich betrachtet, da klopft dir keiner extra dafür auf die Schulter oder sagt Danke, das ist eher normal.

Das Problem ist, dass die Klinik die Stellen nicht besetzt bekommt, es gibt gar keine Bewerber. Noch vor ein paar

Jahren war es genau andersherum: Da bekam man keine Stelle. Selbst um den Ausbildungsplatz musste man total kämpfen. Ich habe damals auch erst mal keinen bekommen, da kam man kaum ran. Also habe ich erst die normale Gesundheits- und Krankenpflege angefangen, aber das hat nichts daran geändert, dass ich doch zu den Kindern wollte. Ich wollte das schon immer. Ich habe schon als Kind in die Freundschaftsbücher geschrieben, dass ich Säuglingsschwester werden möchte. Und dann habe ich die Zusatzausbildung noch hinten drangehängt. Die Klinik konnte damals keinen von uns übernehmen, es gab hier keine freien Stellen. Jetzt ist es genau umgekehrt, innerhalb weniger Jahre!

Ich habe noch Kontakt zu meiner früheren Schulleiterin, die hat mir erzählt, dass die jetzt für die Ausbildung gerade mal um die zehn Bewerber haben! Es bewirbt sich einfach keiner mehr.

Damals wurde niemand übernommen, der speziell ausgebildet war, und heute stellen wir sogar MFAs an, also Medizinische Fachangestellte (bekannt als Arzthelferin). Ich will nichts gegen die sagen, so ist das nicht gemeint. Aber sie sind einfach ganz anders ausgebildet. Ich finde, man braucht diese Spezialisierung für Kinderkrankenpflege, ich weiß gar nicht, wie das ohne gehen soll. Das ist etwas ganz anderes als Erwachsenenpflege.

Aber genau das weicht man ja jetzt auf, jetzt kommt die generalisierte Ausbildung, da sitzen Altenpfleger, Kranken- und Kinderkrankenpfleger zusammen. Wie soll das gehen? Und wenn man sich auf einen Bereich spezialisieren möchte, dann muss man noch ein Jahr länger machen.

Insgesamt dauert es ja dann noch länger, bis man ausgebildeten Nachwuchs hat. Ich glaube, das wird eher ein Eigentor. Dabei bräuchten wir den Nachwuchs so dringend.

Ich liebe meinen Beruf so sehr. Ich mache das wirklich mit ganzem Herzen. Ich gehe auch jetzt noch, trotz dieser schrecklichen Zustände, jeden Tag so gerne zur Arbeit und gebe mein Bestes. Denn die Arbeit an sich ist so erfüllend, ich kann mir keinen besseren Beruf vorstellen. Wenn wir nur mehr wären, dann wäre das alles so viel besser.«

Kinderkrankenschwester, 29 Jahre

Das Problem mit der generalistischen Pflegeausbildung

Damit ist auch ein Problem angesprochen, dass einen Teil der Krankenhauslandschaft seit dem 1. Januar 2020 neu gestaltet: Bisher war die Ausbildung zur Gesundheits- und Krankenpflege, zur Kinderkrankenpflege sowie zur Altenpflege jeweils ein eigenständiger Bereich. Drei verschiedene Berufe, drei verschiedene Ausbildungen. Jetzt aber greift eine Reform, die dieses System komplett auseinandernimmt, wobei das Ziel ist, die verschiedenen Berufsbilder zu vereinen. Denn künftig gibt es für alle drei Berufe eine gemeinsame Ausbildung, an deren Ende die Absolventen ihren Abschluss als *Pflegefachfrau* oder *Pflegefachmann* machen. Wer sich für eine Richtung besonders interessiert oder zum Beispiel auf einer Kinderstation arbeiten möchte, muss ein weiteres Jahr Zusatzqualifikation dranhängen.

Vorbild für diese Art der Basisausbildung ist etwa das Berufsbild der *General Nurse* in den USA, auch die Schweiz sowie einige andere europäische Länder haben eine ähnliche Ausbildungsstruktur. Deutschland will mit diesen Ländern gleichziehen, einen vergleichbaren Standard schaffen, die Einsatzmöglichkeiten der Pflegekräfte erweitern. Aber Kritiker – und von denen gibt es einige – sehen hier bereits Problem Nummer eins: Viele Pflegekräfte wollen gar nicht universell einsetzbar sein, vielmehr zieht es sie wie bisher schon von Anfang an in einen bestimmten Bereich.

Es gibt Bewerber, die ausschließlich mit Kindern arbeiten möchten, für die kommt etwas anderes gar nicht infrage. Vielleicht, weil sie sich nicht zutrauen, mit alten Menschen zu arbeiten. »Damit ist die Hälfte der Bewerber weg, die früher für die Kinderkrankenpflege infrage kam«, sagt Geri Göhler, früher Intensivpfleger und Pflegelehrer, heute DRG-Fachcodierer und Dozent für Pflegethemen. Andere wiederum können sich nicht vorstellen, mit Krankheit und Tod von Kindern zurechtzukommen. Trotzdem sitzen nun alle – mit welchem Interesse auch immer – in einem Ausbildungsgang, der Inhalte aus allen Spektren behandelt.

Andere Bereiche dagegen fallen weg. »Einige Ausbildungsinhalte sind durchaus ähnlich und haben Parallelen«, sagt Göhler. »Aber bei den Kinderkrankenschwestern beispielsweise spielten etwa Pädagogik und Pädiatrie bisher eine große Rolle. Kinderkrankenpflege ist viel beziehungsorientierter, hat ganz andere Anforderungen und verlangt andere Skills als Erwachsenenpflege.« Auf das Niveau der früheren, fundierten und fachspezifischen Ausbildung komme man jetzt nur noch über eine Zusatzqualifikation. Wenn überhaupt.

»Um das Niveau von früher zu erreichen, bräuchte man eigentlich Generalistik plus zwei Jahre Fachweiterbildung«, sagt Göhler.

Befürworter der generalistischen Ausbildung argumentieren, dass Pflegekräfte mit diesem Abschluss universell einsetzbar sind, von Anfang an mehr Bereiche kennenlernen und sich dann später noch für eine Fachrichtung entscheiden können. Auch die Voraussetzungen, um innerhalb der EU in der Pflege zu arbeiten, sind dadurch gegeben. Kritiker halten die Expertise nach altem Standard hingegen für unverzichtbar. Das Thema wird leidenschaftlich diskutiert in der Branche. Die Vor- und Nachteile der Generalistik werden sich vermutlich erst noch zeigen. Fakt ist, dass sie ein altes – durchaus bewährtes – Ausbildungssystem aushebelt. Und auch das berufliche Selbstverständnis mancher Pflegegruppen – und das gefällt verständlicherweise nicht jedem.

In der alten Krankenpflegeausbildung, so wie ich sie absolviert habe, war ein Einsatz auf der Pädiatrie vorgesehen. Ich muss zugeben, dass er in meinem Jahrgang nicht zu den beliebtesten zählte. Manche von uns hatten das Gefühl, als Pflegeschüler für die Versorgung von Erwachsenen schlicht fachfremd auf einer Kinderstation zu sein. Die Kinderklinik war räumlich vom Haupthaus getrennt, sodass man ein bisschen den Eindruck hatte, dass dort eine eigene kleine Welt mit einer eigenen speziellen Atmosphäre herrschte. Und ja, die Kinderkrankenpflege-Schülerinnen waren versierter und sicherer im Umgang mit den kleinen Patienten, die examinierten Schwestern erst recht, keine große Überraschung eigentlich, sie waren in ihrem Element. Wiederholt erlebte ich staunend die Versorgung eines Säuglings, der ununterbrochen schrie, was die behandelnde Schwester allerdings nicht in ihrem routinierten Arbeiten störte.

Überhaupt wachten die Schwestern dort mit Argusaugen über die Kinder, über penible Abläufe und vor allem ganz klar darüber, was ich als »Fachfremde« dort eigenständig erledigen durfte und was nicht.

Was damals deutlich spürbar war: dass Kinderkrankenschwestern und -pfleger sich als eigene Berufsgruppe verstanden. Nur weil das Wort Pflege als Synthese bei unseren Berufen steht, macht uns das noch lange nicht gleich. Die Kinderkrankenschwestern haben das nicht böse gemeint, sie haben einfach nur ganz genau gewusst, wie verletzlich ihre kleinen Patienten sind. Heute würde ich sagen, die Kinder waren dort bestens aufgehoben. Als Mutter würde ich mir für mein krankes Kind nichts anderes wünschen.

Was man jetzt durch die Generalistik macht, ist so gesehen wirklich einschneidend. Ich weiß nicht, ob es irgendwie dazu beitragen kann, die Situation insgesamt zu verbessern. Ich hoffe es natürlich, aber ich habe gleichzeitig auch Zweifel und bin skeptisch, ob die Allianz der Klinikdirektoren helfen wird. Ich finde es gut, dass sie kämpfen, jeden Kampf, von wem auch immer, für eine Reform des DRG-Systems oder für eine neue Vergütungsarithmetik, finde ich gut. Ich will aber nicht, dass es nur um die Verteilung von Almosen geht, deren Umfang vielleicht ein wenig erhöht wird. Eigentlich will ich mehr. Viel mehr. Wenn man schon kämpft, warum sich dann nicht gleich mit breitem Rücken hinstellen und viel verlangen? Es geht hier schließlich um Kinder!

Ich habe Kinder. Und ich habe das Glück, dass sie bisher von schlimmen Krankheiten und Unfällen verschont geblieben sind, und dafür bin ich unendlich dankbar. Aber für den Fall, dass es mal anders wird, wünsche ich mir als Mutter mehr, als dass nur Krumen für sie abfallen. Für eine solche Situation wünsche ich mir genau das, was Eltern sich immer für ihre Kinder wünschen: das Beste.

Wenn wir schon über Reformen nachdenken, warum denken wir dann nicht gleich ganz groß? Ist es Luxus, Einzelzimmer für kranke Menschen zu verlangen? Warum ist das ein Privileg für Menschen mit Privatversicherung (die übrigens viel Schaden am Rest der sogenannten Solidargemeinschaft anrichtet, aber das ist noch ein anderes Kapitel)? Was tut denn ein jeder von uns, selbst mit einer harmlosen Erkältung? Wir kuscheln uns irgendwo ein, wir sorgen für uns, wir schaffen uns intuitiv eine Umgebung, die uns guttut. Unsere kranken Kinder betten wir in frische Wäsche, geben ihnen die Gelegenheit zu schlafen, geben ihnen Nähe, wir geben ihnen alles, was sie brauchen, um gesund zu werden. Wer möchte sie in diesem Zustand mit anderen kranken Kindern zusammen in ein Zimmer stecken? Sie irgendwo hinbringen, wo es ständig lärmt, auch nachts hell ist, sie immer wieder aufwachen?

Wer möchte denn gerne, wenn er krank ist, zusammen mit einem ebenfalls Schwerkranken in einem Zimmer liegen und möglicherweise jeden Tag Stunden mit dessen Familienangehörigen verbringen? Wer möchte sich denn ein Bad teilen? Wer möchte Krankenhausessen zu sich nehmen, dessen Nährwert gegen null geht und wirklich rein gar nichts zu dem beiträgt, was ein kranker Körper braucht?

Nein, Krankenhäuser müssen keine Wellnesseinrichtungen sein, darum geht es nicht. Aber ein Mindestmaß an Rückzugsmöglichkeit und gesundheitsfördernder Atmosphäre sollte eigentlich Standard sein. Und wenn schon nicht für die Erwachsenen, die das auch nötig haben, dann doch wenigstens für die Kinder. Kinder sind besonders vulnerabel, biochemisch, physisch, psychisch. Und deshalb tragen wir eine besondere Verantwortung für sie. Wenn ich mal jemanden treffen sollte, der diese Welt hier nicht kennt, dann würde ich ihm gerne über die Menschen erzählen wollen, dass wir gegenüber den Kleinsten von uns Verantwortung haben. Und dass wir diese Verantwortung auch übernehmen.

Mitten im Leben

Plötzlich Patient

Vielleicht ist einer unserer größten Fehler, dass wir uns überschätzen. Wir überschätzen diesen Körper, in dem wir stecken, und auch das, was er aushält, was er toleriert und einstecken kann. Wir gehen davon aus, dass alles so bleibt, dass es schon gut geht; dass wir lange leben und gesund bleiben.

Wir schlagen Zeit tot und schmieden Pläne, wir sparen für die Rente und denken übers Abendessen nach. Und dann kommt ein Auto von rechts, das wir nicht gesehen haben. Oder in unserem Blut bildet sich ein Gerinnsel, die Niere stellt die Arbeit ein, ein lebenswichtiges Gefäß zieht sich zusammen, oder eine Pandemie – eben noch am anderen Ende der Welt – hat plötzlich das eigene Land im Griff. Das hier ist kein Appell, sich ständig den Tod vor Augen zu führen. Sondern das Leben.

Es gibt unzählige Aspekte, die deutlich machen, wie großartig es ist, eine Krankenschwester zu sein, und es gibt ebenso viele Aspekte, die zeigen, warum es unter den aktuellen Umständen unglaublich mühsam ist. Und dann gibt es noch diese eine Sache, die ganz besonders an diesem Beruf ist. Die Essenz aus dem, was wir tagtäglich bei unserer Arbeit sehen und erleben. Etwas, das uns einen Wissensvorsprung verschafft, das uns ein Bewusstsein schafft und uns etwas Wichtiges vor Augen hält. Etwas, das so einfach ist, so platt vielleicht, aber ganz sicher ganz wahr: Das Leben kann jederzeit vorbei sein. Oder zumindest jederzeit eine extreme Wendung nehmen. Für jeden von uns. Egal, wie gut, wie stark, wie unantastbar wir uns gerade fühlen. Egal, was wir auf unserer To-do-Liste stehen haben oder für nächste Woche im Terminkalender.

Wir sind nicht unantastbar, wir sind verwundbar. Wir sind sterblich.

Der Patient kam an einem Nachmittag, 32 Jahre jung, Zustand nach Sturz aus dem Fenster. Vielleicht war er gefallen, vielleicht war es ein Unfall, vielleicht hat jemand ihn geschubst, oder vielleicht ist er wirklich gesprungen. Natürlich dachte jeder auch das. Aber keiner wusste es, und ihn konnte man nicht fragen. Er hatte ein schweres Schädel-Hirn-Trauma davongetragen, er war intubiert und beatmet. Er hatte Pläne gehabt, große Pläne. Es stellte sich heraus, dass er in wenigen Monaten heiraten wollte. Er wollte heiraten, mit seiner Frau auf eine Hochzeitsreise gehen, und jetzt lag er beatmet auf der Intensivstation. Seine Verlobte kam sehr oft, sie sprach mit ihm, sie erinnerte ihn an das, was noch sein sollte, an die ausgesuchten Ringe, die bereitlagen, an die Reise, die gebucht war, an das Leben zu zweit, das vor ihnen lag.

Er hat es nicht geschafft. Er ist gestorben. Es war furchtbar traurig.

Es war etwas, das wir jeden Tag sehen. Wir Pfleger, Schwestern, Ärzte und alle anderen in den Krankenhäusern und medizinischen Einrichtungen. Jeden Tag sehen wir, wie Menschen aus dem Leben gerissen werden, wie ihr Leben auseinanderfliegt, das ihrer gesamten Familie. Wir sehen, wie schlimm das ist, wie weh das tut.

Und wir wissen nicht immer sofort, was das Beste ist, das wir in einem solchen Fall tun können. Diese Unsicherheit kennt doch jeder, dass man nicht weiß, was man tun, was man sagen soll. Es ist oft nicht leicht, die richtigen Worte zu finden, richtig zu reagieren. Es gibt Situationen, auf die man uns nicht vorbereitet hat. Weil man selbst nach der besten Ausbildung nicht auf alles vorbereitet sein kann. Man bringt uns bei, auf fallenden oder steigenden Blutdruck zu reagieren, auf entgleisten Blutzucker, zu niedrige Sauerstoffsättigung, entzündete Wunden, rasende Herzen. Das können wir, da gibt es Falsch oder Richtig. Es gibt Standards, Lehrmeinungen und Leitlinien. Und dann gibt es Situationen, die sind individuell, die hauen uns selbst erst mal um, die machen uns hilflos, weil wir nichts haben, worauf wir zurückgreifen können. In solchen Situationen kommt es ganz auf uns selbst an, auf das, was wir selbst mitbringen an emotionaler Reife und Persönlichkeit. Oder das, was wir spontan davon entwickeln können in einer plötzlichen Extremsituation. Denn wie viel Reife hat man schon mit Anfang zwanzig?

So alt war ich bei meinem ersten Fall, der mich überfordert hat, der furchtbar war und an dem ich schließlich gewachsen bin. Anfang zwanzig, frisch examiniert, frisch verliebt, in meinem ersten Jahr auf der Intensivstation, meinem ersten Sommer dort. Ich war wissens- und erfahrungshungrig, ich wollte so sicher und kompetent werden, wie es die anderen Kollegen dort schon lange waren. In drei Jahren Ausbildung hatte ich natürlich schon Dramen erlebt, schwere Krankheiten, Unfälle – auch bei jungen Menschen. Ich hatte das gesehen und ich hatte es wegstecken können. Ich hatte schon Sterbende gesehen, natürlich auch die. Aber nicht so, nicht unter solchen Umständen.

Die Patientin war Mitte 30. Sie hatte einen bösartigen gynäkologischen Tumor und bereits überall Metastasen, auch in der Lunge, weshalb sie Probleme mit der Atmung hatte. Auch ihr Allgemeinzustand war bereits stark reduziert. Mit etwas mehr Erfahrung hätte ich wohl schon zum Aufnahmezeitpunkt einschätzen können, dass sie sich im Sterbeprozess befand – präfinal war, wie wir sagen. Die junge Frau sprach nicht viel. Tagsüber kamen ihr Ehemann und ihre zwei kleinen Mädchen zu Besuch, sie durften öfter kommen und länger bleiben, in solchen besonderen Fällen ist die Besuchszeitbeschränkung gelockert. Der Ehemann dieser Patientin war eindrucksvoll im Umgang mit den Kindern und seiner kranken Frau. In diesen Ausnahmesituationen rechnet man am Krankenbett mit Tränen, mit Fassungslosigkeit und Verzweiflung. Aber so war es hier nicht. In dem Zimmer herrschte eine friedliche, liebevolle Stimmung, wenn die Familie zu Besuch war. Aber an einem Abend, als alle fort waren, gab der Monitor einen Alarm: Die Herzfrequenz und der Blutdruck der Patientin waren höher als üblich. Ich ging zu ihr, um nach dem Rechten zu sehen.

»Ist alles in Ordnung?« fragte ich die zierliche, ausgezehrte Frau.

Sie schwitzte, ihre Augen waren mit Tränen gefüllt. Das Sprechen kostete sie unfassbare Mühe.

»Ich habe Angst«, sagte sie.

Sie hätte es gar nicht sagen müssen, es war überdeutlich. Man sah es in ihrem Gesicht, ihren Augen, und es spiegelte sich in den Parametern wider. Was sollte ich ihr denn bloß sagen? »Alles wird gut«? Das erschien mir ziemlich unpassend in diesem Moment. Ich stand an dem Bett, und ich wusste nicht weiter. Ich wusste nicht, was ich sagen, nicht, was ich tun sollte. In meinem Magen lag ein Stein. So unmittelbar war ich noch nie mit der grenzenlosen Angst eines sterbenden Menschen konfrontiert worden. Ich war eine zwanzigjährige Berufsanfängerin, emotional überforderte mich die ganze Situation. Schließlich nahm ich ihre Hand und sagte: »Ich passe gut auf Sie auf. Sie sind nicht allein.« So stand ich da, etwa zehn Minuten, hielt ihre Hand und tat sonst eigentlich nichts. Und dennoch geschah etwas: Ihre Vitalparameter normalisierte sich langsam, sie schlief ein.«

Ich habe das nie vergessen. Die unendliche Traurigkeit dieser Geschichte. Es machte mich fertig. Und trotzdem auch stark. Weil ich einen Weg gefunden hatte, vermutlich das Einzige, was in dieser Situation möglich war. Es war nur ein Satz, es waren nur ein paar Minuten persönlicher Zuwendung. Aber für den Moment war es alles, was ich tun konnte. Ich habe mir diesen einfachen Satz, der nicht wertend und auch nicht prognostizierend ist, bewahrt. Und ich sage ihn, in Varianten, wann immer es notwendig erscheint. Auch zu Angehörigen, auch sie brauchen solche Sätze.

Auch Angehörige brauchen uns

Angehörige von Patienten in kritischen Situationen sind verzweifelt. Natürlich sind sie das. Liegt ein Mensch auf der Intensivstation, dann geht es um viel. Jeder weiß das, und spätestens beim Betreten der Station ist das auch überall sichtbar, spürbar. Obwohl hier zumeist tief sedierte und beatmete Menschen liegen, ist es eigentlich nie still.

Perfusoren, Infusiomaten, über die in fester Dosierung Medikamente verabreicht werden, Beatmungsgeräte, Ernährungspumpen und Magensonden, ein Monitor, um EKG, arteriellen Blutdruck, Sauerstoffsättigung und die Temperatur abzubilden, sorgen für einen ständigen Geräuschpegel. Zu diesen Dingen kommen oft noch Drainagen, über die unter anderem Wundsekret abläuft. Im Gegensatz zu normalen Krankenzimmern sind Intensivplätze hoch technisiert. Für Außenstehende scheint es manchmal schier unmöglich, die einzelnen Geräte voneinander unterscheiden und einordnen zu können. Es wirkt surreal und befremdlich.

Wie könnten Menschen, die diese ganz eigene Welt nicht kennen, bei einem solchen Anblick nicht verängstigt sein? Und dann die Patienten selbst, beatmet, stumm, der nackte Oberkörper meist nur mit einem Laken abgedeckt. Nicht weil wir uns um die Privatsphäre der Menschen nicht scheren, sondern weil wir immer an den gesamten Körper herankommen können müssen, im Notfall eben auch blitzschnell. Während der Corona-Pandemie haben manche Menschen im Fernsehen das erste Mal Patienten in Intensivbetten gesehen, und der Anblick war sicher für die meisten von ihnen erschreckend.

Angehörigen auf Intensiv geht es eigentlich immer so: Sie fühlen sich hilflos, sie haben Angst. Tagsüber können sie da sein, können mit ihren Liebsten sprechen, können ihre Hand halten, ein wenig die Kontrolle behalten, oder zumindest das Gefühl davon. Aber der schlimmste Moment kommt für alle, wenn die Besuchszeit endet und sie sich verabschieden müssen. Den geliebten Menschen zurücklassen, die vermeintliche Kontrolle abgeben, die Ungewissheit aushalten und nach Hause gehen. Den anderen dort lassen, nicht wissen, was mit ihm geschieht. Das ist ein unglaublich schwerer Moment für viele.

Und auch ihnen hilft ein einfacher Satz oft schon sehr: »Gehen Sie beruhigt nach Hause. Wir passen gut auf Ihren Angehörigen auf.« Ich weiß – auch aus eigener Erfahrung –, was diese beruhigenden Worte bewirken, wie sehr man sie als Angehöriger braucht.

Und leider weiß ich auch, wie schlimm es ist, wenn wir Angehörigen das nicht bieten können, wenn wir ihnen diese Worte ruhigen Gewissens nicht sagen können. Weil wir wissen, dass wir unser Wort nicht halten können. Weil die Umstände es nicht zulassen. So ein Unfall, eine schwere Krankheit, das ist schon grausam genug. Wenn zu all dem Schrecken und Leid noch die Nöte eines desolaten Gesundheitssystems dazukommen, wenn die Menschen auch das noch aushalten und ausbaden müssen, dann wird es schnell unerträglich.

Dabei sollte man sich doch eigentlich in einer solch schwierigen Situation jemandem anvertrauen können, den Menschen, die den Verstand, die Hingabe, die Zeit, die Professionalität dazu haben. Man sollte sich auf sie verlassen können. Man sollte das von seinem Krankenhaus, von seinen Ärzten, seinen Pflegern, den Diagnostikern erwarten können: Sachverstand, Verlässlichkeit, Linderung. Man sollte einen Kranken nicht einem System überlassen müssen, das selbst krank ist. Das schon mit sich selbst nicht fertigwird. Weil so ein System zusätzlich verletzen kann, weil es dem schon erlittenen Leid noch weiteres hinzufügen kann.

Während der meisten Dienste, die wir innerhalb dieses Systems leisten, schaffen wir es, die Menschen, die uns anvertraut werden, am Leben zu erhalten. Für alles, was darüber hinausgeht, reicht es oft nicht. Manchmal nicht einmal für die Wahrung der Würde. Weil es immer mehr Dienste gibt, die so ablaufen:

Ich komme zur Spätschicht, habe zwei Patienten, beide sind beatmet. Einer davon ist ein chirurgischer Fall: ein älterer Herr mit Kolektomie. Das heißt, ihm wurde ein Teil des Dickdarms operativ entfernt. Außerdem hatte er diverse Vorerkrankungen. Menschen in diesem Zustand nach einer solchen schwerwiegenden OP müssen bei uns engmaschig überwacht werden.

Fall Nummer zwei ist eine ältere Dame, ebenfalls beatmet, ebenfalls schwer grunderkrankt, ebenfalls sehr aufwendig. Zwei Patienten auf der Intensivstation pro Pflegekraft sind Maximum, mehr soll man eigentlich gleichzeitig nicht betreuen, weil man mehr kaum schafft. Am Nachmittag kam dann aber – wie so oft – eine weitere Patientin dazu: eine ältere Frau nach unfallchirurgischer Behandlung. Ein paar Tage zuvor war sie gestürzt, ihr Schenkelhalsknochen brach, der traurige Klassiker. Sie war an diesem Tag operiert und mit einem künstlichen Gelenk versorgt worden. Menschen in so einem Zustand gibt man oft eine Nacht auf die Intensivstation, weil Komplikationen bei ihnen nicht selten sind. Schlaganfall, Embolien, Kreislaufversagen – es gibt eine Reihe von Problemen, die sich einstellen können und denen wir bei uns auf der Intensivstation noch am besten und schnellsten begegnen können. Die Überwachung findet in einem sogenannten IMC-Bett statt, direkt neben dem mit meinem

Patienten Nummer eins. IMC steht für Intermediate Care, das ist eine Zwischenstufe zwischen Intensiv- und Normalstation, ein Platz, der mit Kontrollmonitoren für die Vitalwerte ausgestattet ist, aber nicht mit einem Beatmungsgerät.

Die Aufnahme eines neuen Patienten ist eine zeitaufwendige Prozedur. Man muss den Platz vorbereiten, verkabeln, versorgen, verabreichen, alles dokumentieren. In Summe ist man mit einer Aufnahme auf der Intensivstation sehr lange beschäftigt. In dieser Zeit kann ich oft nicht nach den anderen Patienten schauen. Wenn sie es schaffen, dann decken das die Kollegen ab. So wuseln wir uns durch.

Als meine dritte und neue Patientin schließlich aufgenommen und versorgt ist, mache ich meine Runde bei meinen anderen Patienten. Bei dem Herrn mit der Kolektomie fällt mir auf, dass aus einer der Drainagen ein Sekret austritt, das da nicht austreten sollte. Solche Dinge zu erkennen und einzuschätzen gehört zu unserem Beruf. Wir müssen Pathologien, also krankhafte Veränderungen, auf einen Blick erkennen können. Welche Farbe hat die Flüssigkeit, welche Konsistenz, wie viel ist es und vor allem: Was könnte das bedeuten? In diesem Fall etwa wäre Blut oder Wundsekret in der Drainage in Ordnung und ganz normal gewesen, aber womit der Behälter sich ganz offensichtlich füllt, ist Stuhl – was eine akute und bedrohliche Situation bedeutet.

Unser Stationsarzt verständigt den Chirurgen, aber bis der eintrifft, verschlechtert sich der Zustand des Patienten zusehends. Er wird septisch, sein Kreislauf bricht zusammen. Er braucht akut meine volle Aufmerksamkeit und Zuwendung, aber die anderen brauchen sie gleichzeitig auch. Die Patientin, die postoperativ zur Überwachung da ist, wird langsam wach. Das ist erwünscht und erfreulich, aber man muss das auch ganz ehrlich so sagen: Von dem Moment an machen Patienten mehr Arbeit. Denn nach dem Aufwachen melden sie sich, sie müssen auf die Toilette, haben Hunger, haben Durst, verspüren Schmerzen, möchten sich bewegen. Und so ist es auch in diesem Fall.

Die Patientin klingelt, fragt nach etwas zu trinken. Ich reiche ihr etwas, warte ihre ersten, vorsichtigen Schlucke ab, während es dem Mann nebenan immer schlechter geht. Endlich kommt der Chirurg und ordnet das zu Erwartende an: Der Patient muss schnellstmöglich wieder in den OP. Nun kann man mit einem Intensivpatienten nicht einfach losrennen, er muss erst transportabel gemacht werden. Dafür muss man ihn an ein mobiles Beatmungsgerät anschließen, manche der Zugänge ab- und wieder dranmachen. Währenddessen klingelt die wache Patientin erneut. Ich renne zu ihr, sie sagt, dass sie auf die Toilette muss, ich antworte: »Ich komme gleich.« Denn in dem Moment gibt es einen Alarm bei dem Herrn, der in den OP soll. Sein Kreislauf bricht weiter ein, ich drücke den Alarm weg, ziehe einen Perfusor mit einem stabilisierenden Medikament auf, ich muss ihn weiter für den Transport fertig machen. Nebenan höre ich die Frau nochmals rufen, antworte ihr nochmals, dass ich gleich komme. Aber am Ende – so ist es leider – vergesse ich es.

Irgendwann später fällt es mir dann siedend heiß wieder ein: »O nein, die Patientin von IMC musste ja auf die Toilette!« Ich renne zu der Frau und finde sie unendlich beschämt vor. Sie hat ins Bett gemacht. Es ist ihr furchtbar peinlich. Dabei ist es doch meine Schuld! Sie hat sich ja gemeldet – und dann sind einfach 20 Minuten vergangen.

An diesem Tag ist niemand gestorben, es ist noch nicht einmal jemand ernsthaft zu Schaden gekommen, weil ich zu viel gleichzeitig zu tun hatte. Es hat einfach nur eine Frau ins Bett gemacht, mehr war es nicht – und doch so viel. Es war jedenfalls genug, dass ich mich wirklich schlecht und schuldig fühle. Es war genug, dass ich nicht aufhören kann zu denken: »O Mann, was bist du nur für eine Krankenschwester!« Es ist genug, dass ich einfach nicht vergessen kann, wie peinlich es der Dame war, wie sie sich entschuldigte, wie sie gerufen hat und ich einfach nicht kam.

Auch das passiert in Überlastungssituationen. Nicht immer geht es um Leben oder Tod, manchmal geht es eben einfach nur darum, dass jemand sein großes Geschäft ins Bett machen muss, weil er es nicht so lange halten kann, bis einer kommt und ihm beim Aufstehen hilft oder eine Bettpfanne reicht, weil er nach einer schweren OP allein nichts ausrichten kann. Oder dass ein Patient Durst hat, quälenden Durst, oder Schmerzen – und sich nicht selbst helfen kann. Und dann liegt er da. Am Leben: ja. Aber auch gedemütigt, im Stich gelassen, vergessen, ignoriert. Und auch das ist schlimm. Auch das darf nicht passieren.

Schon allein deswegen sollte man nie mehr als zwei Patienten auf einer Intensivstation zu betreuen haben. Zwei schafft man in der Regel gut, dann wird man meistens auch noch mit einem Notfall fertig, der dazwischenkommt, oder kann den Kollegen unter die Arme greifen, wenn sie gerade überlastet sind. Bei drei Patienten rennt man von einem zum anderen und schafft bei jedem gerade das Notwendigste. Drei sind einer zu viel.

Diese Zahlen gelten für die Intensivstation. Ich weiß, dass es Zahlen sind, bei denen sich Kolleginnen von den peripheren Stationen an den Kopf fassen. Peripher – so bezeichnen wir die Stationen jenseits der Intensiv. Also die »normalen« Stationen, wie etwa die Chirurgie, Innere, Orthopädie, Neurologie, Urologie und Gynäkologie. Dort gelten ganz andere Zahlen. Völlig andere. Statt 1:2 eher 1:12, im schlimmsten Falle 1:20 und noch mehr. Ich habe nach meiner Ausbildung selbst nicht mehr auf einer Normalstation gearbeitet, aber ich bekomme sehr viele Nachrichten von Kolleginnen, die dort arbeiten. Und viele dieser Nachrichten klingen dramatisch.

Hallo Franzi,

ich bin seit einem halben Jahr ausgelernt und arbeite auf einer orthopädischen Station mit 29 Betten. Die Orthopädie galt ja früher eher als eine »leichte« Station, aber mittlerweile ist es auch hier schon lange sehr stressig. Als ich angefangen habe, hatte ich insgesamt einen Tag zur Einarbeitung. Meinen ersten Nachtdienst durfte ich mit einer Auszubildenden bestreiten. (Das bedeutet, dass ich nicht nur für mich und meine Patienten verantwortlich bin – nein, sondern auch für eine Auszubildende, die ich quasi selbst gestern erst war ...). Nun ja.

Seit Anfang des Jahres machen wir häufig aus Dreibett-Zimmern Vierbett-Zimmer, aus Zweibett- Dreibett-, und auch in einem Einbett-Zimmer stellen wir mindestens noch einen Patienten dazu. Das bedeutet: Aus maximal 29

Bettenplätzen zaubern wir eine 40-Betten-Station. Für das Pflegepersonal bedeutet das:
- Frühdienst ca. 13 Patienten – bei 3 Examinierten und 2 Hilfskräften/Azubi
- Spätdienst ca. 18 Patienten – bei 2 Examinierten und 1 Azubi
- Nachtdienst allein mit 40 Patienten, wenn es schlecht läuft.

Die Endoprothetik-Patienten übernehmen wir mit durchgebluteten Verbänden und Kreislaufinstabilitäten auf Normalstation – sogar im Nachtdienst. Die Patienten müssen sechs Stunden lang jede Stunde überwacht werden. Alles zusätzlich. Nicht mit mehr Personal. Die Überfüllung des Krankenhauses entsteht durch die Herz-Kreislauf-Patienten. Kardiologische Patienten, die wir auf der Orthopädie mitversorgen. Viele Kollegen haben keinen Plan, was bei den Untersuchungen und Interventionen postoperativ danebengehen kann. Die Patienten müssen fünf Stunden lang postoperativ stündlich überwacht werden. Alles zusätzlich. Nicht mit mehr Personal.

Ich habe so Bock auf diesen Beruf. Ich liebe das, was ich tue. Das alles ist mehr als mein Beruf. Aber mindestens an drei von fünf Tagen gehe ich unzufrieden nach Hause. Manchmal bin ich sogar froh, dass zum Dienstende alle meine Patienten am Leben sind. Ich bin blutjunge 20 Jahre – ich sehe mich motiviert, und ja, ich sehe mich kompetent. Wie lange soll man dieser Belastung standhalten? Wie lange bitte?

Ria

Liebe Franzi,

ich arbeite seit vier Jahren in einem kleinen Krankenhaus in einer Großstadt mit sieben Stationen, einer interdisziplinären Intensivstation und einer Aufnahmestation für elektive Patienten. Ich arbeite auf der Unfallchirurgie, die 36 Betten zählt. Wir sind als Endoprothetik-Zentrum zertifiziert, das bedeutet, viele unserer Operationen sind Schulter- und Hüftendoprothesen. Diese Patienten benötigen besonders viel Pflege, da sie extrem schmerzgeplagt und in ihren Aktivitäten eingeschränkt sind. An Wochentagen wird der OP voll befahren, das bedeutet zwischen sechs und acht OPs täglich – wenn Belegärzte operieren, können es aber auch zehn OPs sein. Wir sind in allen Diensten stets so dünn besetzt, dass die benötigte Überwachung der Patienten überhaupt nicht möglich ist. Morgens versorgt jeder neun Patienten, im Spätdienst 18 und im Nachtdienst 36 – ohne einen Springer im Haus zu haben.

Darüber hinaus übernehmen wir das Ein- und Ausschleusen der Patienten aus dem OP selbst, gleiches gilt für Transportwege innerhalb des Hauses.

Lange Rede, dieser Sinn: Wir haben uns in Deutschland pflegetechnisch so abgeschafft – wir springen ständig ein, laufen auf 150 Prozent, was niemand lange aushält. Müssen über unsere Urlaube diskutieren, bei Krankheitstagen Rechenschaft ablegen, haben keine Zeit für unsere Patienten, geschweige denn für unseren Nachwuchs und das, wofür er ausgebildet werden sollte: nach Standards, mit Empathie und Wertschätzung zu pflegen; Qualität zu sichern und menschlich zu sein. Das haben wir in unserer Klinik über die letzten Jahre verloren.

Anonym

Die peripheren Stationen machen den größten Bereich in der Krankenhauslandschaft aus, hier wird der Großteil der Patienten in Deutschland versorgt. Hier leisten die Kolleginnen enorme Arbeit, rennen noch mehr, sehen noch mehr Patienten, haben noch mehr mit den Bedürfnissen von wachen Menschen zu tun als wir auf der Intensivstation. Manchmal wird das gegeneinander ausgespielt. Dann blickt man auf uns auf der Intensivstation und denkt: Die sind doch göttlich besetzt. Aber am Ende, wenn man genau hinschaut, empfinden alle das Gleiche: den Frust, nicht zu genügen, nicht hinterherzukommen, nicht zu wissen, wohin man als Erstes springen soll. Wir arbeiten auf unterschiedlichen Stationen, behandeln unterschiedliche Krankheitsbilder, aber verlassen das Krankenhaus am Ende einer Schicht doch so oft alle mit dem gleichen Gefühl: niemandem gerecht werden zu können, nicht dem Patienten und nicht einmal uns selbst.

Manche verlassen das Krankenhaus für immer. »Pflexit« sagt man jetzt dazu. Das ist ein neues Wort für ein altes Phänomen: für den Exit aus der Pflege, den Ausstieg aus den unhaltbaren Zuständen. In einer Umfrage, die der Deutsche Berufsverband für Pflegeberufe (DBfK) 2018 unter 2373 Pflegenden durchgeführt hat, haben 35,2 Prozent angegeben, mehrmals im Jahr daran zu denken, ihren Pflegeberuf aufzugeben und eine andere Tätigkeit zu beginnen.[16] Andere haben es längst getan, die Zahl der Menschen mit einer abgeschlossenen Ausbildung in der Pflege, die inzwischen einem anderen Beruf nachgehen, wird auf Zehntausende geschätzt.

Und wer nicht völlig rausmöchte, der versucht zumindest, die Überlast selbst zu reduzieren, indem er in die Teilzeit flüchtet. Mehr als die Hälfte (57 Prozent) der Beschäftigten in der Kranken- und Altenpflege arbeiten in Teilzeit.[17] Ich selbst kenne viele Kollegen, die am Ende lieber noch etwas weniger Geld haben, aber dafür etwas mehr normales Leben. Ein paar Tage mehr frei zwischen dem Wechsel von Früh auf Spät, wieder zurück und dann in den Nachtdienst. Weil man ansonsten bald verheizt ist. Weil ein normaler Dienstplan einer Vollzeitkraft in vielen Häusern noch immer so aussieht: zehn Tage am Stück arbeiten, ein paar davon sind Spätdienste, ein paar sind Frühdienste, zum Abschluss dann noch zwei Nächte, dann ein paar Tage frei. Schaukeldienste nennt man das; oft ein Kraftakt, ein Rauf und Runter des Biorhythmus. Viele, die so arbeiten, spüren schon nach ein paar Jahren, dass man das nicht ohne Weiteres 40 weitere Jahre durchhält. Mir fiel vor allem der Wechsel von Spät auf Früh oft schwer. Im Spätdienst kommt man erst nach 21 Uhr aus der Klinik. Dann bin ich oft noch sehr aufgedreht vom Stationsbetrieb, komme nicht so leicht zur Ruhe und kann auch nicht früh einschlafen. Trotzdem muss ich am nächsten Tag um 4:40 Uhr aufstehen. Das schlaucht.

Ich bin sicher, man könnte Dienstpläne auch anders gestalten, biorhythmusfreundlicher, mit mehr Kontinuität, Zwischendiensten, Diensten, die sich vor allem für Mütter besser mit der Kinderbetreuung vereinbaren lassen. Manche

Häuser machen das bereits, tüfteln an neuen Modellen, rütteln an den verkrusteten Strukturen, an dem »So haben wir das schon immer gemacht«. Andere halten starr daran fest. Und solange das so ist, suchen die Pflegekräfte weiter nach Schlupflöchern. Und ein besonders begehrtes stellt hier die Zeitarbeit dar. Sie boomt nicht umsonst in dieser Branche wie in kaum einem anderen Bereich.

Denn in diesem Modell kann man Ansprüche stellen: Man kann zum Beispiel angeben, nur Spätdienste zu machen, keine Wochenenden und keine Nächte. Und weil die Kliniken dermaßen auf Personal der Zeitarbeitsfirmen angewiesen sind, müssen sie auf diese Wünsche Rücksicht nehmen. Und sie müssen außerdem richtig viel Geld dafür bezahlen. Zeitarbeitskräfte verdienen zum Teil erheblich mehr als die angestellten Kollegen. Und wäre ich Krankenhausmanager, würde ich wohl weinen. Denn irgendwie scheint die Strategie, Kosten durch Personalabbau zu sparen, nicht besonders sinnvoll gewesen zu sein, wenn man nun – weil der Betrieb ansonsten nicht aufrechterhalten werden kann – das Personal sehr viel teurer wieder einkaufen muss. Mein Mitleid mit denen, die sich das so ausgedacht haben, hält sich da allerdings in Grenzen.

Den Kollegen, die diesen Weg wählen, kann man im Grunde nichts vorwerfen, letztlich machen sie es richtig. Statt die strukturellen Probleme mit Konsequenzen für die eigene Substanz auszubaden, schauen sie nach den besten Bedingungen für sich: Wo verdient man am besten, wo hat man die flexibelsten Dienste? Beim Stammpersonal sorgen diese Kollegen trotzdem regelmäßig für Unmut. Denn die fest angestellten Pflegekräfte verdienen nicht nur weniger, dazu noch unter schlechteren Bedingungen, sondern müssen darüber hinaus auch noch einiges mehr leisten. Bestimmte stationsspezifische Kernaufgaben bleiben an ihnen hängen, einfach weil sie die Abläufe besser kennen: ans Telefon gehen, Verlegungen und Diagnostikfahrten organisieren, Material bestellen. Die Einarbeitung in solche Interna lohnt sich kaum bei jemandem, der nur ein paar Wochen da ist.

Nicht jeder kann diesen Weg über eine Zeitarbeitsfirma gehen. Man sollte ungebunden dafür sein, weil man mal ein paar Wochen hier, ein paar Wochen dort ist, herumzieht, manchmal durch ganz Deutschland. Das kann natürlich nicht jeder. Ich zum Beispiel könnte es allein wegen meiner Familie nicht. Aber ich wollte es auch nicht. Weil ich etwas sehr schätze, was ich dann nicht mehr hätte: ein Team. Mir persönlich ist das überaus wichtig. Dieses Gemeinschaftsgefühl, entstanden dadurch, dass man sich gut kennt und aufeinander verlassen kann. Wenn in einem Team gute Stimmung herrscht, dann motiviert das unheimlich, mit den richtigen Leuten stemmt man auch den stressigsten Dienst. Weil man sich kennt, sich blind auf die Kompetenz des anderen verlassen kann, sich gegenseitig unterstützt. Der Boom der Zeitarbeit sprengt diese Gefüge. Ich finde das furchtbar schade, und ich weiß, dass ich damit nicht allein dastehe.

Mehr Beruf, weniger Berufung wagen

Warum macht man das Ganze überhaupt noch? Warum liebt man diesen Beruf weiter und steht zu ihm, egal, was ist. Aus einem Gefühl der Berufung heraus? Für die Dankbarkeit der

Patienten? Jeder hat da wohl einen anderen Grund, seine ganz eigene Motivation. Meine ist: weil dieser Beruf verdammt viel Spaß macht, mich herausfordert, mir Sternstunden beschert, Wachstum – persönlich und kognitiv. Es tut gut, wenn man einen Patienten lächeln sieht, wenn er Danke sagt oder sonst ein nettes Wort. Das freut mich, aber es nicht der ausschließliche Grund, warum ich all das tue, weshalb ich diesen Beruf ausübe. Ich bin gerne für andere da, aber ich opfere mich nicht auf. Ich bin gerne sozial und für andere verantwortlich, aber ich bin kein Samariter. Ich habe einen Beruf, aber keine Berufung. Ich weiß, dass man das gerade in den Pflegeberufen andersherum öfter hört. Und ich weiß, dass manche Kollegen das so sehen und dass sie es so leben. Aber manchmal wird uns diese Haltung zum Verhängnis. Es ist eine Haltung, die uns klein macht, die Forderungen untergräbt. Forderungen nach besseren Bedingungen, nach mehr Gehalt, nach mehr Wertschätzung. Es ist eine Haltung, die nicht nur den Patienten zugutekommt, sondern auch Krankenhausmanagern in die Hände spielt, die natürlich lieber Arbeitnehmer haben, die aus Nächstenliebe arbeiten statt für Geld. Es ist eine Haltung, die den Blick darauf versperrt, was unser Beruf auch ist. Nämlich nicht nur sozial und fürsorglich, sondern vor allem auch: anspruchsvoll, kognitiv fordernd, persönlich fördernd. Dass man nicht nur fleißige Hände braucht und ein großes fühlendes Herz, sondern verdammt noch mal genauso einen flinken, denkenden Kopf. Dass man präzise sein muss, medizinisch gebildet, kompetent, verlässlich. Dass man zur Hochform auflaufen kann im Team, mit den Ärzten, dass man dann Menschenleben retten kann, Komplikationen abwenden, wesentlich zur Heilung beitragen kann.

Wir reden so viel über Pflege bei unserem Beruf, dass der andere, der wesentliche Teil daran manchmal übersehen wird, und das ist die Medizin. Wir arbeiten viel intensiver am Patienten als ein Arzt, öfter, näher, länger. Und wenn wir gut sind, dann können wir Zustände, Verläufe, Diagnosen, Prognosen schon nach kurzem Augenschein erkennen. Und wir können entsprechend handeln. Es ist schön und erfüllend, wenn uns jemand dankbar ist, aber es ist auch wahnsinnig erfüllend, sich selbst als kompetent zu erleben. So geht es mir zumindest. Und ich wette, vielen anderen Kolleginnen auch. Die richtigen Handgriffe sicher auszuführen, die richtigen Schlüsse aus ein paar Parametern zu ziehen, genau richtig zu reagieren – auch das können wir, auch das gehört zu diesem Beruf. Dieser Teil davon kann unheimlich viel Spaß bringen, wenn man das in diesem Zusammenhang so sagen darf. Diese kniffligen Rätsel und Wendungen in Krankheitsverläufen zu durchblicken, sie zu parieren. Ich mache das unheimlich gerne, mich fordert das heraus, mich erfüllt das. Also worum geht es da genau?

Das klinische Auge – eine ganz spezielle Fähigkeit

Man kann Erkrankungen und Veränderungen in den klinischen Verläufen sehen, man kann sie hören, und man kann sie sogar riechen. Auch wir Schwestern können das. Im besten Fall bilden wir dafür eine Eigenschaft aus, die beinahe ein wenig magisch ist und die einen wesentlichen und wirklich wichtigen Anteil an der täglichen Arbeit ausmacht. Wir nennen diese Kompetenz das klinische Auge. Es meint die

Fähigkeit, den Zustand eines Patienten durch Augenschein zu erkennen und zu beurteilen. Das ist nichts, das einem jemand beibringen kann, es ist etwas, das sich allmählich entwickelt, durch das Zusammenspiel aus Theorie und Praxis, durch sehr viel Erfahrung und Wissen. Man lernt Anatomie, Physiologie und Krankheitslehre in der Krankenpflegeschule, und in der Realität, im Stationsalltag, mit jedem Patienten, mit jeder Erfahrung, jedem Krankheitsbild, das man mit eigenen Augen sieht, wird daraus allmählich eine Fähigkeit, eine Beobachtungsgabe. Etwas, das automatisch anspringt, wenn man ein Patientenzimmer betritt, am Bett steht, den Menschen darin anschaut.

Man beurteilt die Hautfarbe, hört auf den Atem, achtet auf Gerüche. Patienten mit Lebererkrankungen zum Beispiel haben einen speziellen scharfen Geruch. Einmal wahrgenommen, wird er einem nie wieder entgehen. Für unterzuckerte Patienten gilt das Gleiche, ihr Atem riecht nach Aceton, alkoholisch, vergoren, manchmal reicht es, einen Hauch davon im Krankenzimmer wahrzunehmen, und man weiß Bescheid und überprüft es entsprechend. Man muss bei fahler, grauer Haut daran denken, dass etwas mit den Nieren nicht in Ordnung sein könnte. Bei Gallenproblemen ist sie eher gelblich, die Augen sind trüb.

Manche Erkrankungen kann man an der Statur erkennen: Patienten mit der chronischen Lungenkrankheit COPD haben oft einen sogenannten Fassthorax. Nach Jahren angestrengten Atmens hat ihr Oberkörper eine kastenförmige Gestalt angenommen. Man kann am Atemmuster viel erkennen, an der Atemfrequenz, wie sich der Thorax hebt und senkt und wie oft. Sitzt jemand aufrecht, ringt nach Luft, die

Herzfrequenz steigt, die Sauerstoffsättigung sinkt, muss man von einer respiratorischen Insuffizienz ausgehen, das ist eine schwere Störung der Atmung, eine Art Lungenkollaps, bei der der Sauerstoffaustausch nicht mehr richtig funktioniert.

Die runden Fingerkuppen eines alten Mannes sind eventuell nicht einfach altersbedingte Verformungen, sondern sogenannte Trommelschlägelfinger und damit deutliche Hinweise auf einen langen Sauerstoffmangel im Gewebe, verursacht durch eine Herzerkrankung. Das sieht man einmal und vergisst es danach nicht mehr. Und dann achtet man anders auf diesen Patienten, darauf, welche Medikamente er bekommt, wie er behandelt wird, ob sich das vereinbaren lässt mit dieser Vorerkrankung.

Man kann sehen, ob ein Patient genug trinkt, denn wenn er es nicht tut, bleibt eine Falte stehen, wenn man die Haut zwischen den Fingern anhebt. Im umgekehrten Fall ist die Haut teigig, hat Ödeme, was darauf hinweist, dass der Patient Wasser einlagert. Auch Schweiß ist ein Hinweis: Schwitzen bei gleichzeitig kalter Haut deutet auf einen Schockzustand hin. Bei einer Urämie, einer Harnvergiftung, riecht der Schweiß nach Urin.

Und überhaupt, Körperflüssigkeiten: Wir machen die übrigens nicht nur weg, wir beurteilen sie auch. Sie sind eine wertvolle Quelle für die Einschätzung des klinischen Bildes, für den Zustand des Patienten. Ist der Urin bierbraun oder orangefarben? Dann hat der Patient zu wenig Flüssigkeit aufgenommen. Es kann aber eben auch sein, dass er Bilirubin ausscheidet und etwas mit Leber und Galle nicht stimmt. Wir achten auf Farbe, Menge, Geruch. Das ist nicht eklig, das ist essenziell. Wir achten auf Blut im Stuhl. Ist es schwarz, kommt es von weit oben im Magen-Darm-Trakt, frisches Blut deutet auf ein Geschehen im unteren Bereich. Sobald man davon etwas sieht, muss man es mitteilen, weil dringend weitere Schritte zur Abklärung notwendig sind.

Ich muss wissen: Wie sieht Lymphe aus, wie sieht Galle aus, wie sieht Wundsekret aus, und darf es aus dieser Drainage überhaupt rauskommen? Denn in manchen Drainagen – je nach Lage – darf Blut sein, in anderen nicht. Ist es frisch, ist es alt? Menge, Konzentration? In manchen darf sich Galle zeigen, aber nicht zu viel. Man muss das einschätzen können und gleichzeitig auch die Fähigkeit haben, das Gesehene zu kombinieren und einen Schluss daraus zu ziehen.

Krankenbeobachtung ist der eine entscheidende Teil dieser Kompetenz, der andere ist die Herleitung der richtigen Schlüsse. Der Patient mit dem Rasseln in der Lunge, hat er bloß zu viel Sekret in den Atemwegen, oder ist das ein Stridor, also eine gefährliche Blockade? Was braucht er jetzt? Cortison intravenös oder ein Dosieraerosol? Was ist der nächste Schritt, und kann ich den selbstständig schon in die Wege leiten? Dazu müssen wir Pflegekräfte auch in Pharmakologie topfit sein, Hunderte Medikamente voneinander unterscheiden können, ihre Wechselwirkungen mit anderen Medikamenten und Kontraindikationen bei bestimmten Krankheitsbildern kennen.

Ja, das ist viel Verantwortung. Aber die übernimmt man nicht vom ersten Tag an, da wächst man rein und wird langsam immer sicherer. Darin bekommt man Routine und kann irgendwann große Erfolge einfahren. Weil man damit direkt hilft, eine Krankheit in den Griff zu bekommen, weil man damit Prävention betreibt. Weil man damit sekundär Leben rettet. Leben retten ist nicht immer die ganz große, dramatische Geste mit Beatmung und Herzdruckmassage. Leben rettet man auch, indem man rechtzeitig kleine Hinweise entdeckt, bevor sich starke und gefährliche Symptome entwickeln.

Ich fühle mich gefordert in meinem Beruf. Maximal. Kognitiv, intellektuell, zwischenmenschlich. Und das ist es, was ich daran so mag. Ich muss Leistung erbringen, mich engagieren, und sehe, wenn das Früchte trägt. Weil ich richtig beobachte, kombiniere und die nötigen Schritte in die Wege leite. Wenn ich Anatomie und Physiologie und klinisches Erscheinungsbild meines Patienten kombinieren kann und in der Lage bin, eine Diagnose abzuleiten, dann erfüllt mich das. Wir sind so nah am Patienten. Wir halten da nicht nur Händchen oder schütteln das Kissen auf. Freundlichkeit und Empathie sind natürlich wichtig, aber eine gute Auffassungsgabe, ein geschulter diagnostischer Blick, präzises Arbeiten retten im Zweifel Leben. Wir sollten beides können.

Alles Beschriebene ist übrigens keine Kompetenz, die ausschließlich für Intensivpersonal gilt. Wir alle haben sie, auf jeder Station. Auf den normalen, den peripheren Stationen muss sich das Personal sogar noch mehr auf die eigenen Sinne und die Urteilskraft verlassen können. Denn anders als wir auf Intensiv, haben die Kollegen dort nicht ständig einen Arzt im Rücken, in den Nachtdiensten sind sie oft völlig auf sich gestellt. Ganz ehrlich: Dafür braucht man schon Mut, ach was – dafür braucht man Eier! Weil die Pflegekräfte anhand dessen, wie sich ein Patient klinisch präsentiert, Entscheidungen treffen müssen. Warum bekommt Patient X keine

Gerinnungshemmer, obwohl das bei seinem Krankheitsbild Standard ist? Hat der Arzt die Anordnung vergessen, oder hat es einen Grund? Rufe ich ihn jetzt deswegen an? Ist die Schwellung am Unterschenkel von Patient Y normal, oder ist es das Kompartmentsyndrom, bei dem gerade das Gewebe gefährlich komprimiert und irreparabel geschädigt wird?

Da haben wir es auf der Intensivstation einfacher, wir können direkt nachfragen, weil ein Arzt immer in der Nähe ist. Auf einer Normalstation muss man erst jemanden anpiepen, jemanden, der unter Umständen nicht begeistert davon ist, weil er selbst in den meisten Fällen schon mehr als genug zu tun hat. Aber grundsätzlich sollte man sich schon trauen. Grundsätzlich sollte man ein Team sein, in dem alle für das gleiche Ziel kämpfen. Und ich beobachte, dass Ärzte und Pfleger das glücklicherweise auch meistens sind: ein Team, Kollegen, gleichberechtigt und auf Augenhöhe.

Die Zeiten der devoten Ordensschwester, die dem Professor den Tee im Tässchen mit Goldrand serviert, sind Gott sei Dank vorbei. In den Kliniken ist jetzt eine neue Generation von Ärzten unterwegs, und selbst viele ältere tragen kaum noch das verstaubte, elitäre Gedankengut in sich, das an solch einem Ort nichts zu suchen hat. Dennoch gibt es immer wieder Reibungspunkte, es gibt Kommunikationsprobleme, und noch immer drehen sich Konflikte auch um das Abstecken der jeweiligen Tätigkeitsbereiche.

Da werden wir Schwestern und Pfleger schon mal übergangen in der Kommunikation, da räumt ein Arzt mal verwendetes Verbandsmaterial nicht weg, weil er denkt, dass wir das eigentlich für ihn tun könnten, oder zieht schon mal sein Ding durch ohne Rücksicht darauf, ob das jetzt gerade für uns in den Ablauf passt. Ja, das kommt vor. Aber dann wird das auch deutlich angesprochen. Ein solches Gespräch muss heutzutage keiner mehr fürchten. Wenn es Konflikte zwischen Ärzten und Schwestern gibt, dann sollten es normale Teamprobleme sein und nicht welche zwischen Hierarchien. Wir sollten uns gegenseitig schätzen und das, was wir aneinander haben. Und wie gesagt ist es meiner Meinung nach glücklicherweise in der Regel auch so. Wir selbst stehen uns gegenseitig immer seltener im Wege, die Umstände hingegen tun es öfter.

Das Problem, das wirklich große Problem ist: Wenn wir zu wenige sind, wenn wir alle so dermaßen belastet sind, dann sind wir nicht mehr aufmerksam, dann fehlt die Zeit zu beobachten, wahrzunehmen, zu reagieren. Und dann passiert das Schlimmstmögliche überhaupt: Es passieren Fehler. Fehler sind vielleicht das, wovor ein jeder von uns die größte Angst hat. Einfach weil wir um die Zerbrechlichkeit des menschlichen Lebens wissen. Weil wir wissen: ein falsches Medikament, eine falsche Dosierung, sich nur einmal kurz am Verordnungsblatt verlesen, eine Maschine um eine Ziffer falsch eingestellt, die falsche Infusion angehängt – und wir haben möglicherweise ein Menschenleben ruiniert. Die Angst davor, dass wir einen Fehler machen könnten, sitzt uns jeden Tag im Nacken, begleitet uns bei jedem Handgriff und schärft unsere Sinne. Und natürlich passieren Fehler trotzdem.

An meinen ersten Fehler erinnere ich mich noch ganz genau, ich erinnere mich an jedes Detail. Und deswegen auch daran, dass es im Jahr 2012 war, bei einer Patientin mit schwerer Sepsis, also einer lebensbedrohlichen Infektion des gesamten Organismus. In der Folge versagten ihre Nieren, weshalb sie eine Hämofiltration, eine Art temporäre Dialyse, benötigte. Bei diesem Verfahren übernimmt eine Maschine die lebensnotwendige Filterfunktion der Nieren. Wir führen dieses Verfahren bei uns auf Station durch.

Der Dienst, in dem ich sie übernahm, war sehr hektisch, Kollegen waren krank, ich hatte insgesamt drei Patienten. Nach dem Standard, der damals bei uns für die Versorgung von Dialysepatienten herrschte, lief immer eine Spritze Heparin mit an der Maschine für das Nierenersatzverfahren. Ich hatte eine Heparinspritze mit 5000 Einheiten aufgezogen und bereitgelegt. Damals verabreichten wir immer entweder eine Dosierung von 5000 Einheiten oder 25.000 Einheiten. Ich hatte vergessen zu überprüfen, ob ich wirklich die richtige Dosierung bereitgestellt hatte, die auch schon zuvor lief. Dann wurde der Dienst immer hektischer, ich bin hin und her gerannt, von einem Patienten zum anderen, einer hatte nachgeblutet und musste erneut in den OP. Zwischendrin piepste der Perfusor bei der Dialyse-Patientin, weil er alle war. Da bin ich reingerannt und habe meine vorbereitete Spritze gewechselt.

Schließlich war mein Dienst zu Ende, und als ich am nächsten Tag in der Klinik erschien, erfuhr ich bei der Übergabe, dass die Patientin mit der Dialyse in der Nacht eine schwere Hirnblutung erlitten hatte und daraufhin apallisch war, also schwerste und irreversible neurologische Schäden erlitten hatte. Ihr Kopf sei voller Blut gewesen, da sei nicht mehr viel zu machen. Ich fühlte eine heiße Welle aus meinem Bauch aufsteigen, in meinem Kopf hämmerte es: »Verflucht noch mal, du hast das Heparin falsch aufgezogen, 25.000 Einheiten gegeben statt 5000!« Zu viel Heparin, und das Blut verdünnt derart, dass man eine Hirnblutung bekommen kann. Ich habe gedacht, ich sterbe, es war furchtbar, vernichtend. Ich kam mit der Situation überhaupt nicht klar.

Es dauerte etwas, aber letztendlich stellte sich heraus, dass ich doch die richtige Dosis aufgezogen hatte. Das Heparin lief die ganze Zeit auf 5000 Einheiten und in der richtigen Laufrate. Am Ende war klar, dass nicht die Blutverdünnung schuld an der schwerwiegenden Komplikation gewesen ist. Bei der Patientin war ein unentdecktes Aneurysma geplatzt, das ist eine krankhafte Veränderung eines Gefäßes. Unter Umständen kann es platzen und schwere Hirnschäden verursachen.

Ich war entlastet, aber der Schock war heilsam. Natürlich wusste ich auch schon vorher, dass man jeden Schritt noch mal kontrollieren muss. Aber ich habe es nicht getan, wollte eilig mit dem Patienten in den OP und nebenher zügig den piepsenden Perfusor abstellen.

So etwas ist mir seitdem nie wieder passiert. Ich schaue schon beinahe zwanghaft und penibel, ob auch immer alles stimmt, was ich mache, jeder Handgriff, jedes verabreichte Medikament, jede Einstellung an den medizinischen Geräten. Eine Garantie ist das dennoch nicht. Eine Garantie gibt es für Kühlschränke und Waschmaschinen. Aber wo Menschen arbeiten, da passieren Fehler. Auch wenn sie nicht passieren sollten. Und ich glaube, dass Stress, Hektik, Überlastung dazu beitragen, dass mehr Fehler passieren. Was sich auch in Studien spiegelt, die belegen, dass überlastetes Personal gefährliches Personal ist. Weil man in Hetze schneller etwas übersieht, ist doch klar. Nicht bemerkt, was aus der Drainage wirklich rauskommt, welcher Wert auf der Blutgasanalyse erscheint, ob man die richtige Infusion anhängt, die richtige Pille in den Dosierspender füllt.

Hallo Franzi,

ich bin auf einer onkologischen Station in einer Uniklinik tätig, wir haben 30 Betten. Offene Stellen können aufgrund von Fachpersonalmangel nicht besetzt werden. Überlastungsanzeigen* wurden täglich geschrieben. Gespräche mit Pflegedirektion wurden geführt – die sieht es jedoch nicht so eng. Im Spätdienst werden wir jetzt nur noch zu zweit geplant. Nun werden bei uns Zeitarbeitskräfte und ausländisches Pflegepersonal eingesetzt. Jedoch ist unsere Station viel zu komplex, um mit ein bis zwei Wochen Einarbeitung zurechtzukommen.

Das Fazit: Die Verabreichungen von Chemotherapien, welche komplett vom Pflegepersonal übernommen werden, laufen aufgrund von Stress des Öfteren schief. Nebenwirkungen werden dadurch verstärkt. Aufgrund von Stress wurden Perfusoren vertauscht, was schwerwiegenden Folgen für einen Patienten hatte.

Die neue ausländische Mitarbeiterin mit fehlenden Sprachkenntnissen hat nicht verstanden, was ein Notfall-

---

* Eine Überlastungsanzeige bietet die Möglichkeit, zum Beispiel auf eine personelle Unterbesetzung aufmerksam zu machen und die Situation zu dokumentieren, um sich im Rahmen etwaiger Haftungsansprüche entlasten zu können.

wagen mit Absauggerät ist, und hat für das Holen mehrere Minuten gebraucht – die Patientin ist in der Zeit leider erstickt.

Ich wollte nach dem Examen auf eine Onkologie mit dem Gedanken, dass ich dort Zeit für schwer kranke Patienten habe. Jetzt habe ich nicht einmal Zeit für sterbende Patienten.

Das Endergebnis: Fünf von 18 Kollegen verlassen die Station bzw. haben komplett gekündigt.

Eine davon bin ich.

Wie gesagt: Unter Stress und Zeitmangel passieren Fehler. Und wenn man außerdem stundenlang woanders beschäftigt ist, bleibt der Fehler zusätzlich eventuell über Stunden unbemerkt. Manchmal sind wir bei bestimmten Verläufen sehr lange eingebunden, es gibt dann so viel zu tun, dass wir uns stundenlang nur bei einem Patienten aufhalten. Und während wir dort sind, passiert in einem anderen Zimmer vielleicht gerade ein Drama – und wir haben davon nicht einmal eine Ahnung.

Eine finstere Nacht

So habe ich es einmal erlebt. Während einer Nachtschicht. Nachtschichten sind ohnehin besondere Dienste. Bevor ich meine Kinder bekam und deshalb aufhörte, nachts zu arbeiten, habe ich diese Dienste geliebt. Meistens jedenfalls, eben dann, wenn sie zu bewältigen waren. Denn das ist vielleicht der größte Irrglaube: dass es im Krankenhaus nachts ruhig zugeht. Ich kann gar nicht mehr zählen, wie oft ich in meinem Leben schon zu hören bekommen habe: »Nachts ist es sicher schön entspannt, nachts schlafen sie ja alle.«

Nun, das tun sie nicht. Was wegfällt in der Nacht, ist das Tagesgeschäft: keine Visite, keine Besucher, keine Untersuchungen – keine geplanten jedenfalls. Notfall-Diagnostik oder Not-Operationen gibt es dann aber eben doch noch oft genug. Dadurch ist es in der Tat insgesamt weniger geschäftig, und es herrscht eine besondere Atmosphäre, ganz anders als am Tag. Nur ruhiger ist es meistens nicht. Die Menschen haben trotzdem Schmerzen, sie können nicht schlafen, demente Patienten sind häufig sehr unruhig. Man merkt oft deutlich, dass Verwirrtheit und Desorientierung in der Nacht bei diesen Patienten zunehmen, sie rufen manchmal im Minutentakt, versuchen aus dem Bett zu steigen. Die Bettlägerigen müssen weiter nach Plan gelagert, versorgt, überwacht werden. Auch Neuzugänge kommen, ohne mindestens eine Neuaufnahme vergeht kaum mal eine Nacht. Bei Patienten im kritischen Zustand habe ich das Gefühl, dass sie sich nachts häufig noch mehr verschlechtern. Meinem Gefühl und meiner Erinnerung nach sterben mehr Menschen nachts, wenn ein wenig Ruhe einkehrt.

Aber letztendlich ist keine Nacht wie die andere. Es gibt einige wenige Nächte, da ist es tatsächlich ruhig. Und dann gibt es Nächte, die sind ein langer, nicht enden wollender Albtraum. Nicht enden wollend manchmal allein von der Stundenzahl her. Ein Nachtdienst dauert in der Regel zehn

Stunden. Es ist dunkel, manchmal beinahe ein wenig gespenstisch. Man hört die Alarme, manchmal das Rufen von jemandem, die Geräusche der Beatmungsmaschinen. Aber oft genug nimmt man das alles gar nicht wahr. Weil man um 20:30 Uhr zum Dienst erscheint und dann bis 6:30 Uhr fast ohne Unterbrechung durcharbeitet.

Zwischen zwei und drei Uhr in der Nacht kommt oft die Müdigkeit, ein schreckliches Tief, das man niederkämpfen muss. Die Konzentration leidet, und das ist eine echte Herausforderung, weil man die Konzentration dringend braucht, auch in der Nacht, besonders wenn sich ein Notfall ereignet, eine Reanimation notwendig wird, dann muss das Hirn einfach funktionieren. Nach der dritten, vierten Nacht hat der Körper sich meistens umgestellt, und alles läuft, als hätte man nie anders gearbeitet. Ein paar Tage später dann aber das komplette Programm wieder andersherum. Das ist schon anstrengend, wie ein ständiger Jetlag, das geht an die Substanz. Vor allem, wenn man anschließend nur ein paar Tage freihat. Drei Tage bis zum nächsten Früh- oder Nachtdienst sind bei Vollzeitstellen keine Seltenheit.

Auf der Intensivstation sind wir nachts zu fünft, selten auch schon mal zu sechst. Wir haben immer einen Arzt vor Ort, und ich habe den tiefsten Respekt vor den Kollegen auf den peripheren Stationen, wo es ganz anders läuft. Wo es wirklich oft sehr dramatisch ist, denn auf sehr vielen Stationen, in vielen Pflege- und Altenheimen, sind die Kollegen ganz allein. Zuständig für 30, oft sogar noch mehr Patienten. Und auch die schlafen nicht alle. Sie klingeln, rufen, brauchen Hilfe, Medikamente, Trost oder einfach nur Zuwendung. Und für all das ist man allein zuständig. Bettlägerige drehen, die

Inkontinenzvorlagen wechseln, manchmal sehr schwere Patienten, das ist eine irrsinnig anstrengende Arbeit, vor allem, wenn es viele Patienten sind. Und im Grunde ist es ein Unding, eigentlich müssten auf solchen Stationen immer mindestens zwei Pflegerinnen anwesend sein.

Anfang 2020 hat die Berliner Feuerwehr die Auswertung einer Untersuchung veröffentlicht, die sie durchgeführt hat, weil sich bestimmte Einsätze dramatisch häuften. Immer öfter wurden die Rettungskräfte zu Einsätzen in stationären Pflegeeinrichtungen angefordert. Insgesamt wurde die Berliner Feuerwehr ihren Angaben zufolge 15.675-mal zwischen September 2018 und August 2019 zu solchen Einsätzen gerufen. Das sind im Durchschnitt 43 Einsätze pro Tag im Pflegeheim. Es brannte übrigens nicht. »Der Klassiker ist: Wir werden gerufen, weil der Patient aus dem Bett gefallen ist. Er hat keine Beschwerden, er schafft es nur aus eigener Kraft nicht, wieder aufzustehen, im Dienst ist nur eine Pflegekraft. Die schafft es alleine nicht, einen älteren Menschen mit 100 Kilogramm zurück ins Bett zu heben«, hatte der Notfallsanitäter Eric Menzlow die Zahlen erläutert.[18]

Ein anderes Szenario ist, dass die Pflegekräfte schlicht überfordert sind, weil sie einfach zu viele Bewohner haben, um die sie sich gleichzeitig kümmern müssen. »Dann kommen an einem Tag drei Neuzugänge, aber sie hat noch 20 andere zu betreuen. Da muss sie denjenigen, dem es am schlechtesten geht, über die Feuerwehr ins Krankenhaus abschieben«, so Menzlow.[19]

Pflegekräfte, die in ihrer Verzweiflung die Notfallnummer 112 rufen, weil sie sich nicht mehr anders zu helfen wissen, weil sie allein sind. Wo sind wir eigentlich? Wieso lassen wir solche Zustände zu? Oder solche, wie sie diese Kollegin schildert:

Hallo Franzi,

ich beschreibe meinen Dienst auf einer kardiologischen Normalstation, insgesamt 32 Betten, davon zwölf Telemetrieplätze, an denen die Herzfunktion der Patienten in Echtzeit drahtlos per Funk auf einen zentralen Monitor übertragen wird. Um 21:20 Uhr komme ich zum Nachtdienst, ich bin sehr müde, es ist mein fünfter Nachtdienst, das Schlafen tagsüber fällt mir zunehmend schwer. Normalerweise startet jetzt die Übergabe vom Spätdienst, doch dieser ist noch mit der Abendversorgung der Patienten beschäftigt, eine Kollegin nimmt gerade eine Neuaufnahme aus der Zentralen Notaufnahme auf, ein schwer pflegebedürftiger Patient, der von der Trage in ein Bett umgelagert werden muss. Ich eile ihr zu Hilfe, mit einem Rollbrett lagern wir den alten Mann um, er ist sehr schwer. Der Patient schreit dabei vor Schmerzen. Immer noch sind eine weitere Kollegin und die Auszubildende im letzten Zimmer zur Abendversorgung beschäftigt. Es klingelt in drei Zimmern, ich bediene den Patientenruf.

Um 21:50 Uhr startet die Übergabe, es gab heute viele Neuaufnahmen, Patienten, die ich noch nicht kenne. Die Station ist mit 26 Patienten belegt, acht Patienten liegen an der Telemetrie. Sieben Patienten müssen gelagert werden, vier Patienten sind stark dement, einer mit

Weglauftendenz. Der Spätdienst macht Feierabend, ich bin nun alleine verantwortlich.

Um 22:30 Uhr beginne ich meinen ersten Nachtdurchgang, es werden Kurzinfusionen angehängt, Patienten gelagert, letzte Blutzuckermessungen durchgeführt. Ich gehe zuerst zu dem neu aufgenommenen Patienten, gebe ihm Schmerzmittel, weil ich den Eindruck habe, dass ihm etwas wehtut. Herr B. stöhnt, adäquat äußern kann er sich nicht. Ich kontrolliere die Sauerstoffeinstellung und ob noch Anordnungen auszuführen sind.

Herr M. hat hohen Blutdruck und Herzrasen, das hat er öfter. Er erhält seine Bedarfsmedikation und wird gebeten, sich zu melden, wenn es ihm nicht in 20 Minuten besser geht. Ich gehe ins nächste Zimmer. Frau L. ist dement, hat sich ihre Inkontinenzhose ausgezogen und liegt entkleidet im Bett. Das Bettzeug liegt vor dem Bett, sie hat eingekotet. Ich rufe den Springer per Telefon zu Hilfe, der für alle Stationen nachts eine Unterstützung sein soll. Bis die Kollegin kommt, kümmere ich mich um Frau V., sie möchte etwas trinken, kann den Becher nicht alleine halten. Bis die Kollegin da ist, gehe ich weiter meinen Durchgang. Um 23:15 Uhr klingelt Herr M. erneut, sein Herzrasen sei nicht besser, er habe Druck im Brustbereich. Ich rufe die Ärztin, bereite eine Blutentnahme vor, nehme eine Blutgasanalyse ab und schreibe ein EKG. Die Ärztin kommt zügig, nimmt Blut ab. Die Kollegin vom Springerdienst ist endlich da und bringt das Blut ins Labor, die eingekotete Patientin muss warten. Das EKG von Herrn M. ist nicht eindeutig, er soll an die Telemetrieüberwachung angeschlossen werden. Herr M. erhält Medikamente von der Ärztin, er gibt Besserung an. Laborwerte müssen abgewartet werden.

Um 23:40 Uhr kümmere ich mich mit der Kollegin, die bereits vier weitere Anrufe von anderen Stationen erhalten hat, um Frau L. Das Bett muss bezogen werden, eine Teilwäsche durchgeführt werden. Frau L. wird frisch angezogen und gelagert, sie hat Angst und schreit um Hilfe. Die Kollegin muss schnell weiter. Ich schaue erneut zu Herrn M., die Anzeige der Telemetrie ist ruhig, er schläft, vermutlich durch die Medikamente. Die Blutwerte zeigen im Moment keinen Verdacht auf einen Infarkt oder eine Embolie, für 04:00 Uhr ist eine Kontrolle der Blutwerte angeordnet.

00:00 Uhr: Ich muss noch in sechs Zimmer, drei Blutzuckerabnahmen und Insulingaben sind noch zu machen, einige Patienten müssen gelagert werden. Das geht schnell, keine Auffälligkeiten. Eine Telemetrie alarmiert, die von Frau A. zeigt eine Tachykardie, ich gehe zu ihr, Frau A. schläft, die Herzfrequenz ist wieder normal.

00:40 Uhr. Mein erster Nachtdurchgang ist beendet, theoretisch müsste ich um 01:00 Uhr den nächsten beginnen. Ich räume die Station auf, das, was vom Spätdienst nicht geschafft wurde. Ich desinfiziere meinen Pflegewagen und dokumentiere die wichtigsten Ereignisse der letzten zwei Stunden. Ich bin müde und hole mir Kaffee. Nun lege ich die Patientenakte des neu aufgenommenen Herrn B. an. Er hat viele Vorerkrankungen, die Ausarbeitung der Anordnungen dauert entsprechend lange.

Um 01:30 Uhr beginne ich mit dem Vorbereiten der Medikamente für den nächsten Tag. Ich muss für 26 Patienten Tabletten stellen, Infusionen vorbereiten, Kurzinfusionen richten. Heute ist Donnerstag, ich darf die Apothekenbestellung nicht vergessen. Während ich Tabletten stelle, klingelt es oft. Toilettengänge, Telemetriealarm, Schmerzen, Trinken ... sind einige Bedürfnisse der Patienten. Herr S. ist dement und läuft immer wieder orientierungslos über den Stationsflur, er möchte »los«. Medikamente, die er wegen seiner Demenz zur Nacht erhält, zeigen keine Wirkung. Ich begleite ihn sehr oft zurück ins Zimmer.

03:00 Uhr. Ich bin immer noch nicht fertig mit den Medikamenten, ich mache einen Durchgang durch alle Zimmer und überzeuge mich, dass alle Patienten noch am Leben sind. Herr M. wird wach, es geht ihm besser. Die Telemetrie zeigt keine Auffälligkeiten. Die demente Patientin vom Abend schläft, ich lagere sie nicht, ich möchte nicht, dass sie wach wird. Herr B. müsste unbedingt gelagert werden, er ist sehr schwer, ich brauche dazu die Kollegin und rufe sie an. Es dauere etwas, sagt sie.

04:00 Uhr. Die Ärztin kommt, will Blut abnehmen bei Herrn M., die Kollegin kommt zum Lagern von Herrn B. Das ist sehr schwer, Herr B. hat Parkinson und ist sehr steif.

04:15 Uhr. Ich stelle die letzten Tabletten. Frau L. schreit um Hilfe, ich gehe zu ihr, diesmal hat sie sich nur ausgezogen, nicht eingekotet. Ist ziehe sie wieder an und gebe ihr Trinken, welches sie mit der Hand abwehrt.

04:30 Uhr. Endlich bin ich fertig mit den Tabletten usw. Ich muss noch dokumentieren, Apotheke bestellen, die ersten Infusionen für morgens fertig machen. Ich bin müde und hole mir wieder Kaffee, Durst habe ich auch. Ich hatte noch keine Pause. Es alarmiert die Telemetrie von Herrn M., zeigt Herzrhythmusstörungen. Ich laufe zu ihm, Herr

M. klagt erneut über Druck in der Brust und Luftnot. Das Labor ruft an, der Troponinwert sei normal. Der Blutdruck ist hoch, Herr M. erhält Nitrospray aus der Bedarfsmedikation. Er wirkt blass und ängstlich. Er erhält auf Anordnung etwas Sauerstoff. Es geht ihm ein wenig besser, ich muss aber jetzt weiter. Ich verspreche, die Tür zu seinem Zimmer offen zu lassen und in Hörweite zu sein. Er »gefällt« mir nicht ...

05:00 Uhr. Ich dokumentiere noch, schreibe ein paar Kurvenblätter neu, nur die, die dringend sind, weitere schaffe ich nicht. Ich mache noch schnell die Apothekenbestellung.

05:40 Uhr. Ich gehe noch schnell einmal durch alle Zimmer, überzeuge mich, dass alle noch leben. Herr M. ist wach, aber ruhig, der Blutdruck ist etwas gesunken. Einige Patienten wachen auf, möchten zum WC. Herr S. sitzt auf gepackter Tasche und nur mit Inkontinenzhose bekleidet in seinem Zimmer und wartet auf den Bus. Ich ziehe ihm einen Bademantel über und sage, dass der Bus in 30 Minuten da ist. Herr S. lächelt. Herr B. scheidet kaum Urin aus über seinen Blasenkatheter, das muss ich unbedingt noch aufschreiben. Frau L. schläft nun endlich. Die Infusionen für den ersten Durchgang vom Frühdienst stelle ich raus, fertig machen schaffe ich nicht mehr.

06:00 Uhr. Der Frühdienst ist da. Ich muss mich erst mal setzen und etwas trinken. Ich hatte keine Pause. Ich habe Hunger und bin müde. Ich beginne mit der Übergabe. Die Übergabe wird durch etliche Klingeln unterbrochen. Um 06:20 Uhr habe ich Feierabend, bin aber erst um 06:30 Uhr mit der Übergabe fertig. Ich bin unglaublich erschöpft.

Im Vergleich dazu geht es uns auf der Intensivstation nachts wirklich gut, trotzdem kann es unendlich stressig werden, wenn man für zwei und mehr sehr aufwendige Patienten zuständig ist. Und in einer solchen Situation, erlebte ich einen Nachtdienst, den ich nie vergessen konnte.

Einer meiner Patienten war ein Isolationspatient. Bevor die Ausnahmesituation durch das Coronavirus Deutschland erreicht hatte, bevor es Situationen wie die gab, dass man seine Schutzmaske waschen, einteilen oder mehrfach verwenden musste, waren die Standards bei der Versorgung in den Krankenhäusern sehr streng. Die Versorgung von Infektionspatienten, die isoliert werden müssen, machte das besonders aufwendig, aber für uns Pflegende und Ärzte wurde der Umgang mit ihnen dadurch sicherer. Außer Influenza betraf das vor allem Patienten, die sich mit dem sogenannten multiresistenten MRSA-Keim angesteckt haben, dessen Verbreitung vor allem im Krankenhaus unbedingt vermieden werden muss.

In einem meiner Nachtdienste vor einigen Jahren hatte ich so einen Patienten. Er lag in einem Isolationszimmer, das wir nur betreten dürfen, wenn wir vorher Haube, Kittel, Mundschutz und Handschuhe anziehen. Man darf in so ein Zimmer nichts mit hineinnehmen, was hinterher wieder mit heraussoll. Medikamente und Utensilien sind deshalb vor dem Zimmer platziert. Drinnen gibt es Stift und Papier, man notiert die gemessenen Werte und hängt sie an die Scheibe, sodass man sie von außen ablesen kann.

Die Prozeduren mit isolierten Patienten sind sehr umständlich und zeitintensiv. Man muss bereits vor dem Betreten des Zimmers an jede Kleinigkeit denken. Falls man nämlich erst drin merkt, dass man etwas vergessen hat, muss man rausrufen und hoffen, dass ein Kollege gerade Zeit hat, es reinzureichen, weil man mit der kontaminierten Schutzkleidung das Zimmer nicht verlassen darf. Ansonsten muss man die ganze Prozedur noch einmal komplett wiederholen. Die Tür zum Isolationszimmer muss natürlich immer geschlossen sein, dennoch muss man die ganze Zeit aufmerksam sein und auf die Alarme aus den anderen Zimmern und der zentralen Überwachung achten.

Mein Isolationspatient zeigte in dieser Nacht erhöhte Infekt-Parameter in den Laborwerten, und in den Drainagen waren Flüssigkeiten zu sehen, die da nicht hingehören. Deshalb wurde entschieden, noch am späten Abend ein CT bei ihm zu machen. Der Patient musste also in die Diagnostikabteilung gebracht werden. Natürlich ist auch der Transport eines infektiösen und beatmeten Patienten sehr aufwendig: Zunächst muss man ihn an eine mobile Einheit anschließen. Die verfügt über eine transportable Beatmungsmaschine, Monitor und Perfusoren, sodass man die lebensnotwendigen Medikamente, Beatmung und Überwachung auch unterwegs gewährleisten kann. So fahren wir sedierte, beatmete Patienten in OP, MRT, CT. Wenn der Patient auf die Untersuchungsliege gelegt wird, muss man alle Kabel und Schläuche verlängern, denn die Perfusoren, der Sauerstoff, das muss alles mit da rein, das ist lebensnotwendig, aber es verursacht eben auch einen logistisch und zeitlich sehr hohen Aufwand. Anschließend muss die komplette mobile Einheit gründlich desinfiziert werden.

Mein zweiter Patient in dieser Nacht war ein älterer Herr mit Demenz. Er hatte starke Fluchttendenzen. Das kommt bei dementen Patienten sehr oft vor. Sie wissen nicht, wo sie sind, was mit ihnen geschieht, aber funktionieren nach einem starken, menschlichen Impuls, der in gefährlich erscheinenden Situationen greift: Sie wollen ihnen entkommen. Sie versuchen, aus dem Bett zu klettern, was lebensgefährlich ist, weil sie dabei stürzen können. Sie sind desorientiert, schlagen um sich, haben starken Bewegungsdrang. Dabei versuchen sie sehr oft auch, sich die Zu- und Ableitungen zu ziehen, was ebenfalls ernsthaft gefährlich und sehr schmerzhaft ist. So war das auch bei diesem Herrn. Wir mussten besonders um seinen arteriellen Zugang bangen, den er versuchte, sich herauszureißen. Solche Zugänge sind zum einen sehr schwer zu legen, zum anderen kann jemand verbluten, wenn man das Herausziehen nicht schnell genug bemerkt.

Der Arzt ordnete eine Fixierung an, was damals noch ohne gerichtliche Genehmigung möglich war. Dazu wurden die Hände an den Handgelenken mit speziellen Stoffgurten am Bettgitter festgemacht. Ich weiß, dass sich das für Außenstehende sicher befremdlich anhören muss. Aber es diente dem Eigenschutz des Patienten, der sich ansonsten erhebliche Verletzungen zuziehen könnte. Allerdings minderte es die Ängste des Patienten natürlich nicht im Geringsten. Der Mann schrie nun beinahe im Minutentakt: »Ich will hier raus!«, »Ich will hier weg!« Es war schrecklich. Und damit meine ich: für beide Seiten. Eine derart individuelle Zuwendung, mit der sich der Mann eventuell beruhigt hätte, kann in der Nacht zwischen weiteren Schwerkranken niemand leisten. Aber auch eine medikamentöse Beruhigung ist schwierig. Bei pulmonal erkrankten Menschen, also Patienten, die ohnehin Schwierigkeiten mit der Atmung haben, muss man mit Sedativa sehr aufpassen, sonst verflacht die Atmung noch weiter, und die Ruhigstellung schadet am Ende mehr, als sie nützt.

Der Patient war also weiter sehr unruhig. Ständig hingen seine Beine aus dem Bett. Wenn jemand mit einer so starken körperlichen Unruhe ins Bett kotet, bedeutet das, dass Patient und Bett innerhalb kurzer Zeit von oben bis unten verschmiert sind, weil durch die Bewegung alles verteilt wird. Allein nur das wieder in Ordnung zu bringen bedeutet einen enormen Aufwand. In dieser Nacht passierte es gleich mehrere Male.

Ich hatte also mit den zwei Patienten schon irrsinnig viel zu tun, da wurde noch ein Suizidversuch angekündigt: junger Mann nach Tablettenintoxikation. Zwei Stunden später war er da. Meine Kollegin und ich hatten den Transport des infektiösen Patienten hinter uns gebracht, hatten die mobile Transporteinheit gereinigt, den Patienten wieder zurück in sein Bett umgebettet.

In dieser Zeit hatte der demente Patient laufend gerufen und erneut eingestuhlt, dabei wieder alles überall verteilt. Und ich bin ganz ehrlich: Es ist nicht einfach, ruhig zu bleiben, selbst wenn einem bewusst ist, dass man es mit einem verwirrten, hilflosen, kranken Mann zu tun hat, dem es nicht gut geht. Jedenfalls nicht, wenn man schon eine Stunde damit verbracht hat, ihn sauber zu machen, Zugänge neu zu legen, und man es nun kurz darauf schon wieder tun muss.

Irgendwann dazwischen kam der Notarzt mit dem jungen Mann nach Selbstmordversuch. Er hatte außerdem einen Abschiedsbrief dabei, den der Junge für seine Eltern geschrieben hatte. Wir haben ihn aufgenommen. Er war bereits beatmet, sein Zustand war stabil und deshalb auch – wie wir, ohne etwas Böses zu meinen, sagen – unkompliziert. Denn medizinisch und pflegerisch musste dieser Patient in dem Moment bloß überwacht werden. Vorher natürlich noch die Aufnahme. Das bedeutet etwa 20 Minuten PC-Arbeit, Parameter kontrollieren, Medikamente anhängen, den Respirator einstellen, lagern, dann war er versorgt. Danach habe ich den Vater reingeholt. Er war allein; soweit ich mich erinnere, lebte die Mutter weiter entfernt. Der Vater saß neben dem Bett, den Abschiedsbrief in den Händen, und ich musste eilig weiter, um den alten Mann zu versorgen, der nach wie vor brüllte.

Wir müssen ja priorisieren, das müssen wir ständig: Wer benötigt gerade die wenigste Hilfe und Zuwendung? Bei wem ist es am dringendsten? So gesehen war der Junge unauffällig, da war gerade kein Handlungsbedarf.

Bei dem infektiösen Patienten, der im CT gewesen war, stellte sich heraus, dass er eine Anastomoseninsuffizienz hat. Das ist eine leider sehr häufig auftretende postoperative Komplikation, bei der eine Naht nicht hält. Wenn es zum Beispiel den Darm betrifft, bedeutet das dann, dass der Darminhalt in den Bauchraum austritt und sehr rasch eine Sepsis auslösen kann. So jemand muss dringend in den OP und erneut versorgt werden. So auch dieser Patient. Also begann alles von vorn: die transportable Intensiveinheit Transroll anbauen, Heparin aus, Zu- und Ableitungen umbauen und den Patienten in den OP bringen. Da ich direkt danach wieder den älteren dementen Herren versorgte, sind sicher mindestens vier Stunden vergangen, in denen ich nicht in dem Zimmer mit dem jungen Mann war. Minimum alle vier Stunden müssen wir einmal bei einem Patienten im Zimmer sein. Wir nennen es »die große Runde machen«. Bei der großen Runde wird gelagert, das heißt, dass man die Position des Patienten ändern muss. Denn durch die Sedierung sind die Patienten bewegungsunfähig. Liegt jemand zu lange reglos auf einer Stelle, können sich schnell Druckstellen bilden, auch Dekubitus genannt; die Haut wird dann nicht mehr ausreichend durchblutet und stirbt ab, ein offenes Geschwür entsteht. Das muss unbedingt vermieden werden, weil es weitere schwere Komplikationen nach sich ziehen würde.

Als ich also nach etwa vier Stunden, in denen ich sehr intensiv mit meinen anderen Patienten beschäftigt gewesen war, in dem Zimmer des jungen Patienten mit dem Suizidversuch ankam, saß der Vater dort noch immer auf seinem Stuhl neben dem Bett seines Sohnes. Und er hat geweint, geweint, geweint. Herzzerreißend, verzweifelt, völlig aufgelöst nur geweint. Es war morgens, 04:30 Uhr, und plötzlich fiel mir ein, dass ich noch kein einziges Wort mit dem Mann gesprochen hatte. Kein einziges! Da saß ein Mann, ein Vater, dessen junger Sohn versucht hatte, sich das Leben zu nehmen, der nicht bei Bewusstsein war. Da saß ein Vater mit einem Abschiedsbrief in der Hand, vollkommen zusammengebrochen, die Hölle im Kopf und im Herzen, und ich hatte bis dahin nicht ein persönliches Wort an ihn gerichtet. Ich hatte damals selbst noch keine Kinder, aber wenn ich heute an die Situation zurückdenke, zieht es mir immer noch das Herz zusammen; was dieser Mann durchgemacht hat, das ist so schlimm.

Ich habe ihm dann einen Kaffee angeboten, was anderes fiel mir in dem Moment nicht ein. Es war eine kleine hilflose Geste. Aber niemand kann sich vorstellen, wie dankbar er darüber war. Über einen Kaffee. Über eine solche Kleinigkeit. Natürlich war es die Zuwendung, minimaler Beistand, ein kurzes, kleines Zeichen, dass er nicht alleine ist. Ich habe mich bei ihm entschuldigt, dass ich nicht schon vorher dazu kam, ein Wort mit ihm zu wechseln. Ich stand eine Viertelstunde mit ihm beisammen, dann kam von draußen wieder das Gebrüll, und der Vater hatte auch noch Verständnis. Er bedankte sich von Herzen für den Kaffee und ließ mich weiterziehen.

Für so etwas schäme ich mich im Nachhinein manchmal in Grund und Boden – obwohl ich weiß, dass es anders in dieser Nacht kaum gegangen wäre. Aber es bleibt so ein Gefühl der Unzulänglichkeit, ein schreckliches Unbehagen darüber, dass diese Klinikwelt so tickt: dass man einstufen und priorisieren muss, wen man am längsten ignorieren kann. Medizinisch hatte der Fall keine Priorität, medizinisch und pflegerisch war alles so richtig. Aber es gibt eben auch Fälle, in denen eine solche Emotionalität steckt, dass sie eigentlich auch Priorität haben müssten. Denn meine Priorität ist das durchaus auch. Ich wäre gerne da, wenn man mich braucht – und sei es auch nur zur seelischen Unterstützung. Ich sehe das als Teil meines Berufes, meiner Aufgabe. Und ich finde, in dieser Nacht bin ich ihr nicht gerecht geworden.

Diese Nacht war ein Albtraum, der einfach nicht enden wollte. Irgendwann musste der Patient aus dem OP geholt werden, der demente Patient ein weiteres Mal von Kopf bis Fuß gesäubert werden. Ich konnte auch später in der Nacht nicht viel mehr für den Vater des Jungen tun.

Als ich an diesem Morgen die Klinik verließ, wurde es draußen gerade hell. Mir steckte die Nacht in den Knochen und die Geschichte mit dem Jungen und seinem Vater im Herzen. Nach solchen Nächten zweifle ich an allem. An mir, an dem System, in dem ich stecke, an den Regeln, denen es folgt, an den Bedingungen, die herrschen. Nach solchen Nächten frage ich mich: Warum nur soll ich da abends überhaupt wieder hingehen?

Wenn nichts mehr bleibt, außer sich zu beklagen

Ist das jetzt Jammern? Jammere ich gerade? Jammern ist etwas, das man meiner Branche ständig vorwirft. Jammern, Klagen, Stöhnen – und nichts passiert. Wenn man eines ständig unter Kollegen hört, dann das: Alle beklagen die Situation, und dann beklagen alle, dass sich nichts daran ändert. Manchmal können wir uns selbst nicht mehr hören. Warum ist das so? Und warum findet das kein Ende? Ich habe so viel darüber nachgedacht. Und ich glaube, wir sind nicht einfach nur Heulsusen. Es ist eher so, dass uns manchmal nichts anderes bleibt. Das Jammern ist häufig das einzige Ventil in der ganzen Misere. Wir stecken seit Jahren, beinahe Jahrzehnten in dieser Lage, wir sehen, wie alles wegbricht, wir alarmieren, schreiben offene Briefe, prangern an, warnen, zuletzt immer deutlicher. Und es passiert: nichts. Wir sind gebunden, wir haben keinen Handlungsspielraum, das ist das Problem.

Erst in der Corona-Krise war es plötzlich anders. Als unmittelbar wahrgenommen wurde, dass das Problem jeden treffen kann. Plötzlich waren wir präsent. Plötzlich waren die Medien voll von Nachrichten über Krankenhäuser kurz vor der Kapazitätsgrenze, Pfleger und Ärzte am Limit. Jahrelang wollte das kaum jemand hören, jetzt war es auf einmal Thema. Ob sich langfristig dadurch etwas ändert, wird sich erst zeigen müssen. Ich hoffe es, aber ich bin auch skeptisch. Das sind die meisten durch die vorangegangenen jahrelangen Erfahrungen. Weil es vielleicht doch wieder so wird, wie es immer war. Ein kurzes Aufmerksamkeitsfenster, ein paar Schulterklopfer, und schon verschwindet alles wieder unter dem Radar. Und uns bleiben die geringen Möglichkeiten, die wir haben.

Man kann sich bei ver.di organisieren. Es wird hier und da demonstriert, es gibt Tarifverhandlungen, Aktionen wie »Pflege am Boden«, etliche kleine Aktionen, wo man ein paar Menschen erreichen und auf das Thema stoßen kann. Aber einen wirklichen Durchbruch hat bis jetzt noch nichts davon gebracht. Am nächsten Tag steht man doch wieder um 4:30 Uhr auf und kurz darauf überfordert am Patientenbett, und nichts hat sich geändert. Höchstens vielleicht, dass der Frust noch ein wenig größer ist, sich noch mehr aufstaut.

Und dann jammert man halt, dann klagt man gemeinsam. Was bleibt einem denn sonst? Sollen wir so, wie die Gewerkschaft der Flugbegleiter UFO den gesamten Flugverkehr lahmlegt, den Krankenhausbetrieb stilllegen? Warum ist das eigentlich noch nie passiert?, wird man oft gefragt. Warum machen wir nicht von unserem Leistungsverweigerungsrecht Gebrauch? Die Antwort ist: weil wir das nicht können. Weil das bei den meisten von uns eklatant gegen das verstößt, was in unserer Absicht liegt. Wenn jemand eine Reise nicht antreten kann, irgendwo festhängt für ein paar Stunden, dann ist das ärgerlich, aber es bringt ihn nicht um. Einen Kranken unversorgt lassen kann dessen Leben in Gefahr bringen. Wir wissen das alle, jeder von uns. Und wir könnten das nicht zulassen. Ich behaupte mal, vermutlich der größte Teil der Menschen, die es in die Pflege, in die Medizin zieht, hat auch ein ausgeprägtes soziales Gewissen, ist verantwortungsvoll. Manchmal halt auch fast ein bisschen zu sehr, das wird uns dann zu einer Falle. Wir lehnen uns auf, aber nicht genug, wir stecken ein, stopfen Löcher, hoffen, dass die Probleme endlich mal gesehen werden, dass jemand etwas ändert, die Politik, die Lobbyisten, die immer wieder etwas versprechen. Und es dann am Ende doch brechen. Das guckt man sich ein paarmal an, dann knickt man ein und macht einfach seine Arbeit. Und nach Feierabend heult man sich aus. Und geht am nächsten Tag wieder hin. Springt ein, arbeitet länger, hält den Betrieb aufrecht – und die Misere ebenfalls. Auch das ist ein Problem, ein hausgemachtes: Viele von uns opfern sich zu sehr auf. Wir tragen die Fehler und Missstände auf unserem Rücken aus. Weil wir Löcher stopfen, einspringen, Überstunden schieben ohne Ende, nicht vergütete, viel zu viele. Weil wir an Kollegen denken, an die Patienten – und uns selbst dabei ganz vergessen. Was wir dann leider aber auch vergessen: dass wir das kranke System damit stützen, dass wir es am Laufen halten, dass wir die krassen Missstände kaschieren, dass sie uns wehtun – und nicht denen, die dafür verantwortlich sind.

Es hat gedauert bis ich das irgendwann erkannt habe. Und als es so weit war, habe ich es für mich beendet. Irgendwann bin ich auf der Intensivstation nicht mehr eingesprungen. Weil ich diesen Teufelskreis nicht weiter unterstützen wollte, keine Löcher mehr stopfen wollte, nur damit alles immer nur so weitergeht und es dadurch noch länger dauert, bis strukturelle Probleme auch bis oben in die Klinikleitungen vordringen. Bald hatte ich deswegen nicht einmal mehr ein schlechtes Gewissen, weil ich wusste, dass es der richtige Weg ist. Und irgendwann hat mich tatsächlich auch keiner mehr gefragt.

Aber möglich war das erst, als ich eine gewisse Reife dafür hatte. Als gestandene Schwester sozusagen. Und ich weiß, wer sich so was eben nicht traut, eine Gruppe, die auch sonst für sehr viel herhalten muss: die Schüler, unser Nachwuchs.

Eine ganz besondere Ausbildung

Reden wir mal über Schüler. Reden wir über die Ausbildung in der Krankenpflege. Auch wenn sie jetzt stark reformiert wird, sie ist und bleibt eine besondere Lehre: Schon nach den ersten wenigen Wochen theoretischen Unterrichts zieht man das erste Mal die Klinikkluft an, betritt zum ersten Mal eine Station. Man weiß noch so furchtbar wenig über Krankheitsbilder, über Abläufe, darüber, wie es wirklich ist, echte Patienten zu versorgen, sie anzusprechen, anzufassen. Ich erinnere mich noch, als wäre es gestern, wie ich da völlig verschüchtert auf der Unfallchirurgie stand, im November 2004. Ich trug plötzlich diesen weißen Kittel, um mich herum Schwestern, Ärzte, Angehörige und Patienten. Überall buntes Treiben, Telefonate, Infusionen, Medikamente, Akten und Gerätschaften. Plötzlich war ich ein Teil davon. Ein sehr verschreckter Teil. Einer, der sich gleich bei der ersten Handlung offensichtlich wie ein Tölpel angestellt hat.

Es war 6:30 Uhr, ein Patient kam aus dem OP und sollte auf sein Zimmer gebracht werden. Und meine erste Aufgabe war vermeintlich die einfachste der Welt: Ich sollte das Bett schieben. Und ich konnte das nicht. Krankenhausbetten haben in der Regel unter dem Fußende Pedale, man bedient sie also mit dem Fuß. Je nach Modell schiebt man sie hoch oder arretiert sie schräg. Heute ist es für mich Routine, nichts, worüber ich auch nur eine Sekunde nachdenken würde, ein kleiner Kniff, geht wie von selbst. Damals aber wusste ich einfach nicht, wie es funktioniert. Und schob das Bett mit festgestellter Bremse den Flur entlang. Eine Schnecke hätte mich vermutlich mühelos überholen können.

Heute hört sich das lustig an, damals war es mir furchtbar peinlich. Man möchte so viel am Anfang und kann doch noch so wenig. Die meisten von uns sind bei ihrem ersten Einsatz kaum 17 Jahre alt und werden direkt hineinkatapultiert in eine Krankenhauswelt, die sich wegen eines Unterkursschülers nicht langsamer dreht. Im besten Fall hat man jemanden an der Seite, der einem da durchhilft. Man hat Mentoren und Praxisanleiter, die einen anleiten, begleiten, die Unsicherheiten abfangen. Im besten Fall.

Im schlimmsten Fall wird man allein gelassen, womöglich sogar ausgenutzt, missbraucht als Hilfskraft für die niederen Arbeiten. Ja, die werden oft auf Schüler abgewälzt: Klingeln ablaufen, Essen austeilen, Betten machen, Vitalzeichenkontrollen. Häufig muss sich das examinierte Personal schlichtweg auf die wichtigen Dinge konzentrieren. Manchmal ist es einfach nur fies.

Hallo Franzi,

ich habe 2017 im September meine Ausbildung zur Gesundheits- und Krankenpflegerin begonnen, ohne jegliche Vorkenntnisse und somit auch ohne große Vorurteile. Meine Schule ist toll, die Lehrer unterstützen uns sehr, und unser Schulleiter gibt alles für seine Azubis.

Seit letztem Jahr bin ich in der Jugend- und Auszubildendenvertretung, kurz JAV, die sich alle zwei Monate auf Konzernebene trifft, um sich auszutauschen und die Ausbildung zu verbessern und Probleme zu lösen.

Seit unserem Amtsantritt sind wir fleißig dabei, unser Bestes zu geben und für unsere Rechte zu kämpfen. Mir ist bewusst, dass der Pflegekräftemangel besteht, dass alle am Limit sind und keiner von den bereits Examinierten Lust hat, unter den bestehenden und sich noch verschärfenden Arbeitsbedingungen weiterzuarbeiten. Allerdings rechtfertigt das in keinster Weise, wie mit uns Azubis umgegangen wird. Wir, die die Zukunft sind. Wir, die wir eigentlich nicht direkt in der Ausbildung verheizt werden sollten. Leider haben sich die Verhältnisse in meiner Ausbildung, also seit zweieinhalb Jahren, gefühlt drastisch verschlechtert: Es findet je nach Station mal mehr, mal sehr viel weniger Anleitung statt, es wird tatsächlich teilweise gesagt: Mach mal das, und wenn du es nicht kannst, dann probierst du es einfach mal. Die Examinierten stehen so unter Stress und Druck, dass sie keine Zeit finden bzw. sich nehmen können, um die Erstkursschüler anzuleiten – und wenn es nur Kleinigkeiten sind –, sodass diese untergehen, weil sie sich nicht zu wehren trauen.

Dazu kommt, dass ausländische Fachkräfte eingestellt werden, die kaum Deutsch können und die wir Azubis anleiten müssen. Die Sprachbarrieren sind manchmal so hoch, dass sie Anordnungen von Ärzten kaum ausarbeiten oder Fragen beantworten können. Es ist so traurig, wie wir im Moment in unserem Haus wertgeschätzt werden, nämlich so gut wie gar nicht. Es wird vorausgesetzt, dass wir springen, dass wir alles akzeptieren, was uns vorgelegt wird, und wenn wir den Mund aufmachen, wird uns nicht geglaubt.

Es ist sehr traurig, in welche Richtung sich das Gesundheitssystem entwickelt, es macht überhaupt keinen Spaß, sich auszumalen, wie die Zukunft aussehen wird. Ich habe mich dazu entschieden zu versuchen, einen Studienplatz für Medizin zu bekommen, auch wenn es da nicht viel rosiger aussieht und die Ärzte auch ziemlich am Limit sind. Ich bin auf jeden Fall stolz darauf, die Ausbildung gemacht zu haben, da ich so viel gelernt habe, Menschliches wie auch Medizinisch-Praktisches. Pflege ist so wichtig, das ist mir umso bewusster durch die Ausbildung geworden.

Nicola

Lehrjahre sind keine Herrenjahre, sagt man ja. Und das stimmt schon. Das ist schon immer so gewesen, dass man auch mal was Unliebsames machen muss, mal den unreinen Raum durchputzen, das Geschirr abräumen, Essen austeilen, Datenmüll schreddern. Aber es gibt einen Unterschied zwischen dem Delegieren unliebsamer Aufgaben und Ausnutzung.

Die Schüler heute merken den Unterschied genau. Und sie lassen sich nicht mehr alles gefallen. Sie hinterfragen, sie fordern ein, sie begehren auch mal auf. Wir hätten uns das früher nicht getraut, keiner hätte aufgemuckt, wenn wir aufgetragen bekommen hätten, den Reinraum jetzt mit einer Stahlbürste zu schrubben. Da hätte sich keiner getraut zu sagen: Entschuldigung, ich würde jetzt aber lieber etwas Sinnvolles lernen. Ich finde es gut, dass die Schüler heute mehr Mumm haben. Dass die sich nicht einfach verheizen lassen. Auf ihre Rechte pochen, auf ihr Recht auf Ausbildung. Auch darüber gibt es Klagen, manche älteren Kollegen sehen das nicht gerne, devote Schüler sind leichter zu handhaben.

Ich finde, es muss sich am besten alles in Balance halten. Durch den Personalmangel sind die Examinierten sehr oft im Stress, und da greift man leicht mal auf die Schüler zurück, um sie für Hilfsarbeiten einzuspannen. Das darf in einem angemessenem Rahmen auch ruhig mal sein. Solange Anleitungen nicht zu kurz kommen, die Lehre, das Zeigen, das Vormachen, das Wertschätzen.

Wir haben ein Nachwuchsproblem. Man muss froh sein über jeden, der diesen Beruf überhaupt noch ergreifen will. Den dürfen wir nicht gleich vergraulen oder niedermachen. Es gehen schon viel zu viele bereits während der Ausbildung. Fast 30 Prozent der Auszubildenden verlassen die Krankenpflegeschule ohne Abschluss. Die Gründe sind vielfältig: Manche schaffen es erst gar nicht durch die Probezeit, andere nicht durch das Examen – man darf das nicht unterschätzen, die theoretische Ausbildung ist sehr anspruchsvoll, und nicht jeder packt den Lehrstoff. Aber sehr oft kommt eben auch ein Realitätsschock hinzu: Für viele Anfänger ist die

Pflege ein Traumberuf, in der Pflegeschule wird ihnen beigebracht, wie wichtig zugewandte, aufmerksame Pflege ist, und auf Station geht es dann wie am Fließband zu. Nicht jeder ist bereit, diese Kluft dauerhaft zu meistern.[20]

Schüler profitieren unendlich von erfahrenen Pflegekräften, die ihr Wissen an sie weitergeben. Wir Examinierten sind Vorbilder, die Schüler lernen von uns, die schauen sich so viel ab. Die schauen, wie genau wir sind, wie umsichtig, wie wir Patienten ansprechen, wie steril wir arbeiten, wie penibel. Wenn man den Schülern sagt: »Jaja, so hast du das in der Theorie gelernt, aber jetzt und hier müssen wir schnell machen und mal drüberhuschen«, dann bleibt das hängen. Dann machen die das später auch so. So, wie wir Schüler heute ausbilden, arbeiten sie morgen mit uns als Kollegen Seite an Seite. Wenn Schüler ihren Einsatz auf der Station haben, dann darf es nicht darum gehen, dass sie Erleichterung verschaffen, weil mehr Hände verfügbar sind. Es geht um unsere künftigen Kollegen. Es geht darum, dass sie bestmöglich ausgebildet sind und dass sie für ihren Job brennen. Wir können es uns nicht leisten, junge Azubis zu verheizen und zu desillusionieren. Aber genau das passiert, wenn sie nicht in den Stationsalltag eingebunden werden und lernen können, wenn man sie für Hilfstätigkeiten missbraucht, ihnen nichts erklärt, sie nicht ausreichend anleitet.

»Du stellst die Bremse schräg, um lenken zu können. Wenn du einfach nur geradeaus fahren willst, dann stellst du sie gerade«, sagte mir damals meine Mentorin vor 16 Jahren, also die Pflegerin, bei der ich in diesen sechs Wochen eingeteilt war, als sie mich das Bett im Kriechgang über den Flur schieben sah. Sie sagte es ohne Häme, ohne Herablassung. »Dann fährst du einfach ein paarmal hin und zurück, dann klappt das schon. Keine Angst. Wenn wir das Zimmer aufgerüstet haben, zeig ich dir die Station, und dann gehen wir deinen Lernzielkatalog durch.«

Das waren ein paar freundliche Sätze, etwas Zuwendung, etwas Perspektivisches. Eigentlich gar nicht viel, aber für mich bedeutete es in dem Augenblick die Welt. Ich blickte den nächsten sechs Wochen auf Station voller Zuversicht entgegen. Und ich wurde nicht enttäuscht. Ich schaue so gerne auf meine Ausbildungszeit zurück. Ich bin gereift in dieser Zeit, persönlich, beruflich, emotional. Ich habe damals die ersten Toten gesehen, verzweifelte Angehörige, ich habe gelernt, was es heißt, Verantwortung für einen fremden Menschen zu übernehmen. Ich habe Freundschaften geschlossen, richtig dicke Freundschaften, ich habe gelernt, was Zusammenhalt bedeutet, ich habe Schulstoff gebüffelt wie noch nie zuvor, weil ich für dieses Examen gekämpft habe wie für nichts anderes zuvor. Ich war ein verschüchtertes Ding am Anfang, manchmal auch ein albernes Huhn – und nach drei Jahren war ich eine erwachsene Frau.

Ich habe so viel profitiert, so viel gelernt von anderen. Vieles von dem, was ich heute kann und wie ich als Krankenschwester bin, habe ich auch denen zu verdanken, die es mir beigebracht haben. Die mir Dinge gezeigt und erklärt haben, auch ein zweites und ein drittes Mal. Die sich Zeit für mich genommen haben – und die war damals schon kostbar. Heute ist sie vielfach kaum noch vorhanden. Den Frust darüber schieben schon die Jüngsten von uns – und sie ziehen ihre Konsequenzen daraus. Der »Pflexit« fängt häufig bereits in der Ausbildung an. Manche steigen schon direkt nach der

Lehrzeit aus. Viele sind erschüttert von dem, was sie sehen. Auch unter den Kollegen. Ihr Ausgebranntsein, ihren Zynismus, so wollen sie nicht werden. So wollen sie nicht arbeiten.

Sind Pflegekräfte aus dem Ausland die Rettung?

»Ich liebe meinen Job, aber unter diesen Bedingungen will ich ihn nicht mehr machen« – das ist ein Satz, der in der Pflege seit mindestens 20 Jahren regelmäßig fällt. Ein Satz, mit dem Kollegen sich aus ihrem Beruf verabschieden, nach Alternativen suchen, lieber noch mal studieren, lieber Fitnesstrainer oder Bürokraft werden. Die eigentlich logische Reaktion darauf müsste sein: Dann sollte man die Bedingungen doch verbessern. Das ist jedenfalls das, was in meinen Ohren logisch und sinnvoll klingt. Was aber stattdessen passiert, ist: Dann holen wir eben Arbeitskräfte aus anderen Ländern. Statt die Bedingungen für Menschen, die ihren Job lieben und eigentlich gerne machen, zu verbessern, werden Anlern- und Integrationsprogramme gestartet für Menschen aus China, Mexiko, den Philippinen. Mit dem leisen Kalkül, dass diesen Menschen solche Arbeitsbedingungen vielleicht eher zuzumuten sind, dass sie das besser aushalten.

Ich finde das zynisch, und das ist noch eine Untertreibung. Ich finde es falsch – und ich glaube noch nicht einmal, dass uns das ernsthaft weiterhelfen kann. Ich glaube, das ist ein Tropfen auf den heißen Stein, der ziemlich schnell verdampft. Im Übrigen ist es trotz jeglicher Bemühungen so, dass uns jedes Jahr mehr Krankenpflegekräfte ins Ausland verlassen als aus dem Ausland hereinkommen. Deutsche Pflegekräfte wandern schon lange und in großer Zahl ab; in die Schweiz, in die skandinavischen Länder. In Länder, in denen das Gesundheitssystem ganz anders aufgestellt ist, für Pflegekräfte viel bessere Arbeitsbedingungen bietet sowie in der Regel zusätzlich auch noch ein besseres Gehalt.

Das Ausbildungsproblem ist übrigens keins, das das Krankenpflegepersonal exklusiv hat. Es ist ein Problem, das auch unter Ärzten grassiert.

> »Ich bin Chirurg, und wenn mir mal was passiert, brauche ich eventuell selbst mal einen. Wer soll mich dann operieren? Was wird er können? Wird das genug sein? Das frage ich mich seit ein paar Jahren, seitdem der Strukturwandel in der ärztlichen Tätigkeit in vollem Gange ist. Sechs Jahre Fachweiterbildung, zehn Jahre leitender Oberarzt – alles in allem sehe ich seit 16 Jahren, wie sich der Beruf, die Umstände und die Rahmenbedingungen ändern.
>
> Früher gab es mehr Kontinuität. Früher war es normal, dass ein Arzt oder eine Ärztin nahezu vollständig die Zuständigkeit für seine Station und die Patienten dort getragen hatte. Man war vor Ort, lange, sicher auch oft viel zu lange. Das ging an die Substanz, aber die Patienten haben profitiert. Weil ihr Arzt sie lange im Blick hatte, Veränderungen wahrgenommen hat – zum Guten wie zum Schlechten. Ist der Mann jetzt blass, weil er gerade klinisch abbaut und Hilfe braucht, oder ist der einfach so ein Typ? Das sind Nuancen, die man nur wahrnimmt, wenn man seine Patienten eng und lange begleitet. Man kennt sie und fühlt sich verantwortlich für sie.

Heute ist ein Arzt auf der Station eher ein Durchgangsposten. Mal ist er nur vier Stunden auf Station, mal acht. Wenn es hochkommt, auch mal 24 Stunden. Aber eine Woche Verantwortung für einen Patienten zu haben ist eher die Ausnahme geworden. Mal muss er nach vier Stunden auf Station eventuell die Notaufnahme übernehmen, weil dort der Kollege abgelöst werden muss. Oder er muss in den OP zum Hakenhalten. Mit ein bisschen Glück darf er auch mal was operieren. Wenn es gut läuft, kann er sich mal acht Stunden um seine Station und die Patienten kümmern. Mehr wird es meistens nicht, und das ist ein Problem.

Durch das Arbeitszeitgesetz darf ein Arzt maximal 24 Stunden in der Klinik bleiben. Danach muss er heim. Das ist im Grunde gut so, denn jeder Patient hat das Recht auf einen ausgeruhten Arzt. Niemand möchte von jemandem operiert werden, der schon 24 Stunden mit zu wenig oder ohne Schlaf gearbeitet hat oder Bereitschaft hatte. Dafür wurde dieses Arbeitszeitgesetz geschaffen. Aber es hat – vor allem für die Patienten – einen großen Nachteil: Der Patient sieht jeden Tag einen anderen Arzt. Man hat nun zwar einen ausgeruhten Arzt, dafür aber auch ständig einen anderen. Der Patient trägt an einem Tag ein neu aufgetretenes Problem vor und weiß nicht, ob der Arzt am Folgetag darüber auch Bescheid weiß. Außerdem: Der ›neue‹ Arzt muss die Patienten erst mal kennenlernen.

Dadurch wächst die Gefahr, dass die Patienten eher ›verwaltet‹ werden als behandelt. Man ist ja nur acht Stunden für sie zuständig. Probleme werden gerne mal ausgesessen, komplexe Arztbriefe vor sich hergeschoben (den muss dann der Kollege schreiben, der am Entlassungstag des Patienten zufällig eingeteilt ist).

Mit etwas Glück hat der neue Arzt oder die neue Ärztin eine Übergabe bekommen, oder es wurde etwas dokumentiert in der Akte (leserlich? ausführlich?), oder es ist eventuell dieselbe Schwester wie am Vortag da, und die hat es mitbekommen. Was wurde mit dem Patienten besprochen? Abwarten? Diagnostik? Entlassung wann? Wohin?Ich weiß und verstehe, dass Arbeit nicht alles sein darf, aber der Begriff ›Work-Life-Balance‹ nervt mich. Als Arzt hat man Verantwortung. Es ist gut, dass es ein Arbeitszeitgesetz gibt, aber in diesem Job kann man manchmal nun mal nicht einfach den Hammer fallen lassen. Der Arztberuf hat etwas mit ›sich kümmern‹ zu tun. So sehe ich das. Das ›sich kümmern‹ lohnt sich allerdings für vier Stunden kaum. Für 8 Stunden ›na ja‹, für eine Woche definitiv. Aber das gibt es ja nicht mehr. Ich halte es für eine Rarität, wenn heute ein Arzt, der einen Patienten aufnimmt, auch den Entlassungsbrief nach 2–3 Tagen oder 2–3 Wochen (je nach Aufenthaltsdauer) schreibt. Wenn da mal kein Informationsverlust auftritt …

Als ich angefangen habe, waren zwei Ärzte (manchmal drei) pro Station zuständig. Meistens ein erfahrener Kollege und ein Jüngerer. Zuständigkeit für eine Station: sechs Monate.

Der Jüngere hat vom erfahrenen Kollegen gelernt. Werkzeuge zu Problemlösung an die Hand bekommen. Wenn mal ein Arztbrief gefehlt hatte oder ein Problem im Nachhinein auftrat, konnte man recht schnell feststellen, wer zuständig war, und entsprechend nachfragen. Wenn man heute nachvollziehen will, wer wann für einen Patienten zuständig war, wird es echt schwer. Das Risiko eines Informationsverlustes ist immens. Und das ist ein enormes Problem, mitunter ein gefährliches.

›Sich kümmern‹ als persönlicher Arzt des Patienten ist unter den heutigen Bedingungen deutlich in den Hintergrund getreten. Umso wichtiger ist die Zusammenarbeit mit der Pflege. In einer gemeinsamen Visite werden solche Unstimmigkeiten viel eher bemerkt. Je besser die Pflegekraft ausgebildet ist und je mehr Erfahrung sie hat, umso eher fallen Probleme oder Risiken auf. Selbstverständlich gilt das auch für die Ärzte. Man kann einen jungen Assistenzarzt nach drei bis vier Monaten auf Station nicht allein lassen. Keine Erfahrung, noch kein klinisches Auge, noch keine Routine. Besonders diese Berufsgruppe profitiert von erfahrenen Pflegekräften! Ich habe als junger Assistenzarzt unheimlich viel von den Schwestern gelernt. Organisatorisch, fachlich, menschlich.

Heute fehlt das Lernen, auch bei dem ärztlichen Nachwuchs. Es fehlt auf allen Ebenen. Und ich meine damit nicht das Auswendiglernen von medizinischen Fachbegriffen an der Uni. Ich meine das Lernen am Patienten. Weil wir wertvolle Zeit in andere Bereiche investieren müssen. In die Dokumentation zum Beispiel. Dokumentation ist verpflichtend. Nur was dokumentiert ist, wurde auch gemacht (damit es Geld gibt und damit der Kollege morgen Bescheid weiß). So sieht es die Rechtsprechung. So sieht es die Abrechnung.

Zeit, die für die Dokumentation draufgeht, fehlt am Patienten. Es ist weniger Zeit, den Menschen anzuschauen.

Klinische Erfahrungen zu sammeln. Zu untersuchen. Röntgenbilder zu beurteilen. Ein klinisches Auge zu entwickeln oder einfach nur bei der dementen Patientin genauer hinzusehen: Vielleicht schreit sie ja, weil das Bein nach außen gedreht ist und verkürzt? Das klassische Zeichen für einen Schenkelhalsbruch.

Erfahrung muss man mit der Zeit entwickeln, durch Eigeninitiative, durch Literatur, die man selbstständig durchforstet, durch Anleitung von anderen. Nur was man kennt, »erkennt« man auch. Schnell zugenäht ist jede Wunde. Aber es kommt dabei auch auf das Wie an. Ist das da drunter jetzt eine Sehne? Oder ein Seitenzügel? Was war das noch mal? Wofür ist der noch mal? Näh ich den jetzt auch? Womit denn, mit welcher Fadenstärke? Was sage ich dem Patienten über die Nachbehandlung? Im Zweifel einfach mal: fachärztliche Weiterbehandlung empfohlen.

Oder – noch einfacher: den Oberarzt rufen. Das geht ein paarmal gut, zu oft, und er ist verständlicherweise genervt. Zu genervt, dann sinkt die Wahrscheinlichkeit, dass er mir demnächst mal eine Operation ›hinhält‹.

Im Zweifel macht der die Eingriffe ohnehin lieber selbst und ist rechtzeitig fertig. Gelernt hat der Assistenzarzt dann nichts. Erfahrungsgewinn: null. Man wird kein guter Chirurg in einer 36-Stunden-Woche, weil man einfach nicht ausreichend dazu kommt, genug Operationen zu machen oder zu sehen. Man lernt nun mal durch Zuschauen und durch Mitmachen. Ich kann das Verlangen nach ausreichend Freizeit zum Teil verstehen: Die Kollegen haben eine sehr hohe Arbeitsdichte, die haben rund um die Uhr etwas an der Backe. Deswegen kann ich es auch verstehen, wenn sie nach einem gewissen Pensum einfach keinen Bock mehr haben. Für eine spannende OP ist immer weniger Zeit. An einer Uniklinik ist es vermutlich anders, da prügeln die Assistenzärzte sich eher darum, wer bei welcher OP assistieren darf. Prinzipiell ist da der Stellenschlüssel etwas besser. Aber in Häusern mittlerer Größe fehlen so viele Kollegen. Und neue kommen kaum nach, viele Kliniken haben brutale Nachwuchsprobleme.

Wer wird mich mal operieren? Die Frage wird mich wohl so schnell nicht loslassen.«

Worauf wir stolz sein sollten

Wir müssen alle etwas draufhaben in medizinischen Berufen. Wir müssen auf Zack sein, müssen viel wissen, über Fingerfertigkeit verfügen, Situationen in einem Augenblick richtig einschätzen können – dann spielt alles ineinander, dann funktionieren Abläufe.

In unserem Beruf spült uns das Leben rund um die Uhr Unvorhersehbares zur Tür herein: den Mann mit dem Herzinfarkt mit gerade mal 43 Jahren, die junge Radfahrerin mit Schädelbasisbruch und Pleuraerguss, den 23-Jährigen mit geplatztem Aneurysma, die Marathonläuferin mit Herzklappenentzündung. Und wenn wir richtig gut sind, wenn wir uns auskennen, wenn wir ausreichend Zeit, Kapazität und Kräfte verfügbar haben, dann können wir so viel reißen für diese Menschen. Dann können sie sich fallen lassen, und wir kümmern uns um den Rest. Wir intubieren, reanimieren, primen, lysieren, fixieren, beatmen. Und im besten Fall retten wir damit Leben. Im besten Fall kriegen wir jemanden wieder auf die Beine. Nicht sofort, manchmal sogar erst nach einer langen, quälenden Wegstrecke. Aber im besten Fall kommt einer da heil wieder raus. Weil wir wussten, was zu tun ist, auch wenn es bei jedem etwas ganz anderes sein muss. Zuerst die Sauerstoffzufuhr sicherstellen vielleicht, dann den Kreislauf stabilisieren, dann sagt dir die Blutgasanalyse, dass das Kalium zu niedrig ist und du es substituieren musst oder eine Übersäuerung des Blutes vorliegt und du Natriumbicarbonat zum Puffern brauchst. Dann laufen einem Körperflüssigkeiten auf die Schuhe, dann kniet man sich ins Bett, startet die Herzdruckmassage. Dann rennt man zum Notfall-CT. Man wird manchmal dreckig in diesem Job, verrenkt sich den Hals oder den Rücken, man hat Adrenalinschübe und Cortisolausschüttungen, man ist involviert mit Haut und Haaren, mit Herz und Verstand.

Und dann geht man am Abend raus, und dieser eine Mensch, mit dem man stundenlang beschäftigt war, der lebt vielleicht noch, und vielleicht wird er sogar wieder ganz gesund. Weil man alles richtig gemacht hat, weil man die Erfahrung und das Fachwissen hat. Dann geht man mit stolzgeschwellter Brust und denkt sich: geiler Tag! Und manchmal prallen dann auch Welten zusammen. Manchmal machen meine Freundinnen mit anderen Berufen große Augen, wenn ich von einem Dienst mit zwei Reanimationen erzähle. Sie kennen das nur aus dem Fernsehen, für sie klingt es wie aus »Medicopter 117«, aber für mich ist das täglich Brot.

Und ich bin stolz darauf, das zu können, darauf, dass ich keine Berührungsängste in solchen Situationen habe, dass ich einfach loslegen kann und weiß, was zu tun ist. Es ist auch ein Handwerk, und ich beherrsche das. Zur Heldin macht mich das nicht. Ich mag das Wort Held und Heldin in diesem Zusammenhang nicht. Ein Held ist ein Einzelkämpfer, aber wir sind ein Team. Und wir haben keine geheimnisvollen Superkräfte, wir haben erworbene Kompetenzen.

Sie reichen nicht immer und für jeden, das leider nicht. Wir können nicht jeden retten, nicht jedem das Leben zurückgeben, das er hatte, bevor plötzlich alles ganz anders kam. Wir können das leider nicht für jeden tun. Wir wissen das – und viele von uns ziehen ihre Konsequenzen daraus. Jedenfalls ist das hier in meiner Familie und meinem Umfeld so. Indem wir leben, so intensiv und bewusst leben, wie es nur geht. Weil wir mitbekommen, was die Menschen für Pläne hatten, und weil wir erleben, wie das Schicksal diese Pläne manchmal gegen die Wand schmettert. Jeder hat irgendwas vor; heute, morgen, nächstes Jahr – und wird dann vielleicht jäh aus dem Leben katapultiert. Das Leben ist für mich nichts Selbstverständliches, ich weiß um seine Zerbrechlichkeit, um die Endlichkeit.

Ich weiß das durch diesen Beruf, aber auch durch eine unendlich schmerzhafte persönliche Erfahrung. Denn ich bin früher auch diesem Irrtum aufgesessen, diesem trügerischen Sicherheitsgefühl, dass mich und meine Familie schon nichts Schlimmes treffen würde. Ich dachte, dass es vielleicht eine Art Karma-Regel gibt oder einen Deal mit dem lieben Gott: Ich gehe an den Wochenenden und Feiertagen arbeiten, helfe Menschen und tue Gutes, im Gegenzug passiert mir nichts. Naiv, ja, ich weiß. Und ich hab mich getäuscht, natürlich funktioniert das so nicht, und das hätte ich wissen müssen.

Es passierte in der Weihnachtszeit im Jahr 2014, meinen Vater plagten Rückenschmerzen. Das hat erst mal niemanden wirklich beunruhigt. Mein Vater hat sein Leben lang viel und schwer gearbeitet. Er war fleißig, gutmütig und mit Mitte 50 gesund. Aber als es dann gar nicht besser wurde, entschloss er sich zu einem Besuch beim Radiologen. Eben auch, um einen Bandscheibenvorfall oder Ähnliches auszuschließen. Als der Radiologe an diesem Tag Metastasen in fast jedem Knochen meines Vaters feststellte, zerbrach die Welt in tausend Stücke. Mein Vater hatte geplant, bald etwas kürzerzutreten, sich um die Enkelkinder zu kümmern, auch mal nachzuholen, was so selten möglich gewesen war, als meine Schwester und ich noch klein waren. Ich war mit meiner Tochter schwanger, es hatte so viel vor uns als Familie gelegen. Meine Mutter, meine Schwester und ich, seine Enkelkinder, wir hatten uns so sehr auf mehr Zeit mit ihm gefreut. Wir hatten Pläne, wir hatten auf die Zukunft gesetzt. Und wir hatten verloren.

Ich schiebe seitdem nichts mehr auf, und mein Mann hält es genauso. Wir teilen das miteinander, zwei Klinikmenschen, zwei lebensgeprüfte Menschen, das ist unsere Lebensphilosophie. Und die vieler gemeinsamer Freunde aus Pflege und Medizin. Einfach machen, nicht so lange nachdenken, auf keinen Fall lange aufschieben, nicht die Reise, die Idee, den Traum. Weil man einfach nicht weiß, was morgen ist. Jeder Einzelne, der abends gestorben ist, hatte morgens noch Träume, Pläne und Ziele. Eine Freundin von mir war heimlich verknallt, und ich habe ihr gesagt: Los, sag es ihm. Tu es einfach. Bloß nicht warten, bis es zu spät sein könnte. So sehe ich das.

Ich habe einen Spruch als Bildschirmschoner auf meinem Handy, ich sehe ihn Dutzende Male am Tag, weil ich ihn nicht vergessen will. Er drückt aus, wonach ich lebe.

Never miss a moment – verpasse keinen Augenblick.

Those who died yesterday had plans for this morning.
And those who died this morning had plans for tonight.
Don't take life for granted.
In the blink of an eye, everything can change.

Alter & Sterben

Worüber wir dringend sprechen müssen

Ich räume jetzt mal mit einer falschen Vorstellung auf. Sie betrifft die Patienten, die wir auf der Intensivstation betreuen. Denn bei Intensivstation denken viele vor allem an akute Geschehen, an Polytraumata vor allem bei jüngeren Patienten, plötzlich getroffen durch einen schweren Unfall, Herzversagen, Hirnblutung. Und ja, diese Patienten haben wir dort auch. Aber sie machen häufig einen eher kleineren Teil der Belegung aus. Den sehr viel größeren Teil – ich würde sagen 80 Prozent und mehr – machen hochbetagte Menschen aus, multimorbide Menschen, also Personen, die mehrere Erkrankungen gleichzeitig haben: Das Herz ist schon schwach, die Nieren arbeiten nicht mehr richtig, der Blutzuckerspiegel entgleist. Manchmal leben sie schon lange mit diesen Erkrankungen, den Einschränkungen und Gebrechen, die das mit sich bringt – und dann kommt noch ein Sturz dazu, oder eine der Vorerkrankungen verschlechtert sich. Es ist oft nicht der eine große Knall, nach dem diese Menschen zu uns kommen, oft sind es Kettenreaktionen. Unglückliche Schneeballeffekte, dramatische Zuspitzungen. Ein typischer Fall zum Beispiel verläuft so:

Eine Frau, 85, herzinsuffizient, etwas gangunsicher, leicht kurzsichtig, aber ansonsten noch fit. Versorgt sich im Haushalt noch weitestgehend allein. Dann stolpert sie, sie fällt, der Oberschenkelhals bricht, mitunter die vulnerabelste Stelle eines alten Körpers. Der Knochen, vielleicht schon osteoporotisch verändert, hält das nicht mehr aus. Und er wird auch nicht mehr heilen. Es hilft nur noch, ihn durch ein künstliches Gelenk zu ersetzen. Das ist ein großer Eingriff, invasiv und schmerzhaft. Das muss ein Körper wegstecken können, und je schwächer er ist und je mehr Vorerkrankungen er hat, desto schwerer wird das. Der alte Mensch muss die Narkose verkraften, den Eingriff an sich, die starken Schmerzmittel hinterher, für das Herz wird das dann vielleicht bald zu viel. Eine Kreislaufstabilisierung wird notwendig, vielleicht sogar eine Beatmung mit Sedierung, dann steigt möglicherweise auch noch die Niere aus, man muss Katecholamine verabreichen, hoch dosiert, Substanzen, die den Blutdurchfluss der Organe stimulieren, eine Dialyse kann nötig werden. Die alte Dame, vor ein paar Tagen noch selbstständig zu Hause, ist nun ein komplexer, hochintensiver Fall unter Maximalversorgung.

Solche Verläufe sehen wir täglich in den unterschiedlichsten Variationen: Eben war der Mensch noch fit und eigenständig, nun durch ein initiales Geschehen plötzlich schwer krank. Eine Komplikation zieht die nächste nach sich, etliche sind möglich: Die OP-Naht perforiert, weil das Gewebe im Alter schlechter heilt, dann droht eine Sepsis, ein lebensbedrohliches Multiorganversagen, neue Medikamente müssen verabreicht werden, Nebenwirkungen schlagen durch, der Kreislauf kollabiert, eine Beatmung wird notwendig, begünstigt aber vielleicht bald eine Lungenentzündung, Fieber und Entzündungswerte steigen, eine Antibiotikatherapie muss her. Dann liegen diese betagten Menschen da, vier, fünf Wochen lang, die Haut wird wund, Eintrittspforten der Zuleitungen entzünden sich, die Gelenke versteifen, der Körper insgesamt baut immer weiter ab, wird schwächer, zehrt aus, und irgendwann ist absehbar, dass dieser Mensch vermutlich nie mehr auf die Beine kommen wird.

Für kaum eine andere Personengruppe kann der Krankenhausaufenthalt quälender werden als für ältere Menschen – aber gleichzeitig brauchen genau sie eine Versorgung im Krankenhaus am häufigsten. Wobei man »Alter« natürlich nicht pauschalisieren kann, das mal vorausgesetzt. Hohes Alter an sich ist noch keine eigene Kategorie. Es gibt Menschen, die sehr alt werden und trotzdem körperlich und geistig gesund sind. Höheres Lebensalter ist nicht zwangsläufig mit Krankheit verbunden, aber chronische Erkrankungen nehmen im Alter zu, Robustheit und Abwehrkräfte werden schwächer.

Statistisch gesehen müssen Menschen ab 75 Jahren deutlich öfter stationär behandelt werden als jüngere Menschen.[21] Ältere Menschen sind auf besondere Weise vulnerabel, sie sind oft vorerkrankt, sie nehmen häufig viele Medikamente ein, haben oft weniger Reserven und ein sehr viel höheres Risiko, an den Komplikationen einer Behandlung zu erkranken. Außerdem überfordert sie der Aufenthalt auch psychisch oft sehr stark; viele von ihnen entwickeln vor allem nach operativen Eingriffen Verwirrtheitszustände, die wir als Durchgangsyndrom oder auch als Delir bezeichnen.[22] Viele ältere

Menschen – vor der Operation geistig noch völlig klar – sind nach dem Eingriff plötzlich verwirrt und desorientiert, oft auch sehr verängstigt und aufgebracht. Narkose, Operation und fremde Umgebung tragen zur Desorientierung bei. Besonders, wenn sie dann bettflüchtig sind, also versuchen, in diesem desorientierten Zustand das Bett zu verlassen, eventuell ein Bettgitter zu übersteigen, brauchen sie vonseiten des Pflegepersonals unheimlich viel Zeit und Ressourcen. Gerade für sie wäre etwas mehr Zuwendung so entscheidend: geduldig sein, die Situation erklären, auch noch ein zweites und ein drittes Mal, beruhigen, Sicherheit und Orientierung vermitteln. Ältere Menschen sind oft langsam, ihre Versorgung ist aufwendig, sie brauchen Geduld und eine ruhige Ansprache. Sie brauchen so viel von dem, was das System unter den aktuellen Bedingungen einfach nicht hergibt.

Und von manch anderem bekommen sie dagegen oft zu viel: zu viel Therapie, zu lange Therapie, zu invasiv, zu folgeträchtig. Für ältere Menschen besteht ein hohes Risiko, in Therapiespiralen zu geraten, in die oben beschriebenen Kettenreaktionen, die am Ende so oft Patienten hervorbringen, deren Anblick mich oft am meisten schmerzt. Denn oft liegt am Ende so einer langen Maximaltherapie ein alter, fragiler Mensch in seinem Bett, am Ende seiner Kräfte, und weint stumme Tränen. Er weint lautlos, weil er von einer Maschine beatmet wird, die jede Lautäußerung verhindert.

Ich muss das erklären: Die meisten Menschen auf der Intensivstation sind beatmete Patienten, auch die älteren. Aber gerade bei ihnen passiert es besonders oft, dass wir sie nach einer kurzfristig notwendig gewordenen Beatmung nicht mehr von der Beatmungsmaschine losbekommen. Aufgrund der Corona-Pandemie wurde mehr als je zuvor über beatmete Patienten in den Nachrichten berichtet. Viele Menschen haben dadurch zum ersten Mal einen beatmeten Menschen gesehen, sich mit diesem Thema auseinandergesetzt. Was dabei kaum zur Sprache kommt: Beatmet ist schnell jemand, wenn es notwendig wird; der Körper wird ruhig gestellt, ein sogenannter Tubus in die Luftröhre gelegt, dann kann man die Beatmungsmaschine anschließen. Was aber nicht so schnell geht und vor allem bei älteren Patienten oft große Probleme bereitet, ist, sie von der Beatmung wieder wegzubekommen, zu erreichen, dass ihre eigene spontane Atmung wieder anspringt. Das muss erst probiert und trainiert werden. Das ist ein zeit- und personalintensiver Prozess, den wir Pflegekräfte zusammen mit den Ärzten steuern. Wir nennen ihn Entwöhnen, oder auch auf Englisch W*eaning*. Denn genau darum geht es: um Entwöhnung. Weil die Lunge und die beteiligten Strukturen sich schnell an die maschinelle Beatmung gewöhnen. Atmen ist Muskelarbeit, und wie im gesamten menschlichen Körper bauen Muskeln schnell ab, wenn sie nicht gebraucht werden, sie erschlaffen. Je länger also ein Mensch beatmet wird und je schwächer der Organismus insgesamt schon durch Krankheit und Liegedauer ist, desto schwieriger wird es für die Lunge, ihre Funktion wieder aufzunehmen.

Ältere Menschen sind schwer zu entwöhnen, bei vielen führen die Entwöhnungsversuche zu keinem Ergebnis, die Lunge macht einfach nicht mehr mit. Über den oralen Tubus zu beatmen wird auf lange Sicht aber schwierig und belastend, denn Tubus in Mund, Gaumen und Rachen verursacht einen ständigen Würge- und Hustenreflex, den man nur durch Sedierung unterdrücken kann. Deshalb legt man nach einer gewissen Zeit, wenn mehrere Extubationsversuche bereits gescheitert sind, oft ein sogenanntes Tracheostoma, eine Kanüle, die nach einem Schnitt von außen durch die Luftröhre gelegt wird. Die Patienten können dann wieder schlucken, essen und trinken, sie können mobilisiert werden, in manchen Fällen auch kurz ohne das Beatmungsgerät auskommen, die Entwöhnung kann auf diese Weise besser geübt werden.

Es ist leider aber oft nicht so, dass es den Patienten dann wirklich gut geht, oft haben sie zu dem Zeitpunkt bereits fünf, sechs Wochen maximaler zehrender Intensivtherapie und viele Komplikationen hinter sich und nun auch noch ein Tracheostoma in der Luftröhre. Für mich ist dieser Anblick oft einer der traurigsten, das schnürt mir das Herz zu. Diese Patienten sind wach, aber durch das Tracheostoma können sie nicht sprechen, die Option für eine Sprechkanüle scheidet in vielen Fällen aus. Sie sind verängstigt und verwirrt, das zeigen die Parameter; die Atemfrequenz und der Herzschlag sind hoch, sie verstehen oft nicht, was um sie herum geschieht und warum. Sie schauen einen an, oft mit weit aufgerissenen Augen, aber weil sie aufgrund der Trachealkanüle im Hals nicht sprechen können, weinen sie. Es ist ein stummes Weinen, es ist kein Laut zu hören, aber so viel Leid zu sehen.

Moralische Verletzung – woran wir wirklich leiden

Ich bin Intensivschwester, ich liebe mein Fach, die Möglichkeiten, die vielen Chancen, ein Leben zu erhalten. Aber es gibt auch regelmäßig Fälle, da frage ich mich: War es das jetzt wert? War das jetzt alles richtig so? So weit zu gehen? Immer weiterzumachen? Das hat doch keiner verdient, so will doch niemand enden. Ich stehe dann ganz direkt vor dem wahrscheinlich größten Dilemma der heutigen medizinischen Versorgung: Wir haben so viele Möglichkeiten. Wir sind so gut darin, Therapien anzufangen – und so schlecht darin, sie zum richtigen Zeitpunkt abzubrechen. Denn die Frage ist: Wann ist der richtige Zeitpunkt? Wann macht man einen Cut, wann hält man den Stein auf, der schon rollt. Man kann der Patientin die Hüft-OP, ohne die sie nicht mehr laufen könnte, nicht verwehren und sie mit einem immens schmerzenden, gebrochenen Schenkelhals liegen lassen, weil sie schon alt ist. Oder den Mann mit dem Darmverschluss seinen höllischen Schmerzen und einer lebensbedrohlichen Situation überlassen, nur weil er über 90 ist. Und man kann bei Komplikationen und Nebenwirkungen, die plötzlich und unerwartet auftreten, nicht einfach tatenlos zusehen.

Es gibt Ereignisse und Komplikationen, die ziehen zwangsläufig Behandlungsschritte nach sich, und keiner weiß, was passieren wird, wenn man sie durchzieht. Und manchmal verliert man sich vielleicht auch in der Logik des Systems, in den unendlichen Möglichkeiten dieser hoch technisierten Intensivmedizin, dann meint man alles Mögliche noch ausschöpfen zu müssen, und merkt schon gar nicht mehr, dass es für den Menschen leidvoll ist. Hinterher, wenn es nicht gut ausgeht, ist es leicht zu sagen: Das hätte man gar nicht erst anfangen sollen, das ist doch jetzt nur noch Quälerei. Aber es gibt eben auch die Situationen, dass sehr kranke Menschen sich wieder berappeln, auch die älteren, auch die, bei denen selbst wir Schwestern und Ärzte es nicht mehr für möglich gehalten hätten. Dann können wir nur noch staunen.

Pflegekräfte und Ärzte sind auf diese Momente getrimmt. Wir sind kurativ ausgebildet, unser Tun, unsere Ziele und Handlungen sind auf Heilung ausgerichtet. Wir wollen helfen, Krankheiten zu überwinden, Leben zu erhalten. Das steht immer im Mittelpunkt dessen, was wir tun, was wir erreichen wollen. Aber vor allem am Lebensende kann diese Haltung schwierig werden. Im besten Fall geht es jemandem durch die Maßnahmen, die wir ergreifen, besser, im schlimmsten Fall enden sie in Übertherapie. Übertherapie am Lebensende, das ist so ein Begriff geworden, den man jetzt immer öfter hört. Weil es inzwischen immer häufiger zu Situationen kommt, auf die dieser Begriff zutrifft. Übertherapie meint medizinische Behandlungen, die am Ende weder Nutzen noch Linderung für den Patienten bringen, sondern ihm sogar schaden können oder das Leiden nur verlängern.

Intensivmedizin ist eine so unglaublich leistungsfähige Behandlungsform, sie kann so unendlich viel tun, so viele Leben retten. Aber sie ist auch strapaziös und invasiv, sie kann auch belasten. Sie beginnt immer mit besten Absichten und endet manchmal in großem Leid. Für Patienten und Angehörige, aber auch für uns Pflegepersonal. Es soll auf keinen Fall das Leid der betroffenen Patienten schmälern, wenn ich das jetzt sage, aber: Ich leide auch daran, die meisten von uns tun das. Und es ist nicht nur Mitgefühl oder Bedauern. Es ist noch etwas anderes, zumindest geht es mir regelmäßig so: Ich fühle mich mitschuldig, manchmal in einer Weise, als wäre ich an einem Gewaltverbrechen beteiligt. Und das hinterlässt Spuren.

Wir wollen den Menschen, die uns anvertraut sind, helfen, aber manchmal erzeugen wir stattdessen Leid. Nicht primär, nicht weil wir die Entscheidungen dazu treffen, das tun andere, und das tun sie mit Sicherheit nach bestem Wissen und Gewissen, aber es sind wir, das Pflegepersonal, die diese Entscheidungen mittragen müssen; wir müssen sie ausführen, wir müssen ihre Konsequenzen mit ansehen.

In einer Untersuchung haben 91 Prozent der befragten Schwestern und Ärzte angegeben, Übertherapie erlebt zu haben. Die empfundene Gewissensnot sowie die Zweifel an den Entscheidungen dafür werden mit einem höheren Risiko für ein Burn-out assoziiert sowie einer deutlich gestiegenen Kündigungsbereitschaft.[23]

Das Problem ist aber keins, das allein die Intensivstation betrifft, und ist weit öfter noch einer Unterversorgung als einer Übertherapie geschuldet. Jede von uns, auch auf den peripheren Stationen, kommt irgendwann einmal in diese Situation, es gibt sie in den unterschiedlichsten Varianten: Wenn wir Menschen lagern müssen, die vor Schmerzen schreien, wenn wir Nahrung per Sonde verabreichen bei Menschen, die keinen Lebenswillen mehr haben, wenn wir Patienten mobilisieren, die eigentlich nur noch liegen bleiben wollen. Wenn wir uns von einem Menschen abwenden müssen, um zum nächsten zu eilen, auch wenn wir ganz genau wissen, dass er uns gerade dringend braucht, in seiner Einsamkeit, in seiner Hilflosigkeit oder seiner Verzweiflung. Wir sind angetreten, um genau in solchen Situationen da zu sein, Leid zu lindern – auch seelisches –, Beistand zu leisten, zuzuhören, auch mal Zuversicht zu geben. Stattdessen sind wir aber so häufig gezwungen, gegen unsere Werte, unsere Prinzipien, gegen unsere Moral zu handeln.

Das ist unglaublich schwer auszuhalten. Und ich weiß, dass so viele von uns genau darunter am meisten leiden, dass sie deswegen diesen Beruf so oft verlassen oder krank daran werden, an dem, was wir sehen, was wir tun, im Zusammenhang mit Unterversorgung oder Übertherapie. Wir nennen es häufig Burn-out, woran so viele Kollegen erkranken oder weshalb sie kündigen, und schieben es auf die Überlastung. Aber könnte es sein, dass es im Kern noch etwas anderes ist? Einige Wissenschaftler sind davon überzeugt, und sie haben der Sache einen Namen gegeben, einen neuen Begriff, der sich gerade erst etabliert und präzise auf den Punkt bringt, was viele von uns so deutlich und schmerzhaft spüren, aber oft nicht gut in Worte fassen können: *Moral Injury*, moralische Verletzung.[24]

Der Begriff kommt aus dem militärischen Bereich, er hat zuerst bei Kriegsheimkehrern Anwendung gefunden, die an einer Posttraumatischen Belastungsstörung (PTBS) litten, obwohl sie zur Verwunderung der Psychologen nie der klassischen Ursache für eine PTBS ausgesetzt waren. Einer PTBS liegt normalerweise eine traumatische Erfahrung zugrunde, Situationen, in denen ein Mensch ganz unmittelbar einer seelischen oder körperlichen Bedrohung ausgesetzt war. Das war bei den Soldaten mit der untypischen PTBS aber nicht der Fall. Was sie allerdings alle gemeinsam hatten, war das Gefühl, in ihrer Funktion wiederholt gegen ihre moralischen Vorstellungen verstoßen zu müssen. Sie waren gezwungen, gegen ihre Überzeugungen zu handeln, beispielsweise das Leben von Zivilisten zu gefährden, ihre Häuser zu zerstören oder dabei zuzusehen. Und sie litten daran – in ähnlicher und quälender Weise, als hätten sie selbst ein Trauma erlitten.

Moralische Verletzungen – so der Forschungsstand dazu – treten auf, wenn wir eine Handlung verüben, bezeugen oder nicht verhindern können, die unsere tief verwurzelte moralische Überzeugung verletzt. Wissenschaftler sind inzwischen davon überzeugt, dass genau das auf Beschäftigte im Gesundheitssystem übertragen werden kann.[25] Denn auch wir in Pflege und Medizin haben solche Überzeugungen, wir verfolgen moralische Absichten, in deren Mittelpunkt das Patientenwohl steht. Mehr noch: *First do no harm*, vor allem, richte keinen Schaden an – das ist das Gebot aller medizinischen Berufe, das ist unsere Verpflichtung. Aber wir sind so oft dazu gezwungen, dagegen zu verstoßen. Und jedes Mal, wenn das passiert, wenn wir gegen die Interessen der Patienten handeln müssen, gibt uns das einen schmerzhaften Stich, verletzt uns das. Und wenn sich solche Situationen häufen, dann werden wir krank.

Das alles ist keine Wortklauberei, es ist enorm wichtig, den Kern dieser Situationen genau zu erkennen und zu benennen, weil das nicht nur die Ursachen definiert, sondern auch die Lösung. Ein Burn-out deutet an, dass das Problem bei der Person selbst liegt, dass sie nicht in der Lage ist, mit bestimmten Situationen umzugehen, nicht widerstandsfähig genug ist. Es impliziert, dass sie daran arbeiten muss, eine Therapie machen und robuster werden. Aber ein Achtsamkeitskurs und mehr Selbstfürsorge werden das Problem nicht lösen, solange die Ursache dafür auf der Seite des Gesundheitswesens liegt und nicht bei den Menschen, die daran leiden. Die Lösung kann nur sein, dass wir Bedingungen haben, die es zulassen, dass wir mehr im Einklang mit unseren moralischen Werten arbeiten können. »Moralische Verletzungen lokalisieren die Quelle der Not in einem kaputten System, nicht in einem kaputten Individuum«, heißt es in einem wissenschaftlichen Artikel zu diesem Thema.[26] Aber das wird verdammt schwer. Was zur Unterversorgung führt, ist klar und wurde hier schon ausführlich erörtert: zu wenig Personal. Was jedoch zur Übertherapie führt, ist schon schwerer zu definieren.

Es gibt so unendlich viele Gründe, die zu derartigen Situationen führen: Manchmal ist es der Ehrgeiz einzelner Ärzte, nicht unbedingt blinder, rücksichtsloser Ehrgeiz in dem Sinne, sondern der, niemanden verlieren zu wollen, alles für den Patienten zu versuchen. Manchmal sind es Angehörige, die die bittere Realität nicht akzeptieren wollen, die sich an jede Hoffnung klammern und darum flehen, jede Therapieoption auszunutzen, vielleicht auch die, die eigentlich zu weit geht. Manchmal ist es das Zaudern mancher Ärzte, die Angehörigen vollends aufzuklären, sie mit dem Schlimmstmöglichen zu konfrontieren, die ganze Wahrheit zu sagen. Denn auch Medizinern fällt es manchmal nicht leicht, das auszusprechen, Angehörigen mitzuteilen, dass keine Hoffnung mehr besteht und man deshalb lieber nichts mehr tun sollte. Man wird nicht routinierter in diesen Dingen, nur weil man öfter damit zu tun hat. Manchmal nähren wir Hoffnung lieber, als dass wir sie aufgeben. Und manchmal haben wir sie wirklich: Die Zuversicht, dass es schon gut gehen wird, dass die Maßnahmen helfen werden, die wir durchführen.

Natürlich sind es manchmal auch finanzielle Anreize, die zur Übertherapie führen, auch das darf man nicht verschweigen. Es wird schon zu oft nur hinter vorgehaltener Hand darüber gesprochen, dass es um sehr viel Geld geht, das von den Kliniken eingenommen wird. Nicht umsonst steigt die Zahl der Intensivplätze seit Jahren und mit ihr die Zahl der Menschen, die am Lebensende noch eine Maximaltherapie auf einer Intensivstation bekommen.[27] Je invasiver ein Fall, desto großzügiger wird er vom DRG-System vergütet. Schwere Eingriffe werden belohnt – so zumindest der allgemeine Eindruck. Ganz so einfach ist es dann aber doch nicht. Ein Krankenhaus kann zwar mit großen teuren Fällen seine Betten gut auslasten, aber es muss sich auch immer nach dem Effektivitätsgebot richten, also Maßnahmen und Therapien innerhalb einer gebotenen Zeit abschließen. Die DRGs sind zudem nicht großzügig kalkuliert. Wenn außerdem lückenhaft dokumentiert wird und unvorhergesehene Probleme auftauchen, deren Behandlung oft nicht zusätzlich bezahlt wird, kann ein Haus mit ebensolchen Fällen auch große Verluste einfahren.

Es gibt so viele unterschiedliche Gründe, warum für manche Menschen das Lebensende zu einer quälenden Prozedur wird – gute wie schäbige Gründe –, und es gibt den einen Weg, der hier sehr viel Leid reduzieren könnte. In diesem Fall liegt er nicht beim System. In diesem Fall liegt es an uns selbst, an jedem Einzelnen von uns: Wir alle müssen wissen, was wir wollen, wenn es kritisch für unser Leben wird. Wir müssen uns Gedanken machen, und wir müssen diese Gedanken schriftlich festhalten, ganz klar und eindeutig. Wir müssen anfangen, darüber zu reden. Wir müssen über Patientenverfügungen sprechen. Und vor allem müssen wir sie auch machen.

Selbstbestimmt leben – selbstbestimmt behandelt werden

Ich weiß, dass das schwer ist, ich weiß, dass wir das ganze Thema lieber von uns schieben wollen. Wie absonderlich – wie überflüssig vielleicht – es sich anfühlt, sich bei bester Gesundheit hinzusetzen und einen Plan zu machen für Situationen, in denen der Tod über uns schwebt oder über denen, die wir lieben. Dass es schier unmöglich erscheint, seine Mutter am Kaffeetisch zu fragen: »Mama, hast du eigentlich schon darüber nachgedacht, wie du sterben willst? Weißt du, was du noch möchtest am Lebensende und was du für dich ausschließt? Und was sollen wir für dich entscheiden, für den Fall, dass du es selbst nicht mehr kannst?« Das sind schreckliche Vorstellungen und schreckliche Fragen. Aber die Auseinandersetzung damit ist der einzige Weg, noch Schrecklicheres abzuwenden. Denn den einen wesentlichen Grund für Übertherapie habe ich hier noch nicht genannt. Es ist nämlich der, dass wir als Klinikpersonal im Zweifel für das Weitermachen entscheiden müssen, für die Maximaltherapie – solange wir nichts anderes in der Hand haben, keine Handlungs- und Entscheidungshilfen, wenn der Patient nicht mehr für sich selbst sprechen kann. Und wir haben sie in den meisten Fällen nicht. Die wenigsten haben eine Patientenverfügung. Sollten sie aber doch eine haben, die uns dann auch noch rechtzeitig vorliegt, wenn wir sie brauchen, dann ist der Großteil ungültig: zu schwammig formuliert, juristisch nicht wasserdicht, medizinisch nicht anwendbar für den Fall, der gerade eingetreten ist.

Natürlich schauen Ärzte auch auf den Einzelfall, auf den Menschen, auf sein Alter, auf seine Vorerkrankungen, sie ziehen nicht rücksichtslos eine brachiale Therapie um ihrer selbst willen durch. Aber im Zweifel gehen sie vielleicht eher einen Schritt weiter, eine Therapiestufe höher, als der Betroffene es für sich gewollt hätte. Oder seine Angehörigen. Die es aber selbst oft nicht besser wissen. Auch das stellen wir immer wieder fest: wie wenig Menschen, die sich nahestehen, eigentlich voneinander wissen. Über diese Dinge wird einfach nicht gesprochen, nicht in langjährigen Ehen, nicht zwischen erwachsenen Kindern und ihren Eltern. Wir kennen die Lieblingseissorte des anderen, wissen, wie er seinen Kaffee trinkt, aber wir wissen nicht, ob er einer Behandlung auf der Intensivstation zustimmen oder sie für sich ausschließen würde. Wo und wie er sterben will und auf welche Art er beerdigt werden möchte.

Wir wollen lieber nicht daran denken, dass wir oder die Menschen, die wir lieben, schwer krank werden könnten. Aber gerade aus Liebe, gerade aus Fürsorge sollten wir über diese Dinge reden – und sie für uns selbst klären, auch aus Liebe, auch aus Fürsorge. Für ein selbstbestimmtes, würdiges Lebensende. Wir dürfen nicht im Blindflug in diese

Situationen steuern, das kann in einer Katastrophe enden. In anderen Bereichen hat uns unser Wegsehen und Verdrängen schon längst genau dorthin gebracht.

Altenpflege – die übersehen Seiten

Als die Corona-Krise Deutschland erfasst hatte, war sie auch ein Fingerzeig. Sie führte uns knallhart unsere dysfunktionalen gesellschaftlichen Bereiche vor Augen: dass es Kinder gibt, die zu Hause nicht gut aufgehoben sind, dass es Menschen gibt, denen man #Stayathome nicht zu predigen braucht, weil sie gar kein Zuhause haben – und sie hat gezeigt, wer in dieser Gesellschaft am verletzlichsten ist und dennoch am wenigsten beschützt wird. Die Krise hat schmerzhaft hineingeleuchtet in diese Ecken, in die wir so ungern schauen, in die sozialen Brennpunkte und in die Alten- und Pflegeheime. Dort verbreitete sich das Virus oft besonders schnell, sprang ungehindert von einem zum anderen, weil die Menschen dort nichts hatten, was sie der Ausbreitung entgegensetzen konnten. Keine Hauben, keine Schutzkleidung, oft nicht einmal eine schlichte Papiermaske. Trotz dieses eindeutigen Fingerzeigs auf die Situation in den Heimen hatte ich das Gefühl, dass kaum jemand mal mit der Wimper gezuckt hat, niemand wirklich empört war. Und ich glaube, dass lag daran, weil wir es alle längst wissen, weil diese Zustände schon lange kein Geheimnis mehr sind und somit eben auch kein Grund, sich darüber zu empören. Weil wir uns daran gewöhnt haben, weil wir das verdrängen. Altenheim – wie unangenehm; Altenpflege sowieso.

Der Pflegenotstand in Krankenhäusern ist teilweise wirklich schlimm, aber in den Heimen ist er schlimmer. Weil es hier noch weniger Personal gibt, noch weniger ausgebildete Fachkräfte, noch weniger Nachwuchs und Interessenten. Eine offene Fachkraftstelle blieb im Jahr 2018 im Durchschnitt 154 Tage unbesetzt, das liegt 36 Prozent über dem Durchschnitt aller Berufe.[28] Es gibt da draußen schlicht kaum noch jemand auf diesem Arbeitsmarkt, der ist leer gefegt, wie man so sagt.

Und hier noch die anderen Zahlen: Laut Statistischem Bundesamt betrug die Zahl der pflegebedürftigen Menschen im Jahr 2017 in Deutschland 3,4 Millionen. Wir alle wissen, dass diese Zahl aufgrund der demografischen Entwicklung stetig steigt. Und das wissen wir nicht erst seit gestern. Dennoch ist dieser Bereich seit mehr als 20 Jahren dramatisch unterfinanziert. Die Pflegeversicherung – eingeführt im Jahr 1995, in Zeiten klammer Staatskassen – war von Anfang an viel zu knapp berechnet und sollte bei Pflegebedürftigkeit lediglich entlasten, nie voll versichern. Zudem steckt Deutschland insgesamt einen zu geringen Anteil des Bruttoinlandsprodukts in die Altenpflege, gerade mal die Hälfte dessen, was beispielsweise die meisten skandinavischen Länder investieren.[29]

Genauso wie das Krankenhauspersonal haben auch die Pflegekräfte in Alten- und Pflegeheimen lange auf diese Bedingungen aufmerksam gemacht. Und sind auch genauso wenig erhört worden. Somit dreht sich dort inzwischen seit Jahren munter ein Perpetuum mobile: Die schlechten Zustände treiben sich selbst weiter an. Sie schrecken den Nachwuchs ab, die Zustände werden noch schlechter, das Ansehen sinkt weiter ... und verstellt den Blick auf einen Beruf, der uns sehr wichtig sein sollte, der auch spannende Seiten hat, die aber gar nicht mehr zum Vorschein kommen.

Altenpflege ist anders als Krankenpflege – aber nicht auf diese Weise, wie es so häufig dargestellt wird. Kranken- und Altenpflege verhaken sich oft in unnötigen Hierarchiekämpfen. Dabei gibt es hier kein Besser oder Schlechter. Ich habe noch nie verstanden, warum ständig ein Wettstreit zwischen der Kranken- und der Altenpflege geschürt wird. Aber es gibt Unterschiede, die gibt es auf jeden Fall, vor allem den einen wesentlichen Unterschied: Bei uns im Krankenhaus sollen die Menschen möglichst wieder gesund werden, sie sollen entlassen werden, das ist das, worauf wir hinarbeiten. In einem Heim aber bleiben sie, es ist in der Regel ihre letzte Station. Sie sind keine Durchgangsposten, sondern leben manchmal viele Jahre dort. Und wenn sie Glück haben, dann lernen die Menschen, die in dem Heim arbeiten, sie kennen. Dann bauen sie eine echte Verbindung zu ihnen auf. Dann machen sie Biografiearbeit, wie man es nennt. Denn in der Altenpflege schaut man nicht nur nach vorn, man schaut auch zurück. Wer war dieser Mensch, der jetzt hier wohnt? Welches Leben hat er gelebt? Wie hat er es geführt? Was ist ihm zugestoßen, und wie ist er damit umgegangen? Was mag er, was verabscheut er? Was spricht seine Sinne an? Was triggert seine Erinnerungen, weckt gute Gefühle? In Heimen kann etwas funktionieren, das in Krankenhäusern eigentlich nie passiert: Man kann eine Beziehung aufbauen, jemanden wirklich kennenlernen, ihn so sehen, wie er ist. Sich auf ihn einlassen, auf die Summe seines ganzen Lebens.

Und dann wird diese Arbeit spannend, dann entstehen Respekt und Verständnis, manchmal sogar Bewunderung. »Die

Backgrounds meiner Bewohner sind irre spannend,« sagt Dustin Struwe. Er ist 28 Jahre alt, seit zehn Jahren Altenpfleger. »Unter unseren Bewohnern sind Menschen, die haben Deutschland nach dem Krieg wiederaufgebaut, die haben Sachen erlebt und geleistet, das flößt mir einfach einen riesigen Respekt ein.« Wenn er kann, taucht er in diese Lebensgeschichten ein. Biografiearbeit zeigt einem den Menschen hinter der alten Haut. »Ohne Biografiearbeit kann man eigentlich keine adäquate Pflege leisten, das ist etwas, das man auf keinen Fall unterschätzen darf«, sagt Struwe. »Wir hatten mal einen Bewohner, der hatte Angst vor Wasser. Wenn wir ihn duschen wollten, war das für ihn die Hölle. Später stellte sich heraus, dass er vor vielen Jahren betrunken in einen Bach gestürzt ist und fast ertrunken wäre. Wasser ist für ihn traumatisch. Seitdem haben wir ihn nur noch gewaschen, das ging gut, das Duschen haben wir dann bleiben lassen, und alles war okay.«

Manchmal ergibt Verhalten aus der Biografiearbeit heraus erst richtig Sinn: warum jemand etwas vehement ablehnt, was ihm fehlt, um sich wohlzufühlen, was man bei ihm unbedingt bleiben lassen sollte, was ihn motiviert, worüber er auch mal lachen kann. Denn darum geht es gar nicht mal so selten. »Wir haben hier durchaus auch Spaß«, sagt Struwe. »Oft reicht es schon, wenn ich mit meiner ganzen Jugendlichkeit irgendwo reinplatze und einen Spruch raushaue. Das hört sich komisch an, aber darüber lachen die Bewohner oft, sie haben eine Freude dran und ich dann auch. Und es spornt mich an, auch noch mit dem Nächsten zu lachen, zu sehen, wie sich die Stimmung aufhellt, daran beteiligt zu sein.«

Häufig sind das leider aber nur kurze Zwischenspiele, so wie die Biografiearbeit selbst auch, die ihm eigentlich viel bedeutet. »Aber«, sagt Struwe, »wie soll ich denn Biografiearbeit machen, wenn ich manchmal nicht einmal zum Waschen komme?« Denn vor dem Kennenlernen, vor der Menschlichkeit, vor der Beziehung steht die Heimstruktur, die Zeitnot, die knappen Ressourcen, stehen die festen Rituale. Im Frühdienst das Waschen der Bewohner, das Essen, die Behandlungspflege, die Organisationsaufgaben.

In dem Heim, in dem Struwe arbeitet, leben 90 Senioren, 45 pro Station. Im Frühdienst sind die Mitarbeiter meistens zu viert auf einer Station – eine Fachkraft, drei Helfer. Jeder übernimmt zehn bis 12 Bewohner, 1,5 Stunden stehen jedem zur Verfügung, um alle mobilen Bewohner zu wecken, sie zu aktivieren, ins Bad zu begleiten, zu waschen, anzuziehen, zu kämmen, in den Speisesaal zu bringen. Um 8 Uhr ist Frühstück, bis dahin müssen alle fertig sein.

Das ist mehr ein Durchpflügen, ein Durchhetzen, Abarbeiten, da bleibt kaum Raum für echte Zuwendung, für das Fördern von Selbstständigkeit, keine Zeit, um sich einlassen zu können, wenn es ein Problem gibt oder Kummer. Weil man immer schon den nächsten Schritt im Tagesablauf im Nacken spürt, der abgehakt werden muss. Während die Fitteren frühstücken, sind die Bettlägerigen dran: waschen, wickeln, das Bett richten, Essen anreichen. »Währenddessen drückt bei den Ersten am Tisch schon bald wieder die Blase, die müssen zur Toilette gebracht werden, und wenn man nicht rechtzeitig bei ihnen ist, dann geht auch mal was daneben, dann muss man eben wieder waschen«, sagt Struwe. Danach steht die Behandlungspflege an: Medikamente austeilen, Insulin verabreichen, Verbände wechseln, mit Hausärzten telefonieren, Dokumentation, Organisation – alles in erster Linie

Struwes Job während einer Schicht, denn er ist die Fachkraft, und die Fachkraft hat jeweils die Stationsleitung inne. Eine Fachkraft pro Dienst ist in vielen Heimen inzwischen oft Standard, die anderen Mitarbeiter sind sogenannte Helfer.

Auf dem Weg in die Deprofessionalisierung

Aber wie genau definiert man nun diese Fachkräfte und wie die Helfer? Es ist wichtig, das anzuschauen, denn in der Altenpflege hat sich eine ganz spezielle Struktur herausgebildet. Eine gefährliche Struktur, wie viele Experten meinen. Weil diese Entwicklung vielleicht Schatten vorauswirft, weil in der Altenpflege etwas angefangen hat, was sich in der Krankenpflege fortsetzen könnte. Was heute in erster Linie ältere Menschen betrifft, könnte künftig auch auf alle Patienten in den Krankenhäusern zukommen.

Aber mal von vorn: Bis zur Einführung der generalistischen Ausbildung im Jahr 2020, die die Krankenpflege, die Kinderkrankenpflege und die Altenpflege nun vereint, war die Ausbildung zum/r Altenpfleger/Altenpflegerin eigenständig und dauerte drei Jahre. Weil es in der Altenpflege – übrigens schon vor sehr vielen Jahren – nicht ausreichend ausgebildete Fachkräfte auf dem Markt gab, dagegen aber sehr viele pflegebedürftige Menschen, wurde damit begonnen, die Zugangsvoraussetzungen zur Ausübung des Berufs drastisch zu senken.

So arbeiten heute sehr viele Quereinsteiger in den Alten- und Pflegeheimen, als sogenannte Pflegehelfer oder Pflegeassistenten. Es gibt keine einheitliche Berufsbezeichnung für sie, weil es eben auch keine einheitliche Berufsausbildung für sie gibt. Sie haben nicht drei Jahre gelernt, sondern oft nur sechs Wochen, manche Qualifizierungsgänge dauern auch zwischen einem und zwei Jahren. Es gibt in diesem Bereich schlicht keine einheitliche Regelung. Initiiert und gestaltet werden die Inhalte dieser Weiterbildungen in der Regel von den Trägern eines Heims – und sie werden dafür von der Arbeitsagentur durch sogenannte Bildungsgutscheine unterstützt. Bildungsgutscheine sind ein beliebtes Instrument, um Langzeitarbeitslose beruflich wieder einzugliedern oder Menschen vor der Arbeitslosigkeit zu bewahren. Der Träger bekommt die Ausbildungskosten vom Staat erstattet und obendrein einen im Schnelldurchgang ausgebildeten, günstigen Mitarbeiter. »Das ist ein riesiger Markt und ein beliebter Weg, Menschen in die Altenpflege zu drücken«, sagt Yvonne Falckner. Sie ist Krankenschwester sowie Dozentin für Pflege und Soziales und hat zehn Jahre lang im Bereich der Helferausbildung als Dozentin gearbeitet. »Aus politischer Sicht hat eine solche Strategie gleich mehrere Vorteile«, sagt sie. »Sie kaschiert die durch den Fachkräftemangel entstandene pflegerische Unterversorgung in vielen Heimen, stabilisiert gleichzeitig die Arbeitslosenstatistik, weil sie Arbeitsplätze für Langzeitarbeitslose schafft, und sorgt dadurch gleich doppelt für gute Schlagzeilen.«

Grundsätzlich ist es nicht schlecht, dass es Helfer in den Heimen gibt, denn es gibt eine Reihe von Aufgaben, die von ihnen übernommen werden können. Es ist keine Seltenheit in einem Heim, dass die Anreichung einer Mahlzeit bei einem einzigen Bewohner eine ganze Stunde dauern kann, um nur ein Beispiel zu nennen. Zeit, die eine Fachkraft dann gut in pflegeintensivere Tätigkeiten investieren kann, wenn jemand ihr die Essensanreichung abnimmt. Grundsätzlich finden auch über diesen Weg Menschen in die Pflege, die ihre Arbeit von Herzen und sehr gut machen. All das hier soll sich nicht gegen ihre Motive oder Kompetenzen richten. Jeder Mensch, der sich für einen Pflegeberuf interessiert, ist wertvoll und muss geschätzt werden. Grundsätzlich kann es aber sehr problematisch werden, wenn der Anteil der Helfer den der Fachkräfte übersteigt. Und genau in die Richtung entwickelt es sich gerade. Der Anteil der Helfer klettert seit Jahren kontinuierlich, aktuell sieht die Verteilung so aus: Von den 601.000 sozialpflichtig beschäftigten Altenpflegekräften sind 48 Prozent Altenpflegehelfer.[30] In vielen Heimen ist das Verhältnis 60 Prozent Helfer zu 40 Prozent Fachkräften bereits Realität.

Und warum ist das nun gefährlich? Weil es eine stille Aushebelung der Professionalisierung in diesem Beruf ist. Es ist gut und wichtig, gute Absichten zu haben, wenn man in diese Branche einsteigt, ein großes mitfühlendes Herz, aber es ist häufig einfach nicht genug. In bestimmten Bereichen muss man gut ausgebildet sein, muss man den Gesundheitszustand, Veränderungen und Symptome sicher erkennen und auf sie reagieren können. Das ist nichts anderes als in der Krankenpflege auch. Man muss Handgriffe beherrschen, sich in Pharmakologie auskennen, Medikamente kompetent dosieren und verabreichen können. Die Ausbildung dauert nicht umsonst drei Jahre. In Heimen, wo der Helferanteil höher ist als der der Fachkräfte, übernehmen Helfer schon mal mehr Aufgaben als nur die, für die sie qualifiziert sind. Hinter vorgehaltener Hand ist das längst bekannt, hinter geschlossenen Türen wird das schon lange geduldet, denn der Alltag ist anders schlicht nicht zu realisieren. Eine Fachkraft allein auf Station kann sich schließlich nicht teilen, um all die Aufgaben zu erledigen, die nur von einer Fachkraft erledigt werden dürfen. Also springen dafür schon mal die Pflegehelfer ein, in manchen Heimen mehr, in anderen weniger. So etwas sollte nicht sein, in anderen Bereichen, in anderen Berufen würden wir das nicht zulassen. Stellen wir uns zum Beispiel mal vor, dass ein ungelernter Mitarbeiter ein Hausdach im Alleingang fertigstellen soll oder dass der Azubi die Produktionsmaschinen steuert. Am Menschen lassen wir das zu, da darf das sein, da dürfen die Grenzen schon mal verwischen. Ohne Helfer keine Pflege – das ist mittlerweile ein geflügeltes Wort in der Altenpflege geworden. Es soll Wertschätzung ausdrücken – sicher auch berechtigte Wertschätzung –, es zeigt aber eben auch, wie groß die Problematik mittlerweile schon ist.

Aber es gibt bei der ganzen Sache noch ein ganz anderes, ein übergeordnetes Problem, und das heißt Deprofessionalisierung. Deprofessionalisierung findet schon länger in jedem Bereich der Pflege statt: Niedrigere Zugangsvoraussetzungen zur Ausbildung, Abstriche bei den Ausbildungsinhalten, schlechte und fehlende Anleitung in der Praxis durch den allgemeinen Zeit- und Personalmangel auf den Stationen.

In der Altenpflege kann die Entwicklung bald zu der Haltung führen: Wenn die Altenpflege durch Helfer mit sechswöchigem Weiterbildungskurs aufrechterhalten werden kann, wozu muss man sich dann überhaupt noch eine dreijährige Qualifizierung dazu leisten? Und hinter dieser Haltung steckt eben auch: Pflege kann doch jeder, der das Herz am rechten Fleck hat. Das ist etwas, wogegen wir seit Jahren kämpfen – nachdem Kollegen der früheren Generationen jahrelang dafür gekämpft haben, dass eine hoch qualifizierte Ausbildung in der Pflege überhaupt etabliert wurde.

Am Ende bedeutet weniger Ausbildung weniger Gehalt, weniger Ansehen, aber vor allem eben auch sehr viel weniger Pflegequalität. »Deprofessionalisierung ist ein Weg der Einsparung, weil sie geringere Personalkosten erzeugt«, sagt Yvonne Falckner. Und die Aussicht, sich mal mehr Gehalt oder mehr Rechte zu erkämpfen, haben Altenpflegehelfer zusätzlich nicht. Weil sie keinen einheitlichen staatlichen Abschluss haben, sind sie de facto keine Berufsgruppe, können sich also auch nicht berufsständisch organisieren. Sie haben somit auch keine Chance, für Rechte zu kämpfen, für mehr Gehalt oder bessere Arbeitsbedingungen. Was bleibt, ist eine billige Verfügungsmasse ohne Stimme, ohne Rechte – genau das also, was den privaten Fonds und Investoren, in deren Hand sich eine beträchtliche Anzahl deutscher Alten- und Pflegeheime inzwischen befindet, sicher durchaus sehr gelegen kommt.

Wir sind auf dem Weg, uns daran zu gewöhnen, dass Pflege am Menschen zu Ramsch wird, zu etwas, an dem man beliebig sparen und mit dem man beliebig umgehen kann. Die fehlende Wertschätzung, die überall in der Pflege – zu Recht – beklagt wird, drückt sich auch genau in diesem Niedergang aus. Vielleicht ist es aber auch andersherum, so, wie Dustin Struwe das formuliert: »In Deutschland, habe ich das Gefühl, ist Altwerden einfach nichts mehr wert. Der alte Mensch bedeutet schon der Gesellschaft einfach nichts, der

Politik nichts, und das überträgt sich eben alles auch in die Pflege. ›Im Pflegeheim wischt ihr den Menschen doch nur den Hintern ab, sonst macht ihr da doch nichts‹ – wie oft wir das zu hören bekommen.«

Diese Entwicklung vollzieht sich, während in seinem Alltag und in dem der anderen Alten- und Pflegeheime gleichzeitig die Anforderungen weiter steigen, weil die Menschen insgesamt älter werden, kränker, multimorbid. »Wenn wir hier einen Bewohner haben, der 180 Kilo wiegt, immobil ist, insulinpflichtig ist und auch noch Clostridien ausscheidet, einen ansteckenden Darmkeim, den können wir im Spätdienst nicht einmal zu zweit versorgen, das muss man zu dritt machen, und dann sind schon mal alle Mitarbeiter im Spätdienst eine ganze Zeit lang nur bei einer einzigen Person gebunden«, sagt Struwe. An einzelnen Bewohnern ist heute oft mehr und komplexere Pflege notwendig als früher und außerdem auch noch mehr Dokumentation, Schreibtischarbeit, Behandlungspflege, Organisation. Aufgaben, die vor allem an Struwe als Fachkraft hängen bleiben. Noch so ein Nachteil der Entwicklung: »Ich habe diesen Beruf gelernt, um für die Bewohner da zu sein, aber letztendlich sind es vor allem die Helfer, die Zeit für die Patienten haben, die die pflegerischen Tätigkeiten machen, die nah an den Menschen sind«, sagt Struwe.

Gleichzeitig muss er dabei noch einen anderen Widerspruch aushalten: Fachkraft zu sein und trotzdem wenig zu dürfen. In Alten- und Pflegeheimen ist in der Regel kein Arzt vor Ort, sondern die Bewohner werden durch eine Hausarztpraxis vertreten. Dort müssen sich Struwe und seine Kollegen für jede Kleinigkeit um eine Verordnung bemühen, für jede Voltaren-Einreibung, eine Schmerztablette oder einfach eine medizinische Einschätzung. »Man muss für die banalste Verordnung herumtelefonieren und bei kritischen Symptomen im Zweifel den Rettungsdienst rufen, wenn jemand zum Beispiel erhöhte Temperatur hat oder über unklare Schmerzen klagt«, sagt Struwe. »Wenn ich nicht reagiere, kann das Konsequenzen haben, vom Rettungsdienst kriege ich aber sehr oft einen dummen Spruch, die sind von so was schnell mal genervt. Aber ich muss die Dinge ja abklären lassen, und zum Beispiel am Wochenende gibt es keine andere Möglichkeit, als die 112 zu wählen.«

Regelmäßig schnellen vor allem nachts und an den Wochenenden die Krankenhauseinweisungen von Heimbewohnern in die Höhe.[31] Das ist kein Zufall, denn dann sind zum einen die Hausarztpraxen nicht geöffnet und zum anderen die Alten- und Pflegeheime meistens besonders schlecht besetzt. Auch der Fachkräftemangel trägt seinen Teil dazu bei. »Je unqualifizierter das Pflegepersonal, desto öfter kommt es zu Klinikeinweisungen«, sagt Axel Schroeder, Vize-Vorsitzender des Spitzenverbandes der Fachärzte Deutschlands. Er hält die meisten dieser Krankenhauseinweisungen für vermeidbar.[32] Ein solches Verhalten ist auch deshalb besonders fatal, weil diese Einweisungen einen Kreislauf schließen zwischen der Arbeit in Heimen und meiner Arbeit auf der Intensivstation oder anderen Bereichen der Krankenhäuser. Denn nicht selten endet eine solche initiale Einweisung in den oben beschriebenen Abfolgen von Komplikationen und ständiger Verschlechterung des Gesundheitszustands.

Wir sollten alte Menschen nicht so behandeln und auch nicht diejenigen, die sie betreuen. Warum gönnt man den Pflegebedürftigen eigentlich keinen angemessenen Personalschlüssel, warum nicht bestens ausgebildete Pfleger, warum keine bessere und engere Betreuung durch Ärzte, wo sie doch so häufig einen Arzt brauchen? Warum sind wir nicht großzügiger in diesem Bereich, warum wird es hingenommen, dass eine solche Haltung so weitverbreitet ist: Zwei Leute auf 40 pflege- und zuwendungsbedürftige Senioren, das muss reichen, mehr Aufwand muss man doch da wirklich nicht betreiben. Warum schätzen wir es nicht, dass es Menschen gibt, die bereit sind, sich anderen in den schwierigsten Lebensphasen zuzuwenden? Warum honorieren wir das nicht angemessen?

Was sagt das alles eigentlich über uns als Gesellschaft aus? Ich finde: nichts Gutes. Es zeigt aber eben auch sehr deutlich, wer oder was in dieser Gesellschaft etwas zählt. Leistung zählt etwas. Es zählen die, die noch effizient sind, agil, die noch etwas einfahren können, Wertschöpfung generieren. Alte Menschen gehören nach dieser Logik nicht dazu. Wobei das eigentlich gar nicht stimmt, denn es handelt sich um eine sehr große Bevölkerungsgruppe. Und diese Probleme sind eben nicht nur die Probleme der Alten. Das ist ein weitverbreiteter Denkfehler. In Wahrheit betreffen die Probleme sehr viel mehr Menschen aus allen Altersgruppen, aber das wird gerne unterschlagen.

Pflegende Angehörige – die heimliche Stütze des Gesundheitssystems

Langzeitpflege betrifft auch junge Menschen, auch Kinder brauchen sie, sehr viele sogar. Rund 400.000 Menschen im Alter von 0 bis 59 Jahren sind in Deutschland pflegebedürftig, darunter mehr als 80.000 Kinder unter 15 Jahren. Nicht berücksichtigt sind in dieser Zahl die Pflegebedürftigen in den Einrichtungen der Hilfe für behinderte Menschen.[33] Die Gründe, warum sie auf Pflege angewiesen sind, sind sehr unterschiedlich. Sie haben ALS, Querschnittslähmungen, Schlaganfälle, MS, sie haben chronische Erkrankungen oder schwere Unfälle überlebt und Behinderungen davongetragen. Dennoch werden diese Menschen sehr oft ein Problem der Altenpflege. Weil es schlicht nicht genug Pflegeplätze in geeigneten Einrichtungen für sie gibt, landen sie sehr oft in Pflegeheimen für Senioren. Im besten Fall ist das Heim auch auf jüngere Menschen eingestellt und hält ein paar altersgerechte Angebote vor, im schlimmsten Fall läuft auch ein junger Patient in einem rein auf Senioren ausgerichteten Alltag einfach mit. »Fehlplatziert« lautet dann der Fachbegriff für junge Erwachsene, die zwischen hochbetagten Senioren untergebracht sind und von Altenpflegern betreut werden, denen für diese Menschen häufig die Erfahrung und auch die Zeit fehlen.

Aber wir übersehen nicht nur diese Menschen, sondern noch eine andere, riesige Gruppe. Auch sie pflegen, auch sie machen harte, lange Schichten, härtere und längere als wir im Krankenhaus sogar – und trotzdem hat für sie noch nie jemand vom Balkon geklatscht: Es sind die pflegenden

Angehörigen. Auch wenn es oft so aussieht und dargestellt wird: Die meisten Menschen, die auf Pflege angewiesen sind, leben nicht in Heimen. Mehr als 70 Prozent werden von ihren Angehörigen betreut, rund 2,5 Millionen Menschen kümmern sich in Deutschland um ihre hilfsbedürftigen Familienmitglieder.[34] Millionen Menschen, die mit all den Sorgen und Belastungen, die eine solche Aufgabe mit sich bringt, so oft unter dem Radar verschwinden. Menschen wie diese junge Mutter.

»Ich bin 34 Jahre alt, und letztens ist mir schmerzlich bewusst geworden: Von da, wo ich jetzt bin, wird es für uns nicht viel weiter gehen. Damit meine ich karrieretechnisch und auch finanziell. Meine Tochter ist 2,5 Jahre alt und mit dem seltenen Pitt-Hopkins-Syndrom auf die Welt gekommen. Klara ist geistig und körperlich behindert, sie wird niemals allein leben können. Entweder übernehme ich die Pflege, oder eine Einrichtung tut das. Ich werde deshalb nie mehr als allerhöchstens 30 Stunden pro Woche arbeiten können. Große Anschaffungen, sparen auf irgendwas, Geld für die Zukunft zurücklegen? Geht nicht. Das ist keine Schwarzmalerei, denn dass pflegende Angehörige von Armut bedroht sind oder sie aktiv leben, ist kein Geheimnis. Ich werde nicht Vollzeit arbeiten können, und auch die paar Rentenpunkte, die ich als pflegende Angehörige zusätzlich bekomme, werden mich nicht aus der Altersarmut holen.

Ich pflege meine Tochter, denn sie ist mein Kind. Noch fühle ich mich nicht ausgebrannt. Zumindest nicht mehr als jedes alleinerziehende Elternteil. Ich werde Klara aber eine ganze Weile weiterpflegen. Bis ich nicht mehr kann, weil ich zu alt bin nämlich. Sie wird wachsen, wir werden vor neue Herausforderungen gestellt werden, und wir werden dafür nicht fair entlohnt. Ich bin 24 Stunden am Tag, 7 Tage die Woche für alle Bedürfnisse meiner Tochter zuständig. Es gibt keinen Feierabend, kein magisches Datum, an dem sich daran etwas ändern wird. 545 Euro Pflegegeld bekomme ich jeden Monat dafür, dass ich neben meiner Erwerbsarbeit und meinen sonstigen mütterlichen Pflichten mein Kind hebe, anziehe, wasche, medizinische Maßnahmen wie Einläufe vornehme, die Nahrungsaufnahme betreue, dass ich mich mit der Pflegekasse um den Pflegegrad streite und mit Behörden um den Grad der Behinderung, dass ich – bis auf die Entlastung durch meine Eltern, die ja nicht ewig anhalten wird – nicht wirklich freibekomme, keinen Urlaub machen kann, auch nachts abrufbereit bin, dass ich den Haushalt alleine wuppe und nebenbei noch raten muss, was meinem Kind fehlt, wenn es weint, weil es nicht sprechen kann und auch keine Sprache versteht. All das wird mit der Zeit nicht weniger, sondern mehr. Ein zweijähriges Kind ohne Körperspannung überall hintragen? Nervig und ein bisschen anstrengend. Ein siebenjähriges Kind? Für mich momentan unvorstellbar. Windeln bei einem Teenager wechseln, nie etwas erklären können, nicht zu wissen, ob man es richtig macht. All die Verantwortung, die soziale Vereinsamung, der soziale Abstieg.

Pflegende Angehörige – bis vor Kurzem habe ich mir darunter nicht viel vorstellen können. Eine ältere Dame vielleicht, die ihre Mutter oder ihren Vater pflegt. Seit ich selbst pflegende Angehörige bin, ist mir klar geworden, dass hier viele Missstände herrschen. Pflegende Angehörige entlasten unser Gesundheitssystem. Ohne uns wäre es auch ohne Pandemie längst zusammengebrochen. Trotzdem werden wir weder adäquat finanziell entlastet, noch erfahren wir Wertschätzung. Schließlich leisten wir Care-Arbeit, und welchen Stellenwert diese in unserer Gesellschaft hat, sehen wir an jeder politischen Debatte zum Elterngeld, zur fairen Entlohnung von Pflege- und Betreuungsberufen und der allgemeinen Auffassung: Wer pflegt, der sollte das aus Nächstenliebe tun und dafür keine Bezahlung erwarten. Pflege muss besser vergütet werden, Pflege muss sichtbar werden. Auch die, die wir Angehörigen leisten.«

Jasmin Taschanna Dickerson

Manchmal werden pflegende Angehörige als der größte Pflegedienst Deutschlands bezeichnet. Von den Dimensionen her mag das stimmen, aber ansonsten finde ich die Bezeichnung ziemlich unangemessen. Denn anders als für uns angestellte Pflegende haben diese Menschen keine arbeitsrechtlichen Privilegien: keinen Anspruch auf Feierabend, keinen Urlaubsanspruch, keine Vergütung oder Altersvorsorge. Ihre Aufgaben stemmen sie oft 24/7 oder noch neben der Berufstätigkeit. Und das geht irgendwann nicht nur an ihre persönlichen Belastungsgrenzen, sondern greift sehr tief auch in alle anderen Lebensbereiche ein: weniger Sozialleben, weniger

Zeit für andere Familienangehörige, für Hobbys und Freizeit. Angehörige zu pflegen belastet oft sozial, und es belastet finanziell, und es belastet vor allem Frauen. Sie führt eine solche Situation oft geradewegs in die Altersarmut.

Denn wie überall in der Pflege sind auch pflegende Angehörige ganz überwiegend Frauen. In diesem Bereich hat es ihnen sogar einen eigenen Begriff beschert: Sandwichfrauen. So werden Frauen bezeichnet, die in jungen Jahren ihre Arbeitszeit reduziert oder den Beruf ganz aufgegeben haben, um die Kinder großzuziehen. Und dann – kaum, dass die Kinder aus dem Haus sind – werden die Eltern oder Schwiegereltern krank, und schon finden die Frauen sich erneut in der Fürsorgearbeit.

Ich habe das bei meiner eigenen Mutter mit angesehen, die sich lange um ihre Schwiegermutter gekümmert hat. Meine Großmutter war kein Pflegefall, aber sie war irgendwann sehr gebrechlich und dement. Also hat meine Mutter neben unserem Haushalt auch den meiner Großeltern geführt: kochen, bügeln, einkaufen, Arzttermine machen, nach den Alten und ihrem Zustand schauen. Ein Urlaub war jahrelang nicht möglich, es musste ja immer jemand nach dem Rechten sehen.

Abgesehen von der Arbeit sind diese Konstellationen innerhalb der Familie nicht immer einfach, vor allem wenn es dabei – wie so oft – um demenziell erkrankte Angehörige geht. Krankheit verändert die Persönlichkeit, oft gesellen sich Depressionen hinzu, aber auch Aggressionen. Im Familiensetting brechen sich alte Konflikte oft wie durch einen Verstärker wieder Bahn. Viele ältere Menschen werden im Alter bitter und bissig, sind sehr schwierig im Umgang, werden gemein zu denen, die ihnen helfen wollen, und das ist für die wiederum nur sehr schwer auszuhalten.

Ein solches Verhalten ist etwas, mit dem wir es auch im Krankenhaus regelmäßig zu tun haben. Alte Menschen können darin sehr speziell sein. Sie verweigern sich, sie kneifen den Mund zusammen, wenn es Essen gibt, sie können nur in Minischritten schlurfen, sie nesteln, sie kneifen, sie wehren sich gegen Aufstehen, Körperpflege oder Anziehen. Manchmal ist das eben nicht einfach nur ein ablehnendes Verhalten, es sind sogenannte leibliche Ausdrucksformen. Etwas, das man deuten können sollte, weil es etwas signalisiert, was dieser Mensch auf anderem Wege vielleicht nicht mehr richtig ausdrücken kann. Diese Ausdrucksformen zu deuten ist eine der Künste, die professionell Pflegende beherrschen. Sie können bedeuten: Bleib noch hier, es ist genug, ich bin gestresst, ich habe Angst oder auch einfach: Ich kann nicht mehr. Manchmal sind das die Dinge, die dahinterstecken, wenn ältere, vor allem verwirrte Menschen laut werden. Und das werden viele; sie beschimpfen einen wüst, werden aggressiv, schlagen um sich.

Gleichzeitig ist es aber auch so: Ein Patient ist nicht immer automatisch auch ein Opfer. Es gibt nämlich durchaus unangenehme Menschen, die alt werden, es gibt grantige, gemeine Menschen, die auf Hilfe angewiesen sind. Als Pflegekraft muss man dahinterschauen können. Warum ist der jetzt so? Ist es die Demenz, verhält dieser Mensch sich jetzt so, weil er sich nicht anders helfen und ausdrücken kann? Oder ist das einfach sein Charakter? Man muss in diesem Beruf leider auch mal einstecken. Man läuft sich die Hacken ab, gibt sein Bestes und muss sich dann und wann trotzdem furchtbar beschimpfen lassen – weil das Wasser, das man bringt, ohne Sprudel ist oder einer zu lange darauf gewartet hat. Alte Menschen stellen manchmal hohe Ansprüche, sehen uns als Servicepersonal, winken mit dem Zeigefinger und rufen »Fräulein!«. Man muss sich zusammenreißen, muss bedenken, was es für Gründe sein könnten, die dahinterstecken. Aber am Ende muss man vor allem damit klarkommen. Manchmal ist es einfach mehr, als man einstecken kann.

Dennoch können wir als professionelle Pflegekräfte solche Situationen leichter lösen als Menschen, die gemeinsam unter einem Dach leben. Wir können eine professionelle Distanz dazu einnehmen, können nach Dienstschluss nach Hause gehen. Bei pflegenden Angehörigen geht das nicht, sie können dem Ganzen nicht entfliehen. Nicht den schwierigen Situationen, der Belastung insgesamt, der Überforderung. Und das ist ein Nährboden, auf dem manchmal Gewalt wächst, leider gibt es auch das. Es ist ein schwer zu erfassendes, trauriges Phänomen, und man geht davon aus, dass es in Heimen und in der häuslichen Pflege vorkommt – und dass Überlastung es begünstigt.

Auch darüber wird eher geschwiegen, über die Probleme pflegender Angehöriger überhaupt. Dabei hätten sie unsere Aufmerksamkeit so sehr verdient, denn insgesamt tun sie diesem System, das sie so wenig bedenkt, einen großen Gefallen: Sie entlasten das Gesundheitssystem durch ihre Arbeit enorm. Ohne sie hätten manche Bereiche der Pflege wahrscheinlich bereits dekompensiert. Aber das ist ein vorübergehender Zustand, darauf können wir uns nicht ausruhen. Weil sich das nämlich schon bald ändern wird. Weil die

Gesellschaft sich ändert, die Familienverhältnisse, die Beziehungen.

Wenn wir über den demografischen Wandel sprechen, dann meistens nur darüber, dass die Menschen älter und kränker werden. Aber das greift zu kurz, denn entscheidend ist auch die Frage: Wer ist das eigentlich genau, der da älter und kränker wird? Experten, die sich damit beschäftigen, sehen an diesem Punkt einen fast noch größeren Sprengstoff als in der Alterung der Bevölkerung allein. Denn die nächste Generation, die in die Pflegebedürftigkeit rutscht, sind die sogenannten Babyboomer. Eine Generation, die ihr Leben vielfach in ganz anderen Strukturen als ihre Eltern verbracht hat. Diese Menschen sind häufiger geschieden, wenn sie überhaupt je verheiratet waren, sie haben weniger Kinder, von denen viele oft weit weg wohnen und die oft sehr eingespannt in ihre eigenen Leben sind, weil Doppelverdiener-Haushalte heute die Regel sind, Frauen oft gar nicht daran denken können, im Beruf kürzerzutreten. Weil sie durch Beruf, Kinder und Haushalt ohnehin schon doppelt und dreifach belastet sind. Die Sandwichfrauen, sie werden wohl zunehmend weniger.

Insgesamt wird es künftig weniger Familienkonstellationen geben, innerhalb derer es möglich ist, die Pflege von Angehörigen zu übernehmen. Und dann wird eine große Gruppe von Menschen die Heime füllen, weil Angehörige fehlen, die die Pflege in den eigenen vier Wänden gewährleisten könnten. Aber Pflegekräfte werden eben halt auch fehlen. Noch viel mehr als heute. Denn sie selbst sind von der Demografie ja nicht entbunden: 40 Prozent der Fachkräfte in der stationären Pflege sind aktuell 50 Jahre und älter.[35] Ein großer Teil der Pflegekräfte, die das System derzeit am Laufen halten, ist in absehbarer Zeit also ebenfalls nicht mehr verfügbar. Und Nachwuchs ist nicht in Sicht.

Falls sich jetzt noch jemand fragt, warum andauernd von einer Katastrophe gesprochen wird, auf die wir zusteuern: Das waren ein paar der Gründe dafür.

Sterbebegleitung – eine große Herausforderung

Das Leben der meisten Menschen in diesem Land beginnt in einem Krankenhaus, und das Leben der meisten Menschen endet dort auch.[36] So schließt sich der Kreis. Nur: Kaum jemand wünscht sich das, niemand möchte gerne in einem Krankenhaus oder einem Heim sterben, intuitiv lehnen wir das für uns ab, aber bei jedem zweiten Menschen kommt es am Ende doch dazu. Der Tod und das Sterben sind Alltag in Krankenhäusern und Heimen, es gehört dazu. Aber leider bedeutet es nicht, dass wir, die Krankenhausmitarbeiter, gut im Umgang damit sind. Eigentlich, wenn man es genau betrachtet, sind wir auf das Sterben und den Tod vielfach zunächst nicht einmal gut vorbereitet. Vielleicht kann man das aber gar nicht wirklich sein. Ich war es jedenfalls am Anfang nur theoretisch. Ein paar Unterrichtsstunden in der Krankenpflegeschule zum Thema Tod und Sterben, ein Sterbeseminar in einem Tagungshaus. Die Stimmung war getragen, Kerzen brannten, wir lernten eine mögliche Abfolge von Sterbephasen, dass Wut eine Rolle spielen kann beim Sterben, oder Leugnung, und wie man darauf eingehen kann. Es war interessant, aber eine Begegnung mit dem echten Tod war es natürlich nicht.

Die folgte für mich gar nicht viel später, und kein Seminar der Welt hätte mich darauf vorbereiten können. Es war während meines Einsatzes auf einer onkologischen Station. Ich war noch Schülerin, und es war einer meiner ersten Einsätze im Krankenhaus überhaupt. Mir war bange vor dieser Station, ich ahnte schon, dass das Thema hier auf mich warten würde. Ich hatte keine Angst vor dem Tod an sich, in meiner Familie wurde immer offen mit diesem Thema umgegangen, ich hatte mehr Angst vor dem Kontext. Sterbende unter Therapie, im Krankenhausumfeld, das stellte ich mir leidvoll vor. Ich hatte ein finsteres Bild von dieser Station im Kopf und war froh, dass es in der Wirklichkeit dann doch ganz anders war. Hell und freundlich, mit insgesamt einer guten Atmosphäre, was vor allem an den Mitarbeitern lag, die ebenso versiert wie einfühlsam waren, die einfach sehr gut darin waren, mit den Menschen, die so hart durch ihre Erkrankung getroffen waren, umzugehen.

Und doch erlebte ich schließlich genau dort eine Situation, die sich für immer in mir eingebrannt hat. Während eines Spätdienstes versorgten wir unter anderem eine Frau, sie war um die 30, aber das wusste ich nur aus der Patientenakte. Die Krankheit und auch die Behandlung hatten sie schon so gezeichnet und ausgezehrt, es war nichts Junges mehr an ihr zu erkennen. Ich sah das auf der Station überhaupt zum ersten Mal, wie Menschen unter Chemozyklen zusehends verfallen. Aber nicht nur unter der Chemo, sondern auch, wie sie sich im Sterbeprozess verändern. Manche schwemmen auf, bei anderen sinkt das Gewebe eher ein, es gibt Unterschiede, aber vieles ähnelt sich auch. Man lernt es zu erkennen, wenn Menschen sich im Sterbeprozess befinden. Die Haut ist oft bleich, manchmal ist zwischen Nase und Mundwinkeln regelrecht ein weißes Dreieck zu erkennen. Das Atemmuster verändert sich. Manche sind sehr schläfrig, andere werden sehr unruhig, sie nesteln mit den Händen und schieben die Füße hin und her, viele mahlen mit dem Unterkiefer, es sind Bewegungen, als müssten sie etwas sehr Kleines zwischen den Zähnen zerreiben.

Auch die Patientin an diesem einen Nachmittag war sehr unruhig, sie war fahrig und verwirrt, sie schien mit sich selbst überfordert. Man sah, dass sie viel geweint hatte, aber sie konnte sich nicht mehr richtig artikulieren, auf Grund von Metastasen im Kopf war sie auch neurologisch schwer beeinträchtigt. Nur eine Sache war noch möglich, und es war herzzerreißend: Sie rief den Namen ihrer Kinder. Immer wieder rief sie nach ihnen. Sie waren noch sehr klein, der Mann betreute sie, deshalb konnte er nicht die ganze Zeit bei seiner Frau sein. Sicher würde er am nächsten Tag wieder zu ihr kommen. Aber sie so zu sehen und zu hören war schmerzhaft und grausam.

Abends übernahm ein Kollege die Nachtschicht, den ich damals sehr geschätzt und bewundert habe. Jeder Kollege hat ja seine eigene Art; in diesem Job und wie wir ihn ausführen, steckt auch immer eine große Portion der eigenen Persönlichkeit und des Temperaments. Und dieser Mann hatte einfach eine Art, dass man sich in seiner Anwesenheit immer wohlgefühlt hat, er war angenehm und einfühlsam, jemand, den man sich im Krankenhaus für sich nur wünschen kann. Als ich am nächsten Tag zum Frühdienst kam, saß dieser

Pfleger zusammengesunken im Dienstzimmer, es war kurz vor der Übergabe, und er weinte; er hat Rotz und Wasser geheult, er war bleich, tief erschüttert. Es stellte sich heraus, dass sich in dieser Nacht der Zustand vieler Patienten gleichzeitig verschlechtert hatte. Sechs Patienten wurden präfinal, befanden sich also in der letzten Sterbensphase. Sechs Patienten, bei denen mein Kollege im Grunde gleichzeitig hätte sein müssen. Natürlich konnte er das nicht sein, natürlich zerriss er sich, rannte von einem zum nächsten, gab sein Möglichstes.

Die Corona-Pandemie hat den Begriff *Triage* bekannt gemacht, er bedeutet so viel wie »Auswahl« und beschreibt eine Notsituation mit vielen Betroffenen, in der entschieden werden muss, wer als Erster Hilfe bekommt. Es gab eine allgemeine Erleichterung darüber, dass wir in Deutschland im Zusammenhang mit Covid-19-Patienten drum herumgekommen sind, Triage anzuwenden. Aber in einer gewissen Weise triagieren wir in Krankenhäusern ständig. Weil wir immer wieder in Situationen geraten, in denen wir entscheiden müssen, wer zuerst versorgt wird. Und das ist furchtbar.

Mein Kollege rannte zwischen Sterbenden hin und her, zwischen weiteren schweren Pflegefällen, die ebenfalls versorgt werden mussten, und dazwischen hörte er immer wieder die Patientin aus ihrem Zimmer nach ihren Kindern rufen. Bis er es irgendwann nicht mehr hörte. Und als er es endlich zu ihr schaffte, war es zu spät. Sie war tot. Das war schon schlimm, aber es war nicht allein ihr Tod, der ihn bestürzte. Er fand die Frau halb über dem Bettgitter hängend, sie muss versucht haben, sich aus dem Bett zu winden, über das Gitter zu klettern. Sie war eingekotet, Blut lief aus ihrer

Nase. Es war so entwürdigend, so schockierend. Mein Kollege wusste nicht einmal, wie lange sie bereits tot war. Und er kam damit nicht klar, er hatte brutale Gewissenskonflikte. Immer wieder ging er durch, was er hätte anders machen können, wie er das Ganze hätte verhindern können. Aber vermutlich war das unmöglich.

Es ist nun schon mehr als 14 Jahre her, aber ich sehe diese Frau heute noch vor mir, ich sehe sie ganz klar, ich weiß noch immer ihren Namen, und ich weiß noch ganz genau, wie erschütternd das alles war. So darf keiner sterben. Und so passiert es in der Regel auch nicht. Es war eine extreme Nacht, sechs präfinale Patienten sind extrem. Aber zwei gleichzeitig können auch schon zu viele auf einmal sein, auch dann kommt einer zu kurz. Es ist ein Drama, in das wir immer wieder geraten können, das sich plötzlich einstellt und das wir dann kaum abwenden können. Aber es häuft sich, solche Situationen werden mehr, je weniger wir in diesem Beruf werden.

Vor dem Einsatz auf der Onkologie, als ich zwar meine Befürchtungen hatte, hatte ich gleichzeitig aber auch eine Hoffnung. Ich dachte, dass man es im Krankenhaus den Menschen, die es in besonderem Maße schwer haben, auch in besonderem Maße leichter machen kann. Ich dachte in etwa: Wenn jemand schon Krebs hat, wenn er vielleicht bald sterben muss, dann ist das etwas, das auf der Onkologie sicher mit bedacht wird, dass man dort besser ausgestattet ist, an Zeit, an Personal, an Zuwendungsmöglichkeiten. Ganz so war es dann leider nicht. Zeit und Personal waren schon damals ein Problem, dennoch hatte das Team dort die Möglichkeiten, auf die speziellen Bedürfnisse der Patienten einzugehen. Der Umgang dort war rücksichtsvoller und zugewandter als auf anderen Stationen. Ich war damals froh und erleichtert, das zu sehen. Und heute bin ich frustriert, weil ich weiß, dass es vielfach eben nicht mehr so ist, dass inzwischen fast alle Onkologien genauso wie alle anderen Bereiche unter enormem Pflegepersonalmangel leiden und dass das auf Stationen wie diesen besonders schmerzvoll ist.

Heute weiß ich, dass es gar nicht selten vorkommt, dass Patienten manchmal erst nach Stunden tot aufgefunden werden. Und ich weiß aus eigener Erfahrung, wie es ist, jemanden in dem einen Zimmer unter Hochdruck zu versorgen, während nebenan ein anderer gerade stirbt. Wir hetzen durch das Tages- oder Nachtprogramm und hoffen, dass wir wenigstens im letzten Augenblick eine Zeitlücke finden, um wenigstens noch kurz die Hand zu halten. Um wenigstens einen kleinen Moment bei einem Sterbenden zu sein. Aber oft gelingt uns nicht einmal mehr das. Da, wo für die Menschen, die gesund werden sollen, schon kaum eine ruhige Minute übrig ist, bleibt für Sterbende meistens erst recht keine. Nicht auf der Normalstation, nicht auf der Intensiv und manchmal nicht einmal dort, wo der Tod ein ständiger Begleiter ist.

Hallo Franzi,

anbei einige Erfahrungen aus meinem Alltag in der Onkologie. Wir sind eine onkologisch-hämatologische Station in einer großen Klinik, mit maximal 16 Betten. Die Patienten sind im Alter von 18-99, grob gesagt. Die etwas Jüngeren haben relativ gute Prognosen, jedoch haben wir hauptsächlich Patienten, die eine palliative Chemo erhalten.

Unser Team besteht aus 15 Mitarbeitern, nur wenige davon arbeiten Vollzeit. Momentan haben wir über zwei Stellen unbesetzt, was sich natürlich bemerkbar macht. Normalerweise sind wir im Frühdienst drei Examinierte, im Spätdienst zu zweit und im Nachtdienst allein. Derzeit sind wir nur zu zweit im Frühdienst, was sich bemerkbar macht. Wir haben halt nicht nur mobile Patienten und solche, die sich weitestgehend selbst versorgen können, sondern eben auch pflegeintensive Patienten, für die man mehr Zeit benötigt. Gerade in der Onkologie ist die Arbeit mit den Schwerkranken intensiver, die Patienten sind hoffnungslos, appetitlos, benötigen einfach mehr Zeit, um Gedanken loszuwerden und Gespräche zu führen. Dazu kommt die Angehörigenarbeit, die auch viel Zeit in Anspruch nimmt. Viele Patienten kommen zur Aplasie-Überwachung nach einer Chemotherapie, leiden unter Fatigue, sind also ständig müde, essen nichts, weil sie Geschmacksstörungen haben und der Appetit fehlt oder sie eine starke Mukositis haben, oder klagen über Übelkeit und sind nur am Brechen, entwickeln Fieber und Infekte. Oftmals werden die Patienten damit leider alleine gelassen, weil wir eben zu wenig Personal haben.

Wenn wir mal präfinale Patienten haben, muss man sagen, dass für sie am wenigsten Zeit bleibt. Da gibt es eben einen Teil der Patienten, die laufende Chemos haben, man muss bei den einen das Supportiv-Programm anhängen, bei einem anderen den Port anstechen, bei wieder dem nächsten Blut abnehmen, während ein anderer über Übelkeit klagt. Da muss man sehen, was man zuerst macht, und der Sterbende kommt zu kurz. Dabei würde man sehr gerne am Bett sitzen und die Hand halten und den Patienten begleiten. Da man nur zu zweit im Dienst ist, ist es sehr problematisch, wenn ein Notfall auftritt. Dann sind eben zwei Pflegekräfte bei einem Patienten, wo derweil 15 andere Patienten auch etwas benötigen. Genauso im Nachtdienst, da ist man auf sich alleine gestellt. Wenn man im Nachtdienst jemanden reanimieren muss, hat man kaum Hilfe. Man muss selbst das Reateam anrufen, die Reanimation starten, bräuchte aber jemanden, der das Reabrett und den Notfallkoffer holt, da kann man sich schlecht zerteilen.

Der ganze Stress und Zeitmangel wirken sich natürlich negativ auf Patienten aus. Durch die ganzen unbesetzten Stellen kann man eben leider nicht die Sterbebegleitung machen, die man gerne machen würde. Und das ist sehr traurig. Da passiert es schon mal, dass die Patienten alleine versterben, ohne dass jemand bei ihnen war.

Patricia

Ich denke, dass jeder von uns eine Vorstellung davon hat, wie er sterben möchte, dass jeder spontan die wesentlichen Dinge nennen würde: ohne Schmerzen gehen, ohne Angst, möglichst sanft – und vor allem nicht allein. Wir Schwestern und Ärzte bemühen uns um diese Dinge, wir bemühen uns, das für jeden möglich zu machen, der es braucht. Bei uns auf der Intensivstation gelingt uns zumindest der eine Teil regelmäßig: Wir können Schmerzen sehr gut nehmen, häufig sind die Patienten ohnehin tief sediert und gehen in diesem Zustand von der Welt. Das ist einerseits ein beschwerdefreier Tod, ein technischer, beinahe standardisierter Tod. Andererseits gehört zum Abschied von dieser Welt noch sehr viel mehr dazu. Dass jemand da ist, damit wir das nicht allein durchstehen müssen, dass wir fühlen oder gesagt bekommen, dass unser Leben gezählt hat, dass wir geliebt und nicht vergessen werden, auch wenn wir jetzt gehen. Ich glaube, dass die meisten Menschen ein tiefes Bedürfnis danach haben, im Sterben nicht allein zu sein, und dass es im Mittelpunkt der Versorgung todkranker Menschen stehen muss, dieses Bedürfnis zu stillen.

Manchmal ist es schwer, genau dann bei einem Sterbenden zu sein, wenn es darauf ankommt. Nicht nur für uns, weil wir im Stationsalltag zu wenig Zeit dafür finden, sondern auch für Angehörige. Sterben ist anders, als die meisten es sich vorstellen, anders, als es uns manchmal in Filmen vermittelt wird: ein schnelles Aushauchen, letzte gemurmelte Abschiedsworte, Versöhnung. Nein, der reale Tod nimmt sich meistens Zeit, es heißt Sterbeprozess, weil das Sterben Phasen durchläuft, es kann sich hinziehen, manchmal über Tage. Es kann Beschwerden und Phänomene auslösen, die Menschen ohne Erfahrung in diesen Dingen Angst machen oder sie tief erschüttern können, weil sie sie nicht deuten können; weil sie nicht wissen, wie sie darauf reagieren sollen. Sterben ist komplex, es ist zeitintensiv. Es geht mit anderen Bedürfnissen und Anforderungen einher, fordert einen anderen Grad an Zuwendung, eine andere Pflege und Versorgung – und es ist kein Geheimnis, dass Sterbende während solcher Zeiten im Krankenhaus oft nicht gut aufgehoben sind.

Man weiß das, schon lange sogar. Man muss aber auch sagen, dass wir in diesem Bereich insgesamt auf dem Weg der Besserung sind. Es gab Zeiten – und die sind noch gar nicht so lange her –, da wurden Patienten zum Sterben ins Badezimmer geschoben, weil sie im Sechsbettzimmer für die anderen Patienten nicht zumutbar waren. Sterbebegleitung? Eine Aufgabe für den Seelsorger. Schmerzmittel? Bitte nicht zu großzügig, das könnte ja abhängig machen. Vielleicht rührt daher die Urangst vieler Menschen, in einem Krankenhaus zu sterben. So untragbar heute vieles ist, insgesamt wird zumindest der Umgang mit Sterbenden besser. Das liegt auch an einer starken Palliativ- und Hospizbewegung, die sich in Deutschland vor etwa 20 Jahren herausgebildet hat und sich immer weiter etabliert. Der Bereich wächst und ist trotzdem noch so jung, dass die meisten Menschen ihn nicht kennen oder eine falsche Vorstellung davon haben. Ich nehme mich da selbst nicht aus. Ich habe den Bereich erst so richtig kennen gelernt, als mein eigener Vater krank wurde.

Palliativversorgung – die besonderen Bedürfnisse am Lebensende

Nach seiner schwerwiegenden Krebsdiagnose dauerte es zwei Jahre, bis die Schulmedizin meinem Vater nicht mehr helfen konnte. Aber diese zwei Jahre hatten wir gewonnen – und sie waren wichtig, sie waren wertvoll, jeder einzelne Tag davon. Nach mehreren Operationen bekam mein Vater einen

Platz auf der Palliativstation im örtlichen Krankenhaus. Als Schülerin hatte ich dort keinen Einsatz, da sie erst eröffnete, als ich schon längst mein Examen he hatte. Ich wusste nichts über die Abläufe und die Strukturen dort. Und als ich diesen Bereich kennenlernte, war ich überrascht, positiv überrascht. Die Einzelzimmer waren groß, alles war hell und freundlich gestaltet. Aber das Wichtigste war: Die Kollegen dort hatten Zeit. Und sie nahmen sie sich für diejenigen, die eben keine Zeit mehr hatten. Und sie waren flexibel. Die sonst so rigide und festgefahrene Struktur im Tagesablauf gab es hier nicht, keine zwingende Morgentoilette vormittags, keine Untersuchungstermine, kein Alltagsstress, keine Routinen. Stattdessen hatten die Patienten dort die Möglichkeit, diverse Angebote in Anspruch zu nehmen. Über Kunsttherapie bis zu Gesprächen und speziellen Essenswünschen. Aber auch die Erfüllung individueller Wünsche wurde möglich gemacht. An einem Sonntagnachmittag besuchten wir meinen Vater mit den Kindern. Jeder, der wollte, saß draußen in der Sonne. Es gab Eis mit Schlagsahne und Kuchen. Wir waren mitten unter Menschen, die allesamt unheilbar krank waren – und es war schön.

Manche der Patienten auf dieser Station konnten noch selbst gehen, andere saßen im Rollstuhl, und wieder andere lagen im Bett. Jeder Einzelne war gezeichnet von einer schweren Krankheit oder einer langen Therapie, aber man spürte, dass sie dort gut aufgehoben waren. Ich habe in all den Wochen niemanden gesehen, der kein Lächeln auf den Lippen hatte. Es verging kein Tag, an dem ich nicht das Gefühl hatte, dass es meinem Vater dort gut ging. Dass man sich um ihn kümmerte, bedürfnisorientiert und vor allem würdevoll. Das war eine solche Erleichterung in dieser ansonsten so schweren, traurigen Zeit. Jeden Tag konnte ich beruhigt nach Hause gehen, und meine Mutter konnte es auch. Weil die Mitarbeiter dort uns die Sicherheit geben konnten: Wir passen gut auf ihn auf. Und ich wusste, dass wir uns darauf verlassen konnten. Ich hätte es kaum ertragen, wäre mein Papa einer von diesen Patienten gewesen, der von einer Nachtschwester gefunden wird. Vielleicht erst Stunden nachdem er einsam gestorben war. Ich weiß nicht, wie überhaupt irgendein Angehöriger so etwas ertragen kann. Aber ich weiß, dass es genau deshalb gerne verschwiegen wird, wenn es passiert.

Ein Kollege von mir hat einmal gesagt: Eine Normalstation fühlt sich an wie eine Kreuzung in Berlin-Mitte und eine Palliativabteilung wie eine Wiese im Allgäu. Das ist sehr blumig ausgedrückt, aber er hat nicht ganz unrecht. Dabei löst allein das Wort »palliativ« bei den meisten Menschen bis heute reflexartig eher negative Gedanken aus, weil es ausschließlich mit Sterbebegleitung assoziiert wird. Aber Palliativversorgung ist keine Sterbemedizin, sie versteht sich als eine Medizin des Lebens: Sie hat das Ziel, die Folgen einer Erkrankung zu lindern (Palliation), wenn keine Aussicht auf Heilung mehr besteht, Schmerzen zu nehmen und ebenso für alle anderen Arten von Beschwerden ebenfalls eine Lösung zu suchen, auch für die seelischen.

Palliativpfleger und Mediziner wagen sich an Themen heran, über die zu sprechen uns oft so unglaublich schwerfällt. Sie sprechen über das Sterben, darüber, wie der betroffene Mensch es sich wünscht, was er ablehnt, worauf er nicht verzichten möchte, welche Wünsche und Bedürfnisse er hat. Palliativversorgung ist darauf ausgerichtet, dass Pflegende und Patienten eine Beziehung zueinander aufbauen, dass Vertrauen entsteht. »Dann ist es natürlich leichter, über diese Dinge zu sprechen und sich damit auseinanderzusetzen«, sagt Pia Schnurr. Sie ist examinierte Kinderkrankenschwester, hat viele Jahre im Kinder-Hospiz Sternenbrücke in Hamburg gearbeitet und verfügt über viel Erfahrung in der Palliativpflege. Im Mittelpunkt der Betreuung sollte immer stehen: Was braucht der Mensch im Sterben? Die Palliativmedizin hat im Grunde gegen alles ein Mittel, wovor Menschen sich im Sterbeprozess fürchten. Die Mitarbeiter kennen sich bestens aus mit Schmerz- und Symptomlinderung, es stehen Medikamente zur Verfügung, die Angst lösen können, sowie Mittel gegen Luftnot. »Das sind alles Dinge, die man sehr gut lindern und behandeln kann«, sagt Pia Schnurr. »Niemand muss heute fürchten, am Lebensende daran zu leiden.«

Aber das Wissen der Mitarbeiter in der Palliativversorgung reicht noch in ganz andere Bereiche. Heute weiß man zum Beispiel, dass viele körperliche Prozesse im Sterben anders ablaufen, als wir es in der normalen Pflege und Versorgung gewohnt sind. Manches, das in bester Absicht in Heimen und Krankenhäusern noch passiert, schadet im Sterbeprozess eher. »Die Aufnahme von Nahrung und Flüssigkeit sind oft ein großes Thema«, sagt Pia Schnurr. Vor allem Angehörige haben oft Angst, dass der Betroffene verhungert oder verdurstet, weil er Nahrung und Flüssigkeit ablehnt. »Heute weiß man aber, dass der Körper ab einem bestimmten Stadium Nahrung zum Teil nicht mehr verwertet und nur noch minimale Mengen an Flüssigkeit braucht. Oft werden Flüssigkeit und Nahrung trotzdem noch verabreicht, Infusionen gelegt oder Magensonden, um die Menschen zu ernähren.

Abgesehen von dem quälenden Eingriff an sich, kann es zu Beschwerden wie Ödemen kommen, es kann passieren, dass Wasser sich in der Lunge sammelt und durch starke Rasselgeräusche und Atembeschwerden bemerkbar macht, dass Verdauungsbeschwerden hinzukommen, weil der Körper mit Nahrung klarkommen muss, die er gar nicht mehr in der Lage ist zu verdauen. »Die Menschen sterben nicht, weil sie nicht mehr essen oder trinken, sondern sie essen und trinken nicht mehr, weil sie sterben«, sagt Pia Schnurr.

Die Berücksichtigung all dieser Aspekte nennt sich bedürfnisorientierte Sterbebegleitung. Sie kann auch für Pflegekräfte eine Erleichterung sein. Weil man hier keine Maßnahmen unterstützen muss, die man für den Patienten als quälend empfindet, wie eben das Legen einer Magensonde. Auch um diese Bedürfnisse geht es, um den Einklang mit den eigenen Werten, um das Verhindern der moralischen Verletzung.

Palliative Care und Palliativmedizin nehmen auf so viele Aspekte Rücksicht, die im Sterben anders sind als im Leben. Sie begleiten nicht einfach nur bis in den Tod, unter Umständen können sie sogar lebensverlängernd wirken. Es gibt Patienten, die sich unter dieser sorgsamen Therapie und Pflege so erholen, dass sie noch lange am Leben bleiben und diese Zeit auch lebenswert ist. Dass sie das erleben, was Palliativversorgung in erster Linie erreichen will: Leben statt Leid.

Kurz vor seinem Tod haben wir meinen Papa heimgeholt. Auch hier hat uns ein Palliativteam unterstützt, die häusliche Versorgung koordiniert, bei der Beschaffung eines Pflegebettes geholfen, die Medikamentenverabreichung gesteuert. Vier Tage später ist er zu Hause gestorben – so wie er es gewollt hat, daheim, bei seiner Familie. Ein paar Wochen zuvor hatte er auf der Palliativstation zusammen mit einer Kunsttherapeutin ein Bild gemalt: blaues Meer und ein paar Vögel, die um die Sonne flattern, die langsam hinter dem Wasser unterging. Mein Vater hatte das gemalt, ein Mann alter Schule, der immer eher der Rationale war, immer vor allem die Arbeit im Kopf hatte. In den letzten Tagen seines Lebens durfte ich noch eine neue Seite an ihm kennenlernen. Weil er den Raum und die Möglichkeit dafür bekommen hat, sie zu zeigen. Das Bild hängt heute bei meiner Mutter im Wohnzimmer, und ich schaue es so gerne an.

Ich bin so dankbar, dass wir damals das Glück hatten, dass mein Vater auf dieser Station gepflegt werden konnte. Ich bin dankbar, aber ich weiß auch: Es mindert den Schmerz nicht im Mindesten, wenn man am Tag der Beerdigung hinter einer Holzkiste herlaufen muss, in der das Allerliebste nun liegt. Es bringt keinen einzigen Tag zurück. Aber es tröstet. Es tröstet ein bisschen, dass das Leid, die Schmerzen, so gut es geht, gelindert wurden. Und dass man die Möglichkeit hatte, den letzten Weg so würde- und liebevoll wie nur möglich zu gestalten. Dieser Trost ist wichtig. Jemanden zu verlieren ist für die Angehörigen immer furchtbar, aber die Art und Weise, wie man ihn verliert, kann in der Trauerverarbeitung entscheidend sein. So seltsam sich das vielleicht anhören mag: Einem Menschen einen guten Tod bereitet zu haben kann sich gut anfühlen, das kann ein unheimlicher Trost sein. Er ist gestorben, aber er ist auf die bestmögliche Art gestorben. Kaum eine andere Aufgabe ist so traurig wie erfüllend zugleich. Und umgekehrt kann es schlimm werden, wenn die Umstände des Todes nicht gut waren; es kann nahezu traumatisch sein, eine schwere Last, die man viele Jahre lang sehr schmerzhaft in sich herumträgt, zusätzlich zum eigentlichen Verlust.

Deshalb sollte uns dieses Thema sehr wichtig sein – uns als Klinikpersonal, aber im Grunde jedem von uns. Wir sollten das Sterben und die Sterbebegleitung nicht ausschließlich den professionellen Berufen überlassen. Wir alle sollten uns öfter trauen, Angehörige zu begleiten, in den letzten Stunden für sie da zu sein. Sie nach Hause zu holen, so, wie die meisten Menschen es sich wünschen. Ich weiß, dass das schwer ist, dass viele Menschen große Berührungsängste haben und sich diese Aufgabe nicht zutrauen, vor allem, wenn sie keine pflegerischen oder medizinischen Kenntnisse haben. Aber auch hier können einem ambulante Palliative-Care-Teams, sogenannte SAPV (Spezialisierte Ambulante Palliativversorgung) zur Seite stehen, im häuslichen Bereich begleiten, anleiten, unterstützen, die Pflege und medizinische Versorgung vor Ort übernehmen. Auch dieser Bereich wird weiter ausgebaut.

Aber auch für den Palliativbereich braucht es natürlich noch mehr Personal, weitergebildetes, speziell geschultes Personal. Die Wartelisten für Palliativstationen sind mitunter lang, die ambulanten Dienste oft sehr ausgelastet. Aber was es vor allem auch braucht, ist eine bessere Vernetzung, eine stärkere Kooperation zwischen den kurativen und den palliativen Bereichen. Viele Menschen wissen nicht genau, wann und wie sie Anspruch auf Begleitung durch die Palliativteams haben, wenn ein Angehöriger eine lebenslimitierende Diagnose erhält. Das ist ein Problem. Ein anderes ist: Selbst wir in den Kliniken funktionieren in der Vernetzung dieser Bereiche noch nicht optimal. »Palliative Versorgung wird oft sehr spät in Anspruch genommen«, sagt Pia Schnurr. »Das ist etwas, das wir sehr oft erleben: dass man uns erst ruft, wenn eine Erkrankung schon sehr weit fortgeschritten ist, und ein, zwei Tage später ist der Patient bereits tot. Dabei kann man palliative Versorgung oft schon sehr früh mit einbeziehen, auch als Konsil, um gemeinsam zu schauen, was die besten Möglichkeiten für den Patienten sein könnten.«

Aber das fällt in den Krankenhäusern bisher noch vielfach schwer, denn da stehen wir wieder vor Problemen, wie den bereits zu Beginn dieses Kapitels erwähnten: Wann will man dem Tod den Vortritt vor dem Leben geben? Wann ist der beste Zeitpunkt, über das Aufhören nachzudenken statt über das Weitermachen? Entscheidungen, die schwerfallen in einem Klinikalltag, der auf Heilung ausgerichtet ist und in dem der Tod eher als unerwünschte Nebenwirkung betrachtet wird. In einem Alltag, wo wir auf das Handeln und Hoffen ausgerichtet sind, weniger auf das Seinlassen und Akzeptieren.

Mir persönlich geht das auch so, mir liegt das Machen mehr als der Umgang mit Situationen, in denen alles bereits zu spät scheint. Mir fällt der Umgang mit Angehörigen von Sterbenden sehr schwer, das Ausloten, was sie in solchen Momenten brauchen. Meinen Beistand oder ihre Ruhe? Was ist mein »Herzliches Beileid« denn wert? Ist es überhaupt angemessen, das zu sagen? Ich bin unsicher in diesen Dingen, auch, weil ich diesbezüglich nicht gut ausgebildet bin. Ich habe mir etwas bei Kollegen abgeschaut, handele situativ und hoffe, dass ich das Richtige tue. Aber eigentlich bewege ich mich immer wieder auf dünnem Eis.

Das Sterben, der Tod spielen in der Ausbildung eine viel zu geringe Rolle – bemessen daran, wie groß ihre Rolle im Krankenhausalltag letztlich ist. Sterbebegleitung braucht Schulung, Erfahrung und Zeit – Ressourcen, die im Schwinden begriffen sind. »Man darf nicht vergessen: Da treffen zwei sich fremde Menschen in einer so existenziellen Situation aufeinander«, sagt Pia Schnurr, »vor allem frisch Examinierte sind in solchen Situationen am Anfang oft total verloren.«

Auch weil Sterben oft ein Prozess ist, mit dem sich Pflegende schwertun. »Das Pflegepersonal kommt hier oft an einen Punkt, wo es sich überflüssig fühlt, weil das, was es ansonsten immer tut, nicht gefragt ist«, sagt Pia Schnurr. Das Nichtstun, das Unterlassen. »Ich kann doch nicht nichts tun! Das ist etwas, was uns Pflegekräften oft schwerfällt. Aber genau das brauchen Sterbende manchmal.« Der Palliativmediziner Gian Domenico Borasio nennt es »liebevolles Unterlassen«. Er sieht im Sterben einen Vorgang, der am besten abläuft, wenn er nicht von außen durch ärztliche Eingriffe gestört wird. Es geht dann auch mal darum, etwas einfach auszuhalten, die Trauer, die Ausweglosigkeit. Nichts Kluges zu sagen und keinen beschwichtigenden Spruch zu machen, sondern zuzulassen, dass es nichts mehr zu sagen oder zu tun gibt, nicht mehr aktiv zu sein, nicht mehr loszurennen, um irgendwas zu holen, keine weitere Therapie mehr anzufangen. Manchmal ist die bloße Anwesenheit mehr wert als Worte und Taten.

Pia Schnurr und ihre ebenfalls sehr lange in der Palliativversorgung tätige Partnerin Corinna Nordhausen coachen Pflegekräfte mittlerweile in diesen Dingen. Sie wollen den Blick schärfen für die besonderen Bedürfnisse von

Sterbenden. Ihre Vision ist, dass es auf jeder Station jemand im Team gibt, der diese Bedürfnisse im Blick hat, der sich dieses Themas in besonderer Weise annimmt und Lösungen für den Alltag sucht – so klein sie auch sein mögen, selbst wenn der Zeitdruck noch so groß ist. »Wenn es im Klinikalltag nicht möglich ist, sich stundenlang zu einem Sterbenden zu setzen, dann macht man es eben nur für zehn Minuten. Dann aber mit voller Zugewandtheit, auch das kann schon zählen. Auch begrenzte Zeit kann wertvolle Zeit sein, wenn man sich voll und ganz widmet«, sagt Pia Schnurr.

Man kann Rituale einführen, ein Abschiedszimmer für die Angehörigen einrichten – und sich selbst auch mal Raum zum Trauern geben. Auch das ist manchmal notwendig. Nur weil das Thema uns oft begegnet, bedeutet es nicht, dass es uns nicht berührt, dass es uns so einfach wieder loslässt.

Hallo Franzi,

zwei Geschichten bleiben mir wohl immer im Gedächtnis:

Unser Knirps.

Wir hatten bis Mitte letzten Jahres einen Jugendlichen bei uns auf der Palliativstation mit einer angeborenen Erkrankung, die letztendlich zum Tod führte. Er kam beatmet zu uns. Essen, sprechen, trinken ging bis kurz vor Schluss noch. Er war 2,5 Jahre bei uns. Anfangs hatte er es sehr schwer, da er bis zur Kanülierung zu Hause war. Er hatte schreckliches Heimweh. Seine Mama und seine Schwester haben ab und zu mal bei ihm geschlafen. Sonst haben wir uns ans Bett gesetzt, bis er eingeschlafen war. Irgendwann hat er dann Vertrauen zu uns gefasst, und es wurde immer lustiger. Er hat uns veräppelt und wir ihn. Wir sind ins Zimmer gekrochen, um ihn zu erschrecken. Er ist uns sehr doll ans Herz gewachsen. Zwei meiner Kollegen haben ihm mit dem Wünschewagen, einem speziellen Krankentransport, noch den Wunsch erfüllt und sind mit ihm an die Ostsee gefahren, weil er noch einmal im Meer baden wollte. Na ja, daraus wurden ein paar Sekunden in den Armen seiner Mama, weil es zu kalt am Po war.

Wir haben mit ihm gelacht, gestritten und geweint. Wie Geschwister. Ich habe mit ihm auch über seine Beerdigung gesprochen, als er es wünschte. Die letzten Tage waren schlimm. Er hatte Luftnot und tierische Angst. Mit Morphin ging es, er sagte immer, dadurch ist er seinem toten Papa ganz nah und träumt von ihm.

Als er gestorben war, brach für alle eine Welt zusammen. Für ein paar von uns stand fest, zu seiner Beerdigung zu gehen. Seine Mama bat eine Kollegin und mich, die Trauerrede zu halten, da sie es nicht konnte. Glaub mir, das war hart. Meine Kollegin schrieb die Rede mit mir, konnte sie aber nicht halten. Also tat ich das. Mir hat es fast den Hals zugeschnürt. Aber es war befreiend. Wir glauben, dass er immer noch irgendwie unter uns ist. Fast jede Nacht zu seiner Schlafenszeit flackert eine Lampe bei uns im Gemeinschaftsraum.

Die Mama.

Sie hatte Brustkrebs, welcher schon stark gestreut hatte. Hauptsächlich in die Lunge. Sie war selbst Krankenschwester, und ich kannte sie noch aus meiner Lehrzeit vom Sehen. Sie war so alt wie meine Mama, und ihre Tochter ist so alt wie ich. Sie war eine sehr starke Frau. Sie hat so viele Nebenwirkungen einfach weggesteckt. Aber die Übelkeit und die Luftnot machten ihr sehr zu schaffen. Sie versuchte härter zu wirken, als sie war. Unsere Ärzte nehmen sich grundsätzlich extrem viel Zeit für die Patienten. Da kann eine Visite auch schon mal eine Stunde bei jemandem dauern. Schlussendlich ist sie für sich zu dem Entschluss gekommen, das alles nicht mehr aushalten zu wollen und sich palliativ sedieren zu lassen.* Das bedeutet nicht, dass man jemanden in eine Narkose wie bei einer OP setzt, sondern dass man einen leichten Dämmerschlaf herbeiführt. Die Patienten sind oft noch aufweckbar. Das Ganze wird aber vorher lang besprochen, mit der Patientin, den Angehörigen, dem Personal. Unsere Ärzte setzen sich mit allen zusammen, bis ein gemeinsamer Nenner gefunden wird. Im Endeffekt zählt aber der Wille des betroffenen Menschen.

Es kam dann dazu, dass wir sie sedieren wollten. Ihre Tochter und ihr Mann waren am Bett sowie ein Kollege, ich und der Chefarzt. Sie verabschiedete sich von ihrer

---

* Eine palliative Sedierung ist eine selten angewandte Methode, die die Symptomlast im Sterben nehmen soll, wenn alle anderen therapeutischen Maßnahmen versagt haben.

Tochter und ihrem Mann. Seitdem weiß ich wirklich, was es heißt, wenn einem das Herz zerreißt. Ihr Mann sagte ihr, dass sie die Liebe seines Lebens ist und er nichts hätte ändern wollen. Sie sagte ihm, dass sie ihn auch nach dem Tod lieben wird. Sie gab ihrer Tochter einige Ratschläge mit. Mein Kollege und ich konnten unsere Tränen nicht zurückhalten. Wir hielten uns an den Händen, um uns beizustehen. Dann drehte sie sich um, nickte dem Chefarzt zu und sagte, sie wäre bereit. Der Chefarzt und ich stellten den Perfusor an. Sie lächelte ihren Mann und ihre Tochter an, bis sie einschlief. Es war so schwer. Sie hat noch zwei Tage gelebt. Entspannt und ausgeglichen. Ohne Schmerz und ohne Symptome.

Als sie verstorben war, kam die Tochter auf mich zu, drückte mich so fest wie möglich. Sie sagte mir, dass ich genau richtig in dem Job wäre und behalten solle, was mich ausmacht. Zum Schluss gab sie mir ein flüchtiges Küsschen auf die Wange. Mir blieb die Luft weg. Und an diese Worte erinnere ich mich immer wieder, wenn es mal nicht so rundläuft.

Theresa

Ich kenne diese Fälle, diese Patienten oder Todesumstände, die einen nicht mehr loslassen. Und das ist auch in Ordnung, auf eine Weise. Es ist eine Würdigung: Wir erinnern uns, wir haben euch gesehen, wir haben uns um euch gekümmert, und manchmal hat uns unglaublich berührt, was euch zugestoßen ist.

Die Menschen werden in Kliniken geboren, die Menschen sterben in Kliniken, und in der Zeit dazwischen kann einem Menschen so unendlich viel zustoßen, dass er Medizin und Pflege braucht. Wir sehen Menschen in so vielen verschiedenen Situationen, in ihren schwärzesten Stunden, in ihrer größten Hilflosigkeit oder Verzweiflung. Wir sehen Menschen gesund werden, was uns freut, und wir sehen Menschen, wo Heilung nicht mehr möglich ist, was uns bekümmert. Ich will mir beides nicht versagen, nicht die Freude und nicht die Trauer. Aber was ich mir auch nicht versagen möchte, ist, eine Grenze zu ziehen. Ich kann mich erinnern, und ich kann würdigen, ohne dass es mich kaputtmacht. Ich habe gelernt, dass das möglich ist. Professionelle Distanz nennt man das, und ich beherrsche sie, ich lege Wert darauf, und ich sehe darin keine Gefühlskälte, sondern eine Notwendigkeit. Es ist ein Akt der Selbstfürsorge. Etwas, das ich beherrschen muss, weil ich weitermachen will, weil ich nicht zugrunde gehen will in diesem Job, der einem so viel abverlangt auf so vielen Ebenen. Ich darf meine Kraft nicht bei denen lassen, die gegangen sind, weil ich sie für die brauche, die jetzt da sind, und für die, die noch kommen.

Warum ich diesen Job trotz allem liebe – ein Plädoyer

Die Anthropologin Margaret Mead wurde vor Jahren von einer Studentin gefragt, was sie als erstes Zeichen der Zivilisation in einer Kultur betrachte. Die Studentin erwartete vermutlich, dass Mead über Angelhaken, Tontöpfe oder Schleifsteine sprechen würde. Aber nein. Mead sagte, dass das erste Zeichen der Zivilisation in einer alten Kultur ein Oberschenkelknochen war, der gebrochen und dann geheilt worden war. Mead erklärte, dass man im Tierreich stirbt, wenn man sich das Bein bricht. Mit einem gebrochenen Bein kann man nicht vor einer Gefahr davonlaufen, nicht zum Fluss gehen, um etwas zu trinken, oder nach Nahrung suchen. Man ist Fressen für herumstreifende Tiere. Kein Tier überlebt ein gebrochenes Bein lange genug, damit der Knochen heilen kann. Ein gebrochener Oberschenkelknochen, der geheilt ist, ist ein Beweis dafür, dass sich jemand Zeit genommen hat, um bei demjenigen zu bleiben, der gefallen ist, die Wunde zusammengebunden, die Person in Sicherheit gebracht und bis zur Genesung gepflegt hat. Zivilisation, sagte Mead, beginnt dann, wenn jemand einem anderen hilft, der in Schwierigkeiten ist.[37]

Ich finde, wir sollten uns öfter mal Gedanken darüber machen, was uns im Kern zu zivilisierten Menschen macht. Und ich finde, wir sollten mehr darüber nachdenken, welche Rolle die Pflege dabei spielt, unsere Solidarität und Humanität. Wir sollten uns das fragen und dann auch gleich noch: Was ist uns all das wert?

Irgendetwas ist gewaltig schiefgelaufen in den vergangenen Jahren. Wir retten Banken, »Not leidende« Banken, wie wir sagen. Wir pumpen unheimlich viel Geld in »kranke« oder »angeschlagene« Unternehmen, während wir an den wirklich Kranken, den Angeschlagenen, den wirklich Leidenden immer weiter sparen – und auch an denen, die für sie da sind.

Die Pflege hat bitter gelitten in den vergangenen Jahren. Viele von uns sind erschöpft, frustriert, manche sind wütend, andere resigniert. Und viel zu viele haben sich bereits abgewandt. Ich kann das verstehen. Ich kenne das ohnmächtige Gefühl, sich zerreißen zu müssen, alles zu geben und doch nicht zu genügen. Ich kenne das Gefühl, aufgeben zu wollen – kraftlos, wütend und desillusioniert zu sein.

Manchmal falle ich nach einer Schicht erschöpft ins Bett und will nicht mehr. Aber am nächsten Tag stehe ich auf und mache wieder weiter. Weil ich diesen Job liebe. Weil ich auch all die anderen Seiten an ihm kenne. Das Gefühl, etwas wirklich Sinnstiftendes zu tun, nichts, das als Worthülse daherkommt oder sich im Kauf einer Bambuszahnbürste erschöpft. Anderen Gutes tun, eine Hilfe, eine Stütze sein, eine Verbündete in schweren Zeiten. Ich kenne das euphorische Gefühl, Teil eines guten Teams zu sein, Kollegen zu haben, die einen auffangen, von denen man lernen kann, die einen zum Lachen bringen und mit denen an der Seite man durchhält – egal, was der Tag bereithält. Ich kenne Siege, und ich kenne Niederlagen, ich erlebe Freude und Trauer in diesem Beruf, manchmal in wahnwitzig rasanten Wechseln. Ich glaube an Wunder, weil ich sie immer wieder erlebe. Ich bin eine Krankenschwester, und für jeden Grund, der gegen diesen Beruf spricht, fallen mir drei ein, warum ich mich immer wieder für ihn entscheiden würde.

Ich weiß, wie es heute um den Ruf der Pflege in unserer Gesellschaft bestellt ist. Und es ist eine Gratwanderung, den Beruf trotzdem zu verteidigen, trotzdem für ihn zu werben. Und trotzdem möchte ich es, trotzdem wünsche ich mir, dass Menschen wieder davon träumen, diesen Beruf zu ergreifen. Weil es sich lohnt, weil es – wie ich nun mal finde – keinen besseren gibt. Weil er so besonders ist. Weil er so wichtig ist. Weil die Gesellschaft ihn so dringend braucht.

Aber damit dieser Beruf gut ist, brauchen wir umgekehrt auch etwas von der Gesellschaft. Dass man uns sieht, uns wahrnimmt und anerkennt. Nicht als Helden. Das sind wir nicht. Wir sind Menschen mit besonderen Fähigkeiten, mit emotionaler Intelligenz und sozialem Instinkt. Mit enormem Fachwissen und praktischem Können. Wir brauchen, dass die Gesellschaft unsere Arbeit anerkennt, uns unterstützt und gemeinsam mit uns fordert, dass Pflege ausreichend besetzt ist. Damit jeder, der es braucht, adäquat versorgt werden kann; damit jedem in einem solchen Fall die beste Version von uns zur Seite steht – nicht die abgehetzte, gestresste, die erschöpfte, vom Personalmangel gezeichnete Version, die wir unter den heutigen Bedingungen so oft bieten. Dafür brauchen wir Nachwuchs, wir brauchen angemessene Rahmenbedingungen, wir brauchen Unterstützung, wir brauchen Anreize – und ja, dazu gehört auch Geld.

Wir arbeiten nicht mit Dingen oder Maschinen, wir arbeiten mit Menschen, wir tragen Verantwortung für sie, für ihr Leben. Das ist eine Menge. Aber dafür bekommen wir wenig. Ich kenne Facharbeiter in der Industrie, die mehr verdienen.

Für einen Job mit geregelten Arbeitszeiten, bezahlten Überstunden, freien Wochenenden. Und wenn sie mal einen Fehler machen, ist das ärgerlich, aber sie bringen dadurch niemanden um. Wenn ich das hier sage, soll das nicht Neid ausdrücken, sondern die Haltung aufzeigen, die dahintersteckt. Und die ich falsch finde. Wenn Menschen in Berufen mit ähnlichen Qualifikationsprofilen mehr verdienen und bessere Arbeitsbedingungen haben, warum sollten sie einen Job haben wollen, bei dem es genau umgekehrt ist?

Und warum sollten Schulabgänger nicht auf ihre Lehrer hören, die ihnen von einem Pflegeberuf eher abraten, wie ich es schon so oft gehört habe? Warum sollten Schulabgänger überhaupt einen Ausbildungsberuf ergreifen, wo ihnen von überall entgegenschallt, vor allem aus den Elternhäusern: Ohne Abi, ohne Studium bist du heute nichts. Ausbildungsberufe? Das ist in unserer Gesellschaft nichts, womit man sich rühmen kann, da ist schon mal Herablassung spürbar.

In meiner Kindheit und Jugend war der Akademisierungswahn noch nicht so weit fortgeschritten, und darüber bin ich froh. Als Kind ließ ich alle Mausefallen zuschnappen, um die Nager zu retten. Meinen Großeltern brachte das eine Mäuseplage ein, aber Hauptsache, die Tiere waren sicher. Ich lauerte auf jede Wunde, jedes verletzte Familienmitglied, um mich mit Leidenschaft an die Versorgung zu machen. Vermutlich war meinen Eltern noch vor mir klar, wo es mich einmal hinziehen würde. Als ich verkündete, in die Klinik zu wollen, nickten sie nur, waren einverstanden und hatten daran weder Zweifel noch Einwände dagegen. So geht es heute leider nicht jedem, und ich finde das schade.

Und schade finde ich auch, dass man übersieht, wie viel wir letztendlich doch lernen, nicht nur in der Ausbildung, sondern auch danach. Viele von uns studieren, bilden sich weiter, machen Fachabschlüsse in Intensiv- und Anästhesiepflege, in Onkologie, Palliativmedizin oder zu sogenannten *Pain Nurses*. Wir erwerben Zusatzqualifikationen in langen, anspruchsvollen Lehrgängen der unterschiedlichsten Fachrichtungen. Wir leiten Stationen, werden Praxisanleiter für die Krankenpflegeschüler, wollen exzellent sein in dem, was wir tun. Aber monetär spiegelt sich das kaum mal wider.

Um das vielleicht noch einmal deutlich zu sagen: Geld soll kein Anreiz sein, diesen Beruf zu ergreifen, jedenfalls nicht der wesentliche. Wer diese Arbeit nicht auch von Herzen macht, wird es hier vermutlich nicht lange aushalten. Aber Geld kann etwas sein, das einen zufriedenstellt, das eine Form von Respekt und Wertschätzung ausdrückt für Menschen, die bereit sind, andere zu pflegen.

Geld ist die eine Sache, die Bedingungen sind eine andere. Vielleicht hört man keine andere Aussage in der Pflege öfter als diese: Ich liebe diesen Job so sehr, aber unter diesen Bedingungen will ich ihn nicht machen. Warum ändern wir sie nicht? Warum erhalten und schützen wir die Liebe dieser Menschen nicht und ändern die Bedingungen?

Ich habe da ein paar Vorschläge:

Ich hätte gerne eine Mindestbesetzung, die sich am tatsächlichen Bedarf orientiert. Einen großen Pool an Mitarbeitern, der sicherstellt, dass wir überwiegend gut besetzt sind. Eine Rufbereitschaft in allen Fachbereichen, nicht nur in OP und Anästhesie.

Ich hätte gerne Physiotherapeuten, die fest auf der Station arbeiten, Ergotherapeuten, die greifbar sind, einfach eine therapeutische Bandbreite an Mitarbeitern, die mit uns als Team zusammenarbeiten. Wir könnten dann so viel mehr für die Patienten tun. Nicht nur für ein paar Stunden oder für kurze Besuche.

Stationshilfen wäre ein Segen, jemand, der das Telefon bedient, den Papierkram erledigt, die Administration bei Aufnahmen und Entlassungen übernimmt, sich um die Apothekenbestellungen und Kommissionierung kümmert und Bestellungen macht – alles Dinge, die uns so oft zwei Stunden extra kosten, zwei Stunden, die wir nicht bei den Patienten sein können. Schon durch einfache Mittel könnte es so viel besser sein oder werden.

Ich wünsche mir vor allem einfach mehr von uns. Für alle von uns. Denn am Ende ist jeder von uns genau das: ein potenzieller Patient. Jedem Einzelnen kann es jederzeit passieren: Plötzlich ist man die Mutter eines kranken Kindes, die Tochter eines Vaters, der einen schweren Autounfall hatte, die Enkelin einer schwer kranken Oma – oder man wird selbst Patient. Vielleicht liegt man selbst mal in der Klinik und hat höllische Schmerzen in der Nacht, aber die Schwester ist allein mit 40 Patienten auf der Station und man selbst dadurch zum ewigen Warten verdammt. Man wird krank vor Angst, weil sich der Zustand seines Kindes verschlimmert, aber gerade niemand Zeit hat, sich darum zu kümmern. Welche Erinnerung wird man an eine Geburt haben, bei der niemand die Ängste und Schmerzen ernst nahm? Was soll man tun, wenn der Vater pflegebedürftig ist und einem das sechste Pflegeheim sagt: »Tut uns leid, keine Kapazität.«

Sollte eines meiner Kinder in eine Klinik müssen, wünsche ich mir, dass sich bis dahin viel verändert hat. Ich hoffe, ich muss es in kein Krankenhaus bringen, das 60 Kilometer weit entfernt ist. Ich hoffe, dass der Arzt an diesem Tag nicht schon zwölf Stunden durchgearbeitet hat. Ich wünsche mir, dass die Schwestern nicht gestresst oder unkonzentriert sind, weil es für sie der elfte Arbeitstag am Stück und der sechste Spätdienst ohne Pause ist. Ich will dann nur, was wir alle wollen: dass mein Allerliebstes die beste Versorgung erhält.

Ich wünsche mir für mich selbst und für alle, die mir anvertraut werden, eine Pflege, die professionell, verantwortungsvoll und mit Achtung durchgeführt wird. Ich wünsche mir, dass Pflegende ihren Beruf bis in den Ruhestand und ohne psychische und physische Beeinträchtigungen ausführen können, und falls sie es nicht können, weil ihnen die Pflege anderer Menschen so viel abverlangt hat, dass sie dann zumindest nicht in Armut leben müssen.

Ich wünsche mir, dass wenn wir über unsere Zivilisation nachdenken, nicht nur über Fortschritt, über das, was wir alles können und wissen, sprechen, sondern auch über unseren Umgang mit Erkrankten und hilfsbedürftigen Menschen. Dass es dann nicht nur darum geht, welche hochtrabenden Ziele wir erreichen können, sondern auch darum, wie wir uns als Menschen zueinander verhalten. Wie wir uns um diejenigen kümmern, die auf unsere Hilfe und Fürsorge angewiesen sind.

Wir sind da, in Krisen, in Kriegen, in Pandemien, an jedem Tag der Woche, 24 Stunden lang. Manchmal sind wir die Einzigen, die sich überhaupt noch um ein Menschenleben scheren und jemandem beistehen, wenn längst kein anderer mehr da ist.

Ich wünsche mir, dass man Pflegeberufe wahrnimmt. Dass man sieht, was sie in ihrem wirklichen Kern ausmacht, und dass man das anerkennt.

I'm a Nurse.
And if you are one,
be proud of it.

Danksagung

Im April 2019 kommentierte Jarka einen Post von mir mit »Ich finde, darüber sollte man ein Buch schreiben«. Nach ein paar Nachrichten, Telefonaten und Überlegungen nahmen die Dinge ihren Lauf. Besonders Jarka, die sich kopfüber in die Thematik und die aufwendige Recherche gestürzt hat, gilt mein größter Dank und Respekt. In den frühen Morgenstunden und bis spät in die Nacht, an Wochenenden und Feiertagen, immer war sie mit Emotion und Leidenschaft dabei. Ohne sie gäbe es dieses gemeinsame Buch nicht.

Ich danke euch: Christa, Sandra und Uwe. Ihr wart von Stunde eins dabei, als ich als verschüchterte 20-Jährige mit Examen in der Tasche auf den Fluren der Intensivstation stand. Ihr habt mir alles beigebracht, was ich heute kann. Wir haben intensive Tage miteinander verbracht und uns die Nächte um die Ohren geschlagen – und uns so oft in surrealen Situationen wiedergefunden. Daraus habe ich das gelernt, was man in keinem Ratgeber der Welt nachlesen könnte.

Und Svenni, meine beste Freundin – niemand kann uns die Jahre auf der Intensivstation nehmen. Wir haben uns in schweren Zeiten gestützt und uns in guten die Bäuche vor Lachen gehalten. Ich danke dir für jede einzelne Minute, ich werde keine davon vergessen.

Danke an meine Freundin Anika. Du bist beispiellos darin, dem Leben die Stirn zu bieten. Du bist immer wieder auf die Füße gefallen und hast mich bestärkt weiterzumachen. Immer wenn ich das Handtuch werfen wollte, hast du mich wieder aufgebaut. Alles wird gut, das verspreche ich dir.

Danke, Mama, du hast mir schon ganz früh vorgelebt, dass man das Leben schätzen und dann den Tod nicht mehr fürchten muss. Diese Einstellung habe ich mir bewahrt, und sie war unendlich wertvoll für die kommenden Jahre in der Klinik.

Ich bedanke mich bei allen, die das Buch fachlich und inhaltlich unterstützt haben, und bei denen, die mir ausführliche Einblicke in ihre Arbeitsbereiche gewährt haben und hier zu Wort kommen. Sie alle haben so viel mehr beigetragen, als in diesen Zitaten abgebildet ist, und dafür bin ich dankbar. Ganz besonders für inhaltliche und fachliche Beratung möchte ich mich bei denen bedanken, die im Haupttext namentlich nicht erwähnt werden, aber dennoch eine große Hilfe und Inspiration gewesen sind. Dieser Dank richtet sich insbesondere an Hendrik Weseloh sowie Marcus Jogerst-Ratzka. Ein besonderer Dank geht außerdem an Geri Göhler – unseren Erstleser –, dessen Kommentare und Erläuterungen so wertvoll für dieses Buch gewesen sind.

Bedanken möchte ich mich außerdem bei meiner wundervollen und aktiven Community auf Instagram. Ohne euch gäbe es keinen Austausch und keine Interaktion. Ohne euer Zutun hätte dem Buch ein Stück Leben gefehlt, ein Stück Realität aus euren jeweiligen Fachbereichen. Danke für jede einzelne Geschichte, für die rege Beteiligung, wann immer ich sie brauchte. Das Buch gibt es nur, weil ihr es auf eure Weise mitgestaltet habt. Die Pflege braucht Selbstbewusstsein, ein ganzer Berufsstand benötigt dringend den Stolz und den Mut, um den eigenen Wert wieder zu begreifen und zu verkörpern. Das wird niemand für uns erledigen, das müssen wir allein hinkriegen.

Anhang

1. Eine groß angelegte internationale Studie des Center for Health Outcomes and Policy Research der University of Pennsylvania hat die Auswirkungen der Arbeitsbelastung und der Ausbildung im Pflegebereich untersucht. Analysiert wurden die Daten von mehr als 420.000 Patienten. Die Studie bestätigt: Mit der Arbeitslast des Pflegepersonals steigt die Mortalität der Patienten. Mit jedem weiteren Patienten, den eine Pflegekraft versorgen muss, nimmt die Wahrscheinlichkeit, dass ein chirurgischer Patient binnen 30 Tagen nach der Aufnahme stirbt, um 7 Prozent zu. Originalquelle: Aiken LH et al.: Nurse staffing and education and hospital mortality in nine European Countries: a retrospective observational study. Lancet 2014, 383: 1824–1830.
2. Aus dem Bericht: Stationäre Hebammenversorgung des Instituts für Gesundheit und Sozialforschung (IGES-Bericht), Januar 2020, S. 77.
3. Vgl. IGES-Bericht, S. 85.
4. Vgl. Studie: Auswirkungen des Pflegepersonalmangels auf die intensivmedizinische Versorgungskapazität in Deutschland, Juli 2018, Autoren: Prof. Dr. C. Karagiannidis, S. Kluge, R. Riessen, M. Krakau, T. Bein, U. Janssens.
5. Vgl. IGES-Bericht, S. 175 ff.
6. Vgl. IGES-Bericht. Ein Indikator für eine hohe Arbeitsbelastung ist auch, dass mehr als die Hälfte der angestellten Hebammen – sowohl in Sachsen als auch in Sachsen-Anhalt – angab, die Gebärenden nicht mehr so betreuen zu können, wie sie es für richtig halten (Sander et al. 2019, Sander et al. 2018b). In Bayern traf dies sogar auf mehr als drei Viertel der Hebammen zu (Sander et al. 2018a).
7. Auszug aus einem Geburtsbericht, veröffentlicht auf dem Blog minneand.me; mit freundlicher Genehmigung der Urheberin.
8. Vgl. Artikel: »Fass mich nicht an!« 05.2018; https://www.sueddeutsche.de/leben/geburtshilfe-fass-mich-nicht-an-1.3930451
9. Vgl. https://www.sueddeutsche.de/leben/geburtshilfe-fass-mich-nicht-an-1.3930451
10. Auszug aus einem Geburtsbericht auf der Seite gerechte-ge-

	burt.de der Initiative Roses Revolution, die sich gegen Gewalt und Respektlosigkeit in der Geburtshilfe engagiert.
11	Auszug aus einem Geburtsbericht auf der Seite gerechte-geburt.de der Initiative Roses Revolution, die sich gegen Gewalt und Respektlosigkeit in der Geburtshilfe engagiert.
12	Vgl. Pädiatrie – Folgen der Ökonomisierung; https://www.aerzteblatt.de/pdf.asp?id=196510
13	Vgl. Pädiatrie – Folgen der Ökonomisierung; https://www.aerzteblatt.de/pdf.asp?id=196510
14	Vgl. Pädiatrie – Folgen der Ökonomisierung; https://www.aerzteblatt.de/pdf.asp?id=196510
15	Vgl. Pädiatrie – Folgen der Ökonomisierung; https://www.aerzteblatt.de/pdf.asp?id=196510
16	Vgl. https://www.dbfk.de/media/docs/download/Allgemein/Umfrage-Dienstplan-Ergebnisse.pdf
17	Vgl. https://statistik.arbeitsagentur.de/Statischer-Content/Arbeitsmarktberichte/Berufe/generische-Publikationen/Altenpflege.pdf
18	https://www.rbb24.de/panorama/beitrag/2020/01/berlin-feuerwehr-kritik-einsaetze-wegen-fehlendem-pflegepersonal.html
19	https://www.rbb24.de/panorama/beitrag/2020/01/berlin-feuerwehr-kritik-einsaetze-wegen-fehlendem-pflegepersonal.html
20	Vgl. https://gesundheit-soziales.verdi.de/service/drei/drei-65/++co++65eb87be-3c06-11e8-8eca-525400f67940
21	Vgl. Hospitalisierung und Intensivtherapie am Lebensende – Eine nationale Analyse der DRK-Statistik zwischen 2007 und 2015; https://www.aerzteblatt.de/archiv/209976/Hospitalisierung-und-Intensivtherapie-am-Lebensende
22	Studien zufolge erleiden 44 bis 61 Prozent der Patienten über 65 Jahre nach der Operation einer hüftgelenksnahen Fraktur ein perioperatives Delir; https://www.aerzteblatt.de/archiv/139420/Stationaere-Behandlung-Der-alte-Patient-wird-zum-Normalfall
23	Vgl. Mathias Thöns: Beatmung – die lukrativste Form des Sauerstofftransports; https://pflege-professionell.at/beatmung-die-lukrativste-form-des-sauerstofftransports#_ednref8
24	Vgl. https://www.statnews.com/2018/07/26/physicians-not-burning-out-they-are-suffering-moral-injury/; https://

www.ncbi.nlm.nih.gov/pmc/articles/PMC6752815/
25 Vgl. https://www.ncbi.nlm.nih.gov/pmc/articles/PMC6752815/
26 Vgl. https://www.ncbi.nlm.nih.gov/pmc/articles/PMC6752815/
27 Vgl. Hospitalisierung und Intensivtherapie am Lebensende. Eine nationale DRG-Statistik zwischen 2007 und 2015; https://www.aerzteblatt.de/archiv/209976
28 Vgl. https://statistik.arbeitsagentur.de/Statischer-Content/Arbeitsmarktberichte/Berufe/generische-Publikationen/Altenpflege.pdf
29 Gemessen an seiner Wirtschaftsleistung gibt Deutschland wesentlich weniger Geld für die Altenpflege aus als andere europäische Staaten. Im Jahr 2017 hat die Organisation für wirtschaftliche Zusammenarbeit und Entwicklung (OECD) die Ausgaben mehrerer Länder verglichen. Damals betrugen die Ausgaben in der gesetzlichen Pflegeversicherung 38,52 Milliarden Euro – das waren 1,5 Prozent des Bruttoinlandsprodukts. In Norwegen und Schweden hingegen waren es 2,7 Prozent des BIP, in Dänemark 2,3 Prozent. Auch die Niederlande gaben mehr Geld für die Pflege aus – 2,5 Prozent ihrer Wirtschaftsleistung steckten die Niederländer in die Versorgung von Alten und Kranken. In Belgien waren es 2,1 Prozent. Quelle: https://www.zeit.de/gesellschaft/2020-02/altenpflege-deutschland-eu-vergleich-ausgaben
30 Vgl. Arbeitsmarktsituation im Pflegebereich, Arbeitsagentur für Arbeit; https://statistik.arbeitsagentur.de/Statischer-Content/Arbeitsmarktberichte/Berufe/generische-Publikationen/Altenpflege.pdf
31 Vgl. https://www.tagesspiegel.de/politik/arztbehandlung-im-heim-ab-ins-krankenhaus/12090648.html
32 Vgl. https://www.tagesspiegel.de/politik/arztbehandlung-im-heim-ab-ins-krankenhaus/12090648.html
33 Vgl. https://www.barmer.de/blob/135742/a9e0cfd0da295c2b-be399cb7eeb211b2/data/dl-kapitel-6.pdf
34 Vgl. Statistisches Bundesamt (2018). Pflegstatistik – Pflege im Rahmen der Pflegeversicherung. Deutschlandergebnisse. Verfügbar unter: https://www.destatis.de/DE/Themen/Gesellschaft-Umwelt/Gesundheit/Pflege/Publikationen/Downloads-Pflege/pflege-deutschlandergebnisse-5224001179004.pdf?__blob=publicationFile

35 Vgl. »Altenpflege in Deutschland«, ein Datenbericht der Berufsgenossenschaft für Gesundheitsdienst und Wohlfahrtspflege (BGW) 2018, S. 40.
36 Vgl. https://www.aerzteblatt.de/archiv/171320/Sterbeorte
37 Vgl. Ira Byock, MD, The Best Care Possible: A Physician's Quest to Transform Care Through the End of Life (New York: Avery, 2012).

Sandra Krautwaschl
Kein Leben für die Tonne

Schockiert über die Auswirkungen, die die gigantischen Plastikmengen auf Gesundheit und Natur haben, beschloss Sandra Krautwaschl mit ihrem Mann und drei Kindern, zunächst einen Monat ohne Plastik zu leben. Gar nicht so einfach: Was tun, wenn man sich weiter die Haare waschen, die Zähne putzen und sich der Sohn ganz sicher nicht von seiner Plastik- Ritterburg trennen will? Eine unterhaltsame, undogmatische Lektüre mit einer motivierenden Botschaft: Jeder kann im Kleinen die Welt verbessern und dabei Spaß haben!

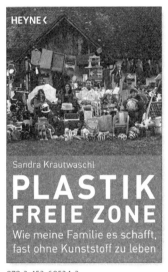

978-3-453-60534-3

Leseprobe unter **www.heyne.de**

HEYNE ❮